Robert Hartzema
Innere Kraftquellen

Robert Hartzema

Innere Kraftquellen

Wege zum Ursprung

Verlag Urachhaus

Aus dem Niederländischen von Ariel Laming

Die niederländische Originalausgabe erschien unter dem Titel *Innerlijke kracht* bei Uitgeverij Karnak, Amsterdam

ISBN-3-8251-7388-7

2. Auflage 2004 Verlag Urachhaus

Umschlaggestaltung: U. Weismann
Umschlagmotiv: Alo Altripp
Druck: Clausen & Bosse, Leck

Inhalt

Vorwort

Von meiner alten italienischen Wassermühle aus sehe ich durch die geöffnete Tür eine völlig verrostete Gartenschaukel. Ihr gegenüber steht auf einem schrägen Baumstumpf ein orangefarbener Blumentopf mit einem Kaktus. Über der Gartenschaukel hängt eine verschlissene Decke in derselben Farbe wie der Kaktus, sodass es scheint, als würden die beiden sich insgeheim zueinander hingezogen fühlen. Einige Tage später liegt die Decke von einem Sturm heruntergeweht am Boden und scheint ganz behutsam auf den Kaktus zuzukriechen. Wäscheklammern in grellen Farben – gelb, rot und blau – stechen gegen alle möglichen Grünschattierungen ab.

Am Tag unserer Ankunft erschien vor dem Fenster des Zimmers, das wir als Atelier eingerichtet haben, der Kopf einer Schlange. Ohne irgendeine Scheu blickte sie ins Innere, als wollte sie die neuen, vorübergehenden Bewohner kurz in sich aufnehmen. Ihren Körper, mehr als eineinhalb Meter lang, sahen wir am Fenster vorbeigleiten wie in einem in Zeitlupe sich abspulenden Film. So gleitet auch das Leben vorbei: schön und furchterregend zugleich.

Ich liebe Bilder. So schlecht, wie ich mir Telefonnummern oder Namen merken kann, so gut bleiben Gesichter oder Bilder bei mir haften. So schreibe ich auch. Zunächst ist da ein Bild, zum Beispiel ein Spinnennetz, und daraus entstehen dann weitere Bilder, die Bedeutung annehmen, dann Worte und neue Bedeutungen. Schreiben ist für mich eine Art, Dinge schärfer und deutlicher sehen zu können. Es entsteht aus einer Sehnsucht, dahinterzukommen, wie mein Geist, meine Gefühle und mein

Körper eine Welt schaffen, die ab und zu sehr strahlend und kreativ ist, manchmal aber auch dunkel, machtlos oder wütend. Am faszinierendsten finde ich die Frage, wie etwas sich verändert. Dass etwas ist, wie es ist, habe ich langsam akzeptieren gelernt. Aber die Frage, wodurch Veränderung möglich wird, ist viel fesselnder. Und vielleicht ist es ja dieses Experiment, was wir ›Leben‹ nennen: dass wir immer auf der Suche nach echter Entwicklung, echtem Wachstum sind.

So verbringe ich einen Großteil meiner Ferien damit, Aufzeichnungen aus den vergangenen Jahren ins Reine zu schreiben. Auf zahllosen Zetteln, Rechnungsrückseiten oder Bierdeckeln stehen Wörter, Sätze, Schemata. Ich bin kein linearer Denker. Für mich ist die Wirklichkeit eine räumliche Struktur, in der eigentlich alles mit allem verbunden ist. Wenn ich das zu beschreiben versuche, werde ich sehr unruhig, weil es sich so schwer in die lineare Struktur der Sprache pressen lässt. Was ich in einem Satz aufschreibe, ist niemals ›die Wahrheit‹, einfach deswegen, weil es unendlich viele Verbindungen gibt, und nicht nur die, die ich in einem Satz ausdrücken kann. Das heißt, eigentlich müssten alle Sätze gleichzeitig ausgesprochen oder gelesen werden, wie ein Musikstück, in welchem die verschiedenen Instrumente gleichzeitig erklingen. Das ist es, was der Sprache fehlt. Nicht nur, dass verschiedene Erkenntnisse nicht gleichzeitig dargestellt werden können; obendrein können Sie, während Sie lesen, nicht an dem Rhythmus teilnehmen, in dem die Worte geschrieben wurden. Die Beschleunigungen, Verlangsamungen und Pausen wie auch die kreativen, stillen Momente sind verschwunden. Geschriebene Sprache ist wie das Lesen einer Partitur. Auf die gleiche Weise werden Sie, verehrter Leser, dieses Buch mit Ihrem inneren Auge und Ihrem inneren Ohr in Ihre eigene Erfahrungswelt zu übersetzen haben, in Ihr eigenes Gefühl, Ihr eigenes Leben.

Inzwischen sind zwei Jahre vergangen, und ich schreibe immer noch weiter und ändere einzelne Stellen. Ich habe Freunde und Bekannte gebeten, das Manuskript durchzulesen, und füge ihre Verbesserungen und Vorschläge ein. Ist es fertig? Für mein Gefühl ist ein Buch niemals fertig, doch irgendwo muss ich aufhören und mich entschließen, alle noch kommenden Erkenntnisse und Erfahrungen einem weiteren Buch anzuvertrauen. Außerdem ist es ein durchaus angenehmes Gefühl, dass es unfertig bleibt, sodass das Leben einfach weitergehen kann. Dass auch wir weitergehen können mit unserer Suche nach dem, was das Leben ist, und dem Vertrauen in das Leben selbst. Dem Vertrauen, dass wir einfach so sein dürfen, wie wir sind. Ich hoffe, dass mein Buch dieses Vertrauen stärken wird.

Viele Bücher, die mich angeregt haben, können Sie in der Bibliografie am Ende des Buches wiederfinden. Doch am meisten habe ich Menschen zu verdanken, die mich inspirierten. Das Vertrauen, aus dem heraus sie ihren Schmerz, ihren Kummer, ihre Wut, ihre Sehnsüchte und ihre Liebe mit mir teilten, berührt mich tief und bildet die Grundlage dieses Buches. Einige von ihnen haben einen direkten Anteil am Entstehungsprozess, weil sie das Buch in seinen verschiedenen Stadien durchgelesen haben. Insbesondere möchte ich hier Caroline van Eelen, Ingrid Foeken, Kees van Weele und Kitty Zwart für das gründliche Durchlesen des Textes danken. Ihre Hinweise und Verbesserungsvorschläge haben mir sehr viel bedeutet.

I. Die Reise ins Hier

Natürlich können Sie Ihr Leben so verbringen, als wäre es eine Reise, die Sie auf gut Glück unternehmen; aber das Risiko ist groß, dass Sie sich immer im Kreise drehen und schließlich dort landen, wo Sie gestartet sind. Nun ist es zwar immer so, dass wir dort landen, wo wir angefangen haben: bei uns selbst. Aber es wäre doch schön, wenn gleichzeitig ein anderer Prozess stattfände, ein Prozess des Auskristallisierens, des freier Werdens, des ganzheitlicher Lebens, ein Prozess, in dem wir mehr Wärme und Befriedigung erfahren. Denn auch wenn wir uns auf der Horizontalen im Kreise bewegen, kann es doch sein, dass sich *vertikal* etwas ändert. Es ist, als würden wir vom Flughafen Frankfurt abheben und nach drei Monaten wieder in Frankfurt landen: Wir sind wieder beim Ausgangspunkt angekommen, aber unterdessen ist sehr viel mit uns geschehen. Die Erfahrungen, die wir durchgemacht haben, verursachen einen anderen Prozess, den wir als inneres Wachstum oder Bewusstwerdung bezeichnen können. Und vielleicht geht es im Leben gerade um dieses innere Wachstum.

Nun finden während unserer Lebensreise alle möglichen Veränderungen statt: Wir werden älter, verändern uns beruflich, wir lernen Freunde kennen, heiraten, bekommen Kinder, werden krank und schließlich sterben wir. Diese Veränderungen – auf der horizontalen Ebene – geben unserem Leben Form. Doch gleichzeitig können wir unser Leben dazu nutzen, uns selbst zu entwickeln, uns unserer selbst stärker bewusst zu werden, an dem zu arbeiten, was uns einschränkt, unsere eigene Kraft und Kreativität zu entwickeln oder unseren Beziehungen einen gewissen Tiefgang zu verleihen. Dies nenne ich die ›vertikale Reise‹. Die horizontale Reise findet auf jeden Fall statt, aber die vertikale Reise können wir antreten oder es bleiben lassen. Das entscheiden wir selbst.

In dem Augenblick, da das Bedürfnis entsteht, uns selbst zu entwickeln, bemerken wir, dass wir nicht wissen, wie wir das angehen sollen. Wir begreifen, dass es auch für eine innere Reise oder einen Bewusstwerdungsprozess günstig ist, über eine Landkarte oder einen Reiseführer zu verfügen. Darum lesen wir ja auch Bücher über Bewusstwerdung, wir besuchen Kurse, Workshops, suchen geistigen oder geistlichen Rat usw. Wir hoffen, dass der andere weiß, wie wir eine solche innere Reise angehen müssen und wie wir die Hindernisse, die sich dabei einstellen, überwinden können. Doch damit sind auch Risiken verbunden.

Wenn man in früheren Zeiten von der horizontalen Reise genug hatte und nach einer vertikalen Entwicklung auf die Suche ging, konnte man sich Gruppierungen oft älterer Männer und Frauen anschließen, die aus traditionellen Überlieferungen heraus noch ein bestimmtes Wissen besaßen, mit dem sie einen auf dem Pfad der Bewusstwerdung begleiten und einen gewissen Schutz vermitteln bzw. für die nötigen Herausforderungen sorgen konnten. Doch die Zeit nagt an dem inneren Bauwerk der Tradition. So wurden unsere ›heimischen‹ westlichen vertikalen Reiseführer nicht mehr befragt oder sie wurden verfolgt und vertrieben. Darum sind wir jetzt krampfhaft auf der Suche nach exotischen Reiseführern – Sufis, Schamanen, Tibetanern, Indianern, indischen Gurus – in der Hoffnung, dass sie uns noch etwas von diesem magischen Gefühl vermitteln können.

Vor etwa zwanzig bis dreißig Jahren war das Angebot der Wege zur Bewusstwerdung noch relativ überschaubar. Doch das heutige, explosiv angewachsene Angebot von New-Age-Büchern und -Kursen hat zu einem Chaos geführt, in dem sich viele Menschen nicht mehr orientieren können. Sollen wir uns nun der Gestaltpsychologie verschreiben oder dem Voice Dialogue, der emotionalen Körperarbeit oder der Zog-Chen-Meditation, sollen wir unsere Chakren reinigen oder healen lassen? Jeder Lehrer oder Autor verspricht noch höhere goldene Berge als der andere. Was sollen wir wählen?

Es ist uns nicht immer klar, dass hier ein Problem liegt. Seit Tausenden von Jahren innerer Kultivierung ist noch nie ein solches Chaos dagewesen. Es ist, als würde man einen Pygmäen, der noch nie sein Dorf verlassen hat, plötzlich auf einem riesigen verästelten Autobahnknotenpunkt absetzen mit dem Auftrag sich zurechtzufinden.

Das explosive Interesse für alles ›Spirituelle‹ ist nicht immer nur positiv zu werten. Das äußere Chaos kann leicht zu einem inneren Chaos führen, zu einer Verwirrung, aus der wir nicht mehr herausfinden. Wir können uns nicht unbegrenzt auf Hilfe von außen stützen und berufen. Oft begegne ich Menschen, die alles Mögliche unternommen haben, doch nichts hat wirklich genutzt. Sie fühlen sich noch genauso unwohl wie zu Anfang und dann sogar noch verzweifelter. Viele haben so viel Verschiedenes ausprobiert, dass sie ›austherapiert‹ und ›zu Ende meditiert‹ sind. Der menschliche Geist passt sich nämlich (genauso wie jedes andere lebende Wesen) sehr leicht an. Beim ersten Mal wirkt etwas sehr stark, beim zweiten Mal weniger und beim zehnten Mal gar nicht mehr. Das kommt daher, dass wir die Erfahrung (als existenziellen Prozess) sehr schnell gegen eine mehr gedankliche Form des Lebens eintauschen. Doch das Nachdenken über Erfahrungen ist meistens nicht in der Lage, in unserem Leben wirkliche existenzielle Veränderungen zu bewirken.

Nun sind die Gefahren bei einer inneren Entwicklung tatsächlich groß. Wir können dadurch zwar keine Hand und keinen Fuß verlieren, doch es kann durchaus geschehen, dass der Prozess eine entgegengesetzte Wirkung hat als ursprünglich intendiert, und dann sind wir noch weiter von unserem Ziel entfernt als zuvor. Wie ist das möglich?

Die Strukturen unseres Geistes sind zwar unsichtbar, doch sie bestimmen fast alles, was wir erfahren. Sie färben jede Erfahrung so rasch, dass wir es nicht einmal bemerken. Oder sie benennen die Erfahrung und ordnen sie so schnell ein, dass die Erfahrung bereits vorbei ist, bevor wir sie wirklich durchleben können. Das heißt: Sobald sich Erfahrungen und Erkenntnisse einstellen, die uns helfen können, uns aus diesen einschränkenden Mustern zu befreien, werden genau diese Muster sich ihrer rasend schnell bemächtigen, um den wirksamen Bestandteil dieser Erkenntnisse auszuschalten, wie eine hartnäckige Krankheit, die den heilenden Bestandteil in einer verabreichten Medizin sofort konterkariert. Das kommt daher, dass diese Muster uns unser ganzes Leben lang geholfen haben zu überleben und mögliche Gefahren abzuwehren. In dem Moment, da wir an diesen Mustern etwas zu verändern anfangen, schrillt in der Befehlszentrale sofort die Alarmglocke und der Befehl ›Unschädlich machen‹ wird ausgegeben. Das heißt: Während wir auf der einen Seite nach Bewusstwerdung und Freiheit streben, werden auf der anderen die vorhandenen Muster und Neigungen zu verhindern suchen, dass wir auch nur einen Millimeter weit vorankommen. Die beste Methode, Erfahrungserkenntnisse unschädlich zu machen, besteht somit darin, sie gewissermaßen zu zähmen und zu verstandesmäßigen Denkbildern umzuformen. So kann jemand alles über Mystik, Buddhismus, Islam, Chakren etc. wissen, ohne sich nur im Geringsten zu ändern. So kann jemand durchaus zwanzig Jahre in Therapie gewesen sein oder meditieren, ohne dass eine wesentliche Veränderung eintritt. Wir passen die lebendigen Erkenntnisse, die uns dort vermittelt werden, unmittelbar in unser System ein, und wenn dies geschehen ist, leben wir mit denselben Gefühlen, inneren Dramen und Gewohnheiten weiter.

Die Geschichte von den Ameisen

In einem Wald wohnte einmal eine große und florierende Ameisenkolonie. Jede Ameise hatte eine eigene Aufgabe und Funktion, und es herrschte keinerlei Streit oder Auseinandersetzung zwischen ihnen. Sie beschäftigten sich nicht mit der Vergangenheit und auch nicht mit der Zukunft, sondern lebten vollständig in der Gegenwart.

Doch eines Tages entdeckten ihre Spähposten in einiger Entfernung einen enormen Picknicktisch, den Ausflügler bei der Flucht vor einem plötzlichen Gewitter zurückgelassen hatten. Auf diesem Tisch standen so viele wunderbare Speisen, dass die Späher vor Aufregung ganz außer sich waren. Ihre Aufregung übertrug sich auf alle anderen Ameisen der Kolonie, sodass die Führer sich Sorgen machten, ein Bürgerkrieg würde ausbrechen. Darum beschlossen sie, den Tisch erst einmal mit den allerweisesten Ameisen zu inspizieren.

Bei dem Picknicktisch angekommen, waren sie überwältigt. Die Speisen und Getränke waren so köstlich und in einem solchen Überfluss vorhanden, dass sie ihren Augen kaum trauen konnten. Sie befürchteten, dass ihre gesamte Gesellschaftsordnung zusammenbrechen würde, wenn alle Ameisen hierher strömten; darum überlegten sie, wie diese Entdeckung zu ›verpacken‹ wäre, damit die anderen Ameisen sie gut verarbeiten könnten.

Sie beschlossen die Ameisenkolonie zuerst einmal vorzubereiten, indem sie eine Landkarte des Picknicktisches erstellten. Der Spähtrupp wurde mit der Nachricht zurückgeschickt, dass die Leiter etwas später kämen, und die allerweiseste Ameise machte sich daran, auf einer Papierserviette einen Grundriss des Tisches aufzuzeichnen. Dann mussten sie noch eine angemessene Sprache finden, um allem, was auf dieser Skizze stand, einen Namen zu geben. Nach einigen Tagen war das Unternehmen beendet, und sie konnten den Rückweg antreten.

Ihre Ankunft war schon gemeldet worden, und die gesamte Ameisenkolonie war auf den Beinen, um ihnen entgegenzugehen. Auf einer freien Stelle in der Nähe des Ameisenhaufens wurde die Serviette auseinandergefaltet, und die allerweiseste Ameise fing an zu erklären, was jedes Detail darstellte und was die Worte bedeuteten, die daneben standen. Sie führte die Ameisen so lange über den Grundriss, bis sie ihn auswendig kannten.

In dieser Nacht schloss keine der Ameisen ein Auge. Doch

zum Entsetzen der Leiter beschäftigten sich die Ameisen nicht mit dem Picknicktisch und dem Weg dorthin, sondern diskutierten ausschließlich über den Grundriss.

Am nächsten Morgen riefen die Leiter alle Ameisen zusammen und versuchten ihnen deutlich zu machen, dass es um die echten Speisen ging und nicht um den Grundriss. Doch dafür hatte die Ameisenkolonie kein Ohr, sie stellte ausschließlich Fragen zur Karte. Die führenden Ameisen dachten, es würde vielleicht am Maßstab des Grundrisses liegen, dass ihre Absichten nicht verstanden wurden. Darum schickten sie noch einmal einige Späher zu dem Picknicktisch, um weitere Servietten zu holen, und erstellten daraus einen Grundriss, der genauso groß war wie der Picknicktisch selbst. Es wurde ein richtiges Kunstwerk, das die Ameisen in Aufruhr versetzte. Sie ließen ihre Tagesarbeit liegen und spazierten nur noch über die Karte, bildeten kleine Grüppchen bei der Aufschrift Beerensaft oder Kartoffelsalat, Apfelmus oder Krebssuppe.

Die führenden Ameisen waren verzweifelt. Sie rannten über den Grundriss hin und her, um jedem deutlich zu machen, dass es nur eine Karte war und dass der echte Tisch sich einige hundert Meter weiter befand; doch keine einzige Ameise wollte ihnen zuhören. Inzwischen waren Experten aufgetreten, Ameisen, die alles über Kartoffelsalat oder Krebssuppe wussten, und andere Ameisen – die Kolonisten – fingen sofort an, an dieser Stelle der Karte ein Haus zu bauen und diesen Ort mit ihrem Leben zu verteidigen. So entstand ein enormes Durcheinander: Führende Ameisen, die riefen, dies sei nicht das wirkliche Essen, wurden ermordet, andere Ameisen versuchten, kleine Stückchen der Karte aufzuessen, wieder andere bauten Mauern und gruben tiefe Wassergräben, um ihren Teil der Karte zu verteidigen. Sie pflanzten sich fort, starben, und eine neue Generation von Ameisen wurde geboren. Nach einiger Zeit wusste keine einzige Ameise mehr von dem wenige Meter entfernten Picknicktisch, wo die wertvollen Nahrungsmittel inzwischen vom Regen durchnässt wurden, verdarben und vermoderten.

Welches ist die Essenz dieser Geschichte, die wir einer Erzählung von Gurdjieff entnehmen und hier in eigenen Formulierungen wiedergeben? Wir essen die Reisekarte lieber auf, statt sie als Führer für unsere vertikale Reise zu nutzen, und denken, wir seien schon da. Wir suchen Lösungen in unserem Kopf und vergessen, dass das Leben sich hauptsächlich in unserem Herzen und in unserem Körper abspielt. Wir lesen und hören zu, doch wir vergessen, wirklich zu leben.

Ohne Karte können wir jedoch nur schwer kommunizieren. Sprache und Wörter sind notwendig, um etwas mitzuteilen. Deswegen möchte ich jetzt ein wenig beim Prozess der Bewusstwerdung verweilen, trotz der Gefahr, dass Sie alles hauptsächlich doch im Kopf verstauen, statt sich selbst auf den Weg zu machen, es zu entdecken und zu erfahren.

Persönlichkeit, Essenz und Sein

Unser Geist hat im Grunde dieselbe Qualität wie der Raum. Das bedeutet, dass alles, was wir über unseren Geist sagen, eine in Wirklichkeit nicht vorhandene Trennung suggeriert. Wenn wir über Erfahrungen, Gefühle und Körperempfindungen sprechen, können wir zwar etwas benennen, doch das bedeutet nicht, dass wir es konkret greifen können. Es ist eher so, als würden wir eine Nebelbank definieren. Sie erstreckt sich über ein längeres Autobahnstück und kann zu enormen Karambolagen führen. Aber wir können sie nicht greifen, weil sie keine klaren Konturen hat. Sie bewegt sich im Raum, wird dichter oder löst sich auf und ist plötzlich spurlos verschwunden. Wir können uns entweder innerhalb der Nebelbank befinden oder außerhalb von ihr, etwa so, wie wir uns in einer traurigen Stimmung befinden können oder nicht. Eine wirklich scharfe Trennung gibt es nicht.

Wenn wir uns dies klarmachen, können wir versuchen, die verschiedenen Aspekte des Geistigen zu definieren. Wir definieren sie nicht, weil sie so sind, sondern weil das Benennen uns helfen kann, bestimmte Prozesse zu erkennen. Das Erste, was uns auffällt, wenn wir diesen kontinuierlichen Strom von Gedanken, Gefühlen, Reaktionen, Spannungen, Handlungen, Bildern, Erwägungen betrachten, ist, dass wir auf eine ganz bestimmte Art persönlich damit verbunden sind. Es gibt eine ständige, ganz individuelle Art des Umgehens damit und des Reagierens, sowohl nach außen wie nach innen. Dies könnten wir mit dem Wort ›Persönlichkeit‹ bezeichnen. Was ist die Persönlichkeit? Es sind die Muster, die entstanden sind, um unser Ich-Gefühl aufrechterhalten zu können und Bedrohungen jeglicher Art abzuwehren und unschädlich zu machen. Die Persönlichkeit entsteht immer unter Einfluss einer Unterstützung oder Unterdrückung von außen. Sie bildet sich immer in Wechselwirkung mit unserer Umgebung, mit unseren Erziehern, unseren Lehrern, Brüdern, Schwestern usw.

Die Frage, die sich hier stellt, lautet: Gibt es auch noch etwas anderes, das wesentlicher ist, unabhängig von den Umständen und mehr zu uns gehörig? Wenn wir davon ausgehen, dass es tatsächlich dieses Andere gibt, nennen wir es die ›Essenz‹. Aber hier entsteht oft auch ein Missverständnis. Unser Geist – gewöhnt an Strafe und Belohnung, weiß und schwarz – bemächtigt sich sofort dieser beiden Begriffe. Und weil wir das unstillbare Bedürfnis haben, alles in Gut und Schlecht einzuteilen, wird die Persönlichkeit schlecht und die Essenz gut, und dann ist das Ganze wieder einmal mehr eingekastelt und unschädlich gemacht. Es ist darum sehr wichtig zu begreifen, dass weder die Essenz noch die Persönlichkeit als solche existieren, sondern dass es vor allem Arbeitstermini sind. Das wird vielleicht deutlicher, wenn wir uns klarmachen, dass es immer einen weiteren Rahmen gibt, der alle scheinbaren Gegensätze umfasst. Dieser wird ›Sein‹ genannt. Das Sein ist der Rahmen, in dem etwas anwesend ist, was Erfahrungen macht. Doch das Sein macht auch deutlich, dass etwas (wie eine Nebelbank) sich jeden Augenblick wieder im Raum auflösen kann, in Offenheit, in Unendlichkeit, in ein Nicht-Sein. Hieran kann der relative Charakter jeder Einteilung deutlich werden.

Wenn wir dies aus den Augen verlieren, hat eine Definition von Essenz und Persönlichkeit als Arbeitsbegriffe ihren Sinn verloren. Es ist wichtig zu begreifen, dass wir immer sowohl Essenz wie Persönlichkeit sind und dass beide einander ergänzen, dass wir das eine nicht gegen das andere einzutauschen brauchen, denn es gibt nichts einzutauschen. Es ist alles letztlich ›Sein‹.

Gehen wir einmal davon aus, dass diese Essenz bei der Geburt noch relativ intakt ist. Das bedeutet, dass unsere eigenen Qualitäten – unsere Kreativität, unsere Wärme, unsere spezifischen Gefühle, unsere Energie, unsere Willenskraft – in dieser Zeit noch sehr stark im Vordergrund stehen. Doch niemand wird in eine Umgebung hineingeboren, die ausschließlich der Nährboden für das Entwickeln seiner Essenz ist. Unsere Umgebung ›sieht‹ unsere Essenz nicht und kann deshalb auch nicht bewusst auf sie eingehen, denn sie wird durch ihre eigenen Interessen viel zu sehr mit Beschlag belegt. Die Umgebung konfrontiert uns darum mit ihren eigenen Reaktionen – Reaktionen, die z.B. der Persönlichkeit unserer Erzieher entspringen, ihren Ängsten, ihrer Trauer, ihrer Wut oder ihren Sorgen. Das ist schade, doch sie können nicht anders. So entstehen in uns viele Gegenreaktionen, die nicht aus unserer Essenz stammen, sondern vielmehr aus dem Reagieren auf unsere Umgebung. Wir versuchen denn auch, so viel wie möglich von unserer Essenz zu beschützen, doch die Mittel, die wir dafür anwenden müssen (uns verschließen, Kontakt abbrechen, einfrieren, dissoziieren, Selbsthass) sind absolut schädlich für die Verbindung mit unserer Essenz. So entsteht unsere Persönlichkeit nur zu einem kleinen Teil aus der natürlichen Erhaltung unserer Essenz in der Welt und zum größten Teil aus Verteidigungsreaktionen in Bezug auf unsere Umgebung.

Aus dem totalen Raum des kosmischen, nicht-persönlichen Seins entsteht also unser ›Sein‹, das in diesem Leben die Form unserer individuellen Essenz annimmt. Und daraus entsteht unsere Persönlichkeit. Es ist wie eine Wolke, die am klaren Himmel erscheint, aus der Regentropfen fallen, die sich in Hagelkörner verwandeln. Aber wie hart diese Hagelkörner auch sein mögen, sie sind zugleich doch Wasser, Regenwolke und Raum, auch wenn das Hagelkorn sich dessen nicht bewusst ist. So funktioniert der Prozess des ›Einfrierens‹. Die Persönlichkeit hat gelernt, starre Muster zu verwenden, um sich im Leben aufrechterhalten zu können, und die vertikale Reise besteht aus einer langsamen Bewusstwerdung und einem Auftauen dieser eingefrorenen Muster.

Der Bewusstwerdungsprozess

Wie sieht ein Bewusstwerdungsprozess aus? Auf der einen Seite sind wir so, wie wir geworden sind; wir sind, wie wir jetzt eben sind. Dieser Erkenntnis können wir nicht entgehen. Doch gleichzeitig ist alles in Bewegung, und von diesem ›In-Bewegung-Sein‹ aus ist alles ein Prozess, in dem wir mittendrin stehen. Fühlen wir, dass wir glücklicher werden und mehr Freiheit entsteht, oder fühlen wir, wie wir erstarren, ängstlicher oder einsamer werden? Solcher Art sind die Bewegungen, die sich vollziehen.

Gleichzeitig gibt es noch größere Bewegungen. Ein Baum wird jedes Jahr im Frühling grün und verliert im Herbst seine Blätter. Daneben findet ein noch langsamerer Wachstumsprozess statt: Im Lauf der Jahre wird ein Baum größer und größer und schließlich stirbt er. Die kleineren Bewegungen von Frühling bis Herbst sind absolut notwendig, um die größeren zustande zu bringen. So kann auch der menschliche Geist, während er sich verhärtet oder auftaut, in einem weiter gefassten Prozess wachsen und bewusster werden, gerade wegen der kleineren Bewegungen des Öffnens und Sich-Zurückziehens oder des Wechsels von Glück und Traurigkeit.

Seit dem Moment der Empfängnis herrschen ständig Wachstum und Erstarrung. Das gibt uns unsere ›Form‹. So ist unsere Persönlichkeit entstanden, und das ist gut so, denn wir brauchen sie im täglichen Leben ständig. Aber es ist vielleicht auch ein Teil unserer Essenz zugeschneit und eingefroren, und dieser Teil könnte aufgetaut und zum Leben erweckt werden. Das ist in etwa der Punkt, an dem wir uns jetzt befinden. Und wenn wir in diesem Moment auf die Suche nach Bewusstwerdung und Selbstentfaltung gehen, setzen wir einen vertikalen Prozess in Gang. Dann befinden wir uns, ungeachtet aller kleineren und größeren Rückschläge, in einem umfassenderen Prozess des inneren Wachstums.

Um diese größeren Veränderungen darzustellen, kann man verschiedene Stadien definieren. Aus meiner Sicht sind es zehn, doch man kann natürlich auch eine ganz andere Einteilung wählen. (Siehe auch Abbildung auf S. 29.)

1. Schlafbewusstsein

Meistens sind wir uns der Muster, die sich in uns abspielen, überhaupt nicht bewusst, wir reagieren automatisch: Wenn uns jemand zulacht, sind wir glücklich, wenn jemand wütend dreinblickt, werden wir auch wütend, traurig oder ängstlich, je nachdem, wie unsere Muster beschaffen sind. Eigentlich reagieren wir hauptsächlich auf Impulse, die von außen auf uns zukommen, obwohl wir das oft nicht bemerken. Alles Mögliche geht uns durch den Kopf, wir denken vielleicht an etwas zurück, was schiefgegangen ist, oder wir fantasieren über die Zukunft. Es gibt fast kein ›Jetzt‹. Manchmal schrecken wir kurz hoch, aber das ist oft nur ein Anlass für die nächste Runde. Wir leben auf der Basis von Projektionen, von unerfüllten Wünschen, nicht geäußerten Emotionen, in einer Traumwelt.

Vielleicht scheint das etwas übertrieben, aber prüfen Sie einmal, wie viele Minuten pro Tag Sie sich Ihrer selbst, Ihres Körpers, Ihrer Atmung, Ihrer Gefühle, Ihrer Gedanken bewusst sind. Und was machen Sie mit den Widrigkeiten, den Hindernissen und Ängsten, mit denen Sie konfrontiert werden? Gehen Sie ihnen aus dem Weg, geben Sie die Schuld anderen Menschen, kämpfen Sie dagegen an, finden Sie sich damit ab? Zuerst müssen wir ein klein wenig erwachen: Wir müssen sehen oder erkennen, wie wir unser Leben führen, die endlosen Wiederholungen von Gedanken, Bildern, Spannungen, Gefühlen, Reaktionen und Stimmungen gewahr werden. Meistens ist es notwendig, uns erst all dieser beschränkenden Muster bewusst zu werden, bevor wir das vage Gefühl entwickeln, dass wir das alles nicht mehr wollen, und schließlich eine Abwendung von den ewigen Wiederholungen entsteht. Das ist die Triebfeder, die uns dazu anspornt, nach einer Veränderung zu suchen.

2. Auf die Suche gehen

Wenn unser Leben zu beschränkt, zu unangenehm, zu deprimierend, zu bedrohlich wird, wenn es sich stark wie ein grauer Schleier anfühlt, dann fangen wir meistens an, uns nach irgendeiner Veränderung zu sehnen. Wir suchen eine andere Arbeit, ein anderes Haus, einen anderen Partner, einen Therapeuten, einen Guru, eine spirituelle Gruppe, bestimmte Erkenntnisse oder Weisheiten. Wir suchen eine Möglichkeit, uns in eine angenehmere Art des Lebens und der Erfahrungen hineinzukatapultieren. Wer kann mir helfen? Was kann ich tun, um glücklicher zu werden? Wo kann ich dieses Glück finden?

Diese Suche wird von Willenskraft und Sehnsüchten bestimmt. Beide sind wichtig. Doch wenn unsere Suche auf der Hoffnung gründet, eine Lösung würde uns von außen angeboten werden und zugleich eine Flucht aus der heutigen Situation ermöglichen, so ist die Chance klein, dass sich wirklich etwas verändert. Wir können nicht über unseren eigenen Schatten springen. Das bedeutet, dass es uns meistens nicht gelingt, die Probleme oder die uns einschränkenden Muster einfach hinter uns zu lassen. Oder es gelingt, aber nur für eine Weile, dann werden wir wieder von unseren Schattenseiten eingeholt. So entsteht in einem bestimmten Moment während dieser Suche das Gefühl, dass wir all das, was sich wirklich in uns abspielt, erst einmal tiefer betrachten müssen.

3. So bin ich

Erst wenn wir uns wirklich selbst betrachten können, können wir erfahren, wer wir sind. Doch das bedeutet, dass wir uns so akzeptieren müssen, wie wir sind. Solange wir uns selbst nicht akzeptieren, können wir nicht wirklich etwas erkennen, weil wir viel zu stark beschäftigt sind mit Urteilen, ›Ziehen‹ und ›Drücken‹. Erst wenn wir uns selbst so betrachten können wie eine Großmutter ihre Enkel betrachtet – um es mit einem Bild auszudrücken –, fangen wir an, etwas zu sehen. Und oft wird das zu einer harten Konfrontation, der Konfrontation mit unseren Leiden und Schmerzen, unserer Wut, unseren Eifersüchten, Stolz, Begierde, Verzweiflung, Unsicherheit, Ohnmacht, Widerständen, Kälte, Distanz, Angst. All dies ist nicht angenehm. Die Erkenntnis, wer wir wirklich sind, ist meistens sehr ernüchternd.

Die wichtigste Frage ist jedoch, ob wir uns wirklich dafür entscheiden. Jeder kann mit einer bestimmten Regelmäßigkeit einen Blick auf seine Wehwehchen, seine übertriebenen Reaktionen und Ängste erhaschen, aber meistens blicken wir dann doch lieber in die andere Richtung oder verstecken uns hinter einer bestimmten Haltung. Die Frage lautet also: Wollen wir uns diesem Anblick trotzdem weiter stellen und die Gefühle, die dabei aufkommen, als unsere eigenen akzeptieren? Oder entscheiden wir uns lieber für einen dumpfen Schlafzustand, in dem wir uns selbst etwas vormachen, und leben weiter in einer selbst geschaffenen Traumwelt?

4. Körper, Atem und Geist

Oft wollen wir nur einen bestimmten Bereich in uns näher betrachten, andere jedoch lieber nicht. Wir wollen vielleicht unsere Wut erkennen, aber nicht unseren Kummer. Oder wir wollen uns selbst gern verstehen und können ohne weiteres eine scharfe Analyse geben, wie wir und unser Charakter beschaffen sind;

aber wir wagen es nicht, mit den echten Gefühlen in Kontakt zu treten, die darunter liegen. Oder wir sind uns zwar mancher körperlicher Spannungen bewusst, nicht aber der Signale, die wir uns selbst und anderen vermitteln.

Um uns wirklich ändern zu können, ist es wichtig, dass wir es wagen, in die Tiefe zu springen und unsere eigene ›Jauchegrube‹ nicht nur zu sehen, sondern auch zu riechen. Erst dann entsteht eine Verbindung zwischen unserem Körper (Spannungen), unserem Atem (Gefühlen) und unserem Geist (Gedanken, Geschichten, Botschaften).

Das bedeutet, dass wir uns alles, was wir in uns selbst erfahren, auch wirklich aneignen. Das ist ein sehr subtiler Vorgang. Selbst wenn wir uns in Gänze erfahren, neigen wir dazu, diese Ganzheit ein wenig aufzuspalten. Wir können zum Beispiel sagen: Das bin ich nicht wirklich selber, es ist nur meine Persönlichkeit oder eine Reaktion auf frühere Lebensumstände. Das stimmt, aber es gehört trotzdem zu uns. Es sind unsere Empfindlichkeiten, Ängste, Unsicherheiten, Depressionen, unser Größenwahn, unsere Unruhe, unsere Irritationen, unsere Begierden, Eifersucht, Negativität, Hass, Stolz... Nur wenn wir uns all dies wirklich ›aneignen‹, kann sich etwas wesentlich verändern.

5. Der Boden der Grube

Indem wir uns die Gefühle und Muster aneignen, die uns einschränken, kommen wir in Berührung mit ihrer Entstehungsgeschichte. Das ist fast unvermeidlich. Unsere Niedergeschlagenheit, unsere Wut oder unsere Ängste sind in der Vergangenheit entstanden, und sobald sie auftreten, treten sie über unser Nervensystem auf direktem Weg in Kontakt mit dem Sitz dieser Emotionen, die in unserem Denken, in unseren Gefühlen und vor allem in unserem Körper aufbewahrt werden. Wenn die Emotionen aus der Gegenwart besonders heftig sind, können sie sozusagen einen Kurzschluss mit den Emotionen aus der Vergangenheit verursachen. Wir können uns solche Emotionen nur aneignen, indem wir die Geschehnisse, die sie verursacht haben, quasi ›umarmen‹, d.h. indem wir uns die Geschehnisse in ihrer Ganzheit bewusst machen und mit unserem Körper aufs Neue erfahren. Damit erreichen wir den tiefsten Punkt, den Boden unserer inneren Grube.

Das kann, abhängig von unserer Vergangenheit, ein sehr dramatischer Weg sein. Allmählich wird der Umfang der Traumata – das heißt der verdrängten Anteile unserer emotionalen Reaktionsmuster – spürbar. Bis zu einem gewissen Grad können wir das selbst leisten, doch wenn die Vergangenheit sehr verletzend war, ist eine fachkundige Begleitung unentbehrlich. Wenn die Vergangenheit lebensbedrohend traumatisch war, können wir uns fragen, ob wir es wagen sollten, wirklich bis auf den Boden zu gehen. Wir können uns auch dafür entscheiden, manche Traumata ruhen zu lassen. Wenn wir das bewusst tun, kann durchaus eine gewisse Beruhigung eintreten, weil dies weniger schädlich ist als der Versuch, ein nicht zu verarbeitendes Trauma aufs Neue zu beleben. Diese Entscheidung können wir mit einem professionellen Begleiter oder Therapeuten gemeinsam fällen.

6. Abkoppeln und umkehren

Wenn man sich seine emotionalen Reaktionsmuster wirklich aneignet und zur Quelle, zum Boden der Grube zurückkehrt, kann das einen kräftigen Befreiungsimpuls bewirken. Auf der einen Seite entsteht ein Gefühl der Klarheit. Es wird deutlich, woher eine bestimmte Reaktion stammt. So ist zum Beispiel ein Angstanfall nicht einfach nur ein Angstanfall, sondern er hat eine Wurzel und eine Vorgeschichte. Durch die gewonnene Klarheit wird es uns möglich, die Angst besser zuzulassen und als etwas zu erfahren, an dem wir nichts ändern können. Wir brauchen uns deswegen nicht schuldig zu fühlen! Indem wir die Angst sozusagen ›umarmen‹ und aufs Neue erleben, verliert sie etwas von der unbewussten Umklammerung, mit der sie uns festhielt, und dadurch können auch wir sie leichter loslassen.

Außerdem kann das Wiedererleben der Vergangenheit uns helfen, den Emotionen in dieser Vergangenheit einen Ort zu geben und sie dort zu lassen. Die Angst, verlassen zu werden, die wir heute erleben, ist eigentlich die Angst von damals, als wir zwei oder drei Jahre alt waren. Wir können die Angst von damals (die vielleicht sogar mit Todesangst verbunden war) allmählich loskoppeln von dem unangenehmen Gefühl, das wir jetzt erleben, wenn wir Abschied nehmen müssen. Das kann eine enorme Erleichterung und einen neuen Spielraum geben.

Manchmal reicht auch das noch nicht aus. Bestimmte Überzeugungen (Beispiel: »Ich bin wertlos« oder »Ich darf nicht da sein«) liegen so tief in unserem Körpergefühl und in unserem Denken verankert, dass sie unsere Essenz ›angefressen‹ haben. Dann braucht es oft subtile (therapeutische) Hilfe, um diese alten Annahmen umzudrehen oder bestimmte Reaktionen – wie z.B. die Erfahrung des totalen Machtloswerdens – zu verändern in das Zulassen von Wut und das Erfahren von Kraft. Dann kann sich ein bestimmtes Muster tatsächlich grundlegend transformieren.

Das geht oft nicht so schnell. Akzeptanz, Erforschen des Bodens und Sich-Loskoppeln vollziehen sich meistens in Wellen oder Schleifen. Wir bearbeiten ein Stück und später wieder ein Stück. Meistens versuchen wir zuerst alles zu begreifen und lassen erst später die echten Gefühle zu. Oder wir fangen damit an, die an der Oberfläche liegenden Gefühle zuzulassen und dringen allmählich zu den tieferliegenden vor. Manchmal, wenn wir von der Heftigkeit der Gefühle überwältigt werden würden, ist es notwendig, sie erst zu dosieren, bevor wir ihre volle Ladung aushalten können. Auch das ist ein langsamer Wachstumsprozess, und das ist gut so. Denn wenn wir diese Etappe des Prozesses zu schnell durchlaufen, zeigt sich später oft, dass sich eigentlich gar nichts verändert hat.

7. Integration

Jedes Mal, wenn wir eine solche Schleife aus den drei Prozessen – Akzeptieren, Erforschen des Bodens, Loskoppeln – vollziehen, brauchen wir Zeit, um allen Schmerz und alle Erkenntnisse, die wir dabei gewinnen, zu integrieren. Wenn wir uns langsam aus der Umklammerung bestimmter emotionaler Reaktionsmuster lösen und auch die körperlichen Spannungen ›schmelzen‹, entsteht eine andere Energiedurchströmung unseres Körpers. Das kann ein eigenartiges Gefühl sein, das am Anfang nicht unbedingt angenehm ist. Man kann emotional aus dem Gleichgewicht geraten oder starke körperliche Reaktionen wie Zittern, Schweißausbrüche oder Schwindelgefühle erleben. Das neue Lebensgefühl kann sich zunächst also sehr ungewöhnlich darstellen.

Es braucht Zeit, um Veränderungen im täglichen Leben zu integrieren. Vielleicht ändert sich unsere Haltung gegenüber unserem Partner, unseren Bekannten, unserer Arbeit, den Eltern oder unseren Kindern. Diese werden sich hingegen wahrscheinlich nicht verändert haben und vielleicht sogar alles daran setzen, uns in unserer alten Verfassung festzuhalten. Das kann zu Reibungen führen. Nicht jeder fängt an zu jauchzen, wenn wir uns freier zu fühlen beginnen, im Gegenteil. Und weil wir doch in einer Beziehung mit unserer Umgebung leben, braucht es Zeit, diese Integration zustande zu bringen.

8. Entfalten von Freiheit

Wenn man regelmäßig in kurzen Lichtblicken eine gewisse Freiheit auffängt, verlegt sich der Akzent allmählich vom Sich-Herausringen aus dem Beschränkten zum Entdecken einer umfassenden Wirklichkeit. Wenn unsere ›Geschichten‹* und Gefühle

* Der Begriff ›Geschichte‹ bezeichnet in diesem Zusammenhang einen Komplex unterschiedlicher innerer Dialoge. Näheres dazu auf S. 60ff.

transparenter werden, ist mehr Raum und Energie für völlig neue Erfahrungen verfügbar. Solche Öffnungen entstehen meistens auf der Ebene der Körperempfindungen, der Sinne, der Beziehungen und des Bewusstseins.

Wenn Sie sich Ihres Körpers und Ihres Atems bewusster werden, kommen Sie in Kontakt mit den Energieströmen Ihres Körpers. Wenn sich Spannungen lockern, entstehen Empfindungen körperlichen Wohlbehagens, die von der Außenwelt unabhängig sind. Der Körper kann dann zu einer Quelle wirklichen Genießens werden, die ständig vorhanden ist.

Wenn unsere ›Geschichten‹ lockerer und stiller werden, entsteht mehr Raum für Bilder, Farben, Licht, Geräusche, Gerüche, Geschmacks- und Berührungserlebnisse. All diese Eindrücke sind, weil sie sich von der Last der Vergangenheit befreit haben, sehr offen und ganz im Jetzt anwesend. Das kann zu einem euphorischen Gefühl führen, in dem Sie alle Sorgen loslassen können.

Wenn die eigenen Frustrationen und Ängste nicht so stark im Vordergrund stehen, brauchen Sie sich auch nicht mehr so sehr zu schützen oder den anderen zu sich hinzuziehen. Beziehungen werden dadurch offener, weniger abstandsbetont oder fordernd und mehr vom Herzen aus erlebt. Das erzeugt ein völlig neues Gefühl nicht nur in Beziehungen zu anderen, sondern auch in Bezug auf Sie selbst.

Das Bewusstsein, das das Ganze umfasst, wird weniger durch einzelne Details okkupiert. Es ist weiter, offener, weniger bestimmend und kann dadurch auch kreativer sein. Es lässt sich nicht so schnell ›fangen‹. Es ist möglich, mehrere Erfahrungen gleichzeitig zu erfassen, und es gibt ein kontinuierliches Gefühl der Geistesgegenwart, des Anwesendseins, des bewussten Durchlebens und Entscheidungen-Treffens.

9. Die Überwindung der Zweiheit

Wenn auf diese Weise mehr Klarheit entsteht, wird deutlich, dass jede emotionale Reaktion, jede Verteidigung, Unterscheidung, jedes Urteil eine Art ist, sich selbst aufrechtzuerhalten, und zugleich, dass dies zu nichts nütze ist (es sei denn manchmal in Form einer ›Aktion‹ nach außen). Deswegen können Sie jetzt aufhören, an Unterscheidungen festzuhalten. Alles geht fließend ineinander über, es ist ein freies Spiel, in dem nichts definitiv feststeht. Auch der Unterschied zwischen Essenz und Persönlichkeit fällt weg, und der zwischen dem Ich und dem anderen. Sie können zwar eine Grenze aufbauen und Nein sagen, doch innerlich spielt diese Grenze keine Rolle. Alles ist möglich. Nichts wird ausgeschlossen.

10. Sein

›Sein‹ ist weder ein höheres Stadium noch ein Sich-Erheben über die Stadien eins bis neun; es bedeutet eine völlige Wiederintegration und das Wegfallen aller Stadien als solcher. Es ist ganz gleich, in welcher Bewusstseinsschicht Sie sich befinden, denn Sie bleiben sich aller anderen Schichten bewusst. Außerdem erscheint Ihr persönliches Sein immer vor dem Hintergrund des kosmischen Seins von allem und allen. Und dieses Sein ist unlösbar verbunden mit dem Nicht-Sein, so wie Leben verbunden ist mit Nicht-Leben, Form mit Leere. Hier versagen die Worte, weil diese Erfahrung eigentlich nicht mehr beschreibbar ist.

Die große Falle besteht darin, dass ›Sein‹ sofort zu etwas wird, worüber man spricht und dann denkt, man würde es auch begreifen. Doch was man begreift, ist nicht das Sein. Wir fangen nur einen Schimmer des Seins auf in den Momenten, in denen wir es gerade nicht begreifen. Sein ist eher ein Nichtwissen als ein Wissen, so wie Raum eigentlich raumlos ist, unendlich, ohne Grenzen. ›Sein‹ ist raumlos, zeitlos und wortlos.

Sie brauchen also keine Unterscheidung zwischen Sein und Sein zu machen. Ihr persönliches Sein erscheint übergangslos aus dem großen Sein, und nur Sie können dieses Sein sein.

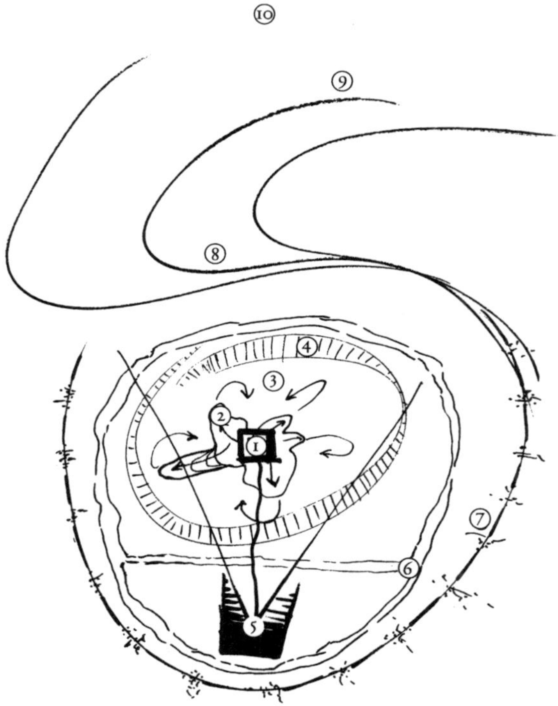

Der Bewusstwerdungsprozess

1. Schlafbewusstsein
2. Auf die Suche nach Veränderung gehen
3. Sich selbst akzeptieren, wie Sie sind
4. Alle Aspekte Ihrer selbst erfahren
5. Bis auf den Boden der Grube gehen
6. Die Vergangenheit abkoppeln und Reaktionsmuster verändern
7. Integration
8. Entfaltung von Freiheit
9. Kein Unterschied, keine Dualität
10. Einfach sein

Mit solch einer Wegbeschreibung sind verschiedene Gefahren verbunden. Die erste besteht darin, dass Sie denken, Sie müssten von Stufe 1 bis 10 gehen. Das ist nicht der Fall. Es gibt keinen Weg, der gegangen werden muss. Es handelt sich nicht um ein lineares Modell. Es ist vielleicht richtiger, an ineinander verflochtene Räume zu denken, oder an eine Reihe ineinander passender Schalen, wie bei einer Zwiebel, wobei der eine Raum immer etwas größer ist als der andere (aber dadurch auch weniger Schutz bietet). Im Grunde sind all diese Ebenen gleichzeitig anwesend, aber es ist möglich, dass sie sich ganz stark auf eine bestimmte zurückgezogen haben. Wirkliche Befreiung liegt in dem immer transparenter Werden der imaginären Grenzen zwischen all diesen Ebenen.

Bewusstwerdung ist kein linearer Prozess, sondern er besteht aus Schleifen, die sich durch die verschiedenen Ebenen ziehen. Manchmal ist es richtig, sich auf die Ebene des Schlafes zurückzuziehen, wie ein Bär, der in seiner Höhle Winterschlaf hält. Das ist völlig in Ordnung. Alles, was lebt, vollzieht sich in Wellen – der Atem, der Blutkreislauf, die Peristaltik des Darmes, Tag und Nacht, Frühling und Herbst, Ekstase und Depression. Es ist, wie jede andere Entwicklung, ein lebendiger Prozess.

Die zweite Gefahr ist die, dass man sofort zu einem Werturteil neigt. Auf dieser Ebene bin ich mehr oder besser als auf einer anderen. Ich bleibe einfach im Frühling und gehe nicht mehr ›zurück‹ in den Herbst. Das klingt zunächst vernünftig, doch ein Baum, der immer im Frühling verbleiben möchte, würde sterben. Man muss einem natürlichen Prozess die Möglichkeit geben, seinen Lauf zu nehmen. Nur wenn wir uns mit diesem natürlichen Prozess bewegen, kann sich etwas ändern.

Der dritte Irrtum besteht darin, dass wir meinen, schon irgendwo zu sein, oder dass der andere irgendwo sei: höher oder tiefer. So kann man zum Beispiel der Illusion verfallen, man lebe schon aus der Essenz oder man wisse alles genau und habe es durchgearbeitet oder der andere reagiere aus seiner Persönlichkeit heraus oder aber man begreife nichts von allem und müsse noch viel lernen. Auf eine solche Weise geraten wir definitiv in eine Sackgasse. Sobald wir Abgrenzungen ziehen und Abstand schaffen, heißt das nur, dass wir in uns selbst bestimmte Grenzen bewachen müssen und Abstand brauchen. Die Projektion dieser Grenzen nach außen trägt dann dazu bei, dass wir nicht an unseren eigenen Grenzen oder Ängsten arbeiten müssen. Und an dieser fatalen Überzeugung halten wir manchmal unser ganzes Leben lang fest.

Leben aus der eigenen Essenz

Auch wenn wir allmählich mehr Kontakt mit unserem Kern bekommen, werden wir bemerken, dass unser Leben immer noch von unserer Persönlichkeit beherrscht wird, von automatischen Reaktionen auf die Welt, die uns umgibt. Wir machen uns fortwährend Sorgen, wir haben immer noch Probleme damit, Kontakte zu anderen Menschen herzustellen, und das nagende Gefühl der Unsicherheit ist geblieben. Der Griff, mit dem all diese Muster unser Leben umklammern, ist sehr hart, aber wenn wir bewusst an ihre Verarbeitung herangehen, werden wir merken, wie er sich immer weiter lockert. Je mehr wir uns von diesen Mustern zu lösen vermögen, umso mehr wird sich das Grundvertrauen zu uns selbst und dem anderen wieder einstellen. Dies kann zu einer großen Erleichterung führen und ein fundamentales Freiheitsgefühl erzeugen.

Weil wir während dieses Bewusstwerdungsprozesses auch ein stärkeres Gefühl für das Wesentliche in uns und für die Tiefe in der Berührung mit dem Leben bekommen, kann eine große Sehnsucht nach Mehr entstehen: Wir verlangen danach, aus der Essenz zu leben, aus dem, der wir wirklich sind, aus dem Kern, aus unseren ureigenen Entscheidungen im Hier und Jetzt. Dabei rühren wir an die tiefsten Fragen: Wer bin ich? Warum bin ich hier? Wie setze ich meine Zeit und meine Energie ein?

Im Allgemeinen gehen wir sofort auf die Suche nach einer Antwort. Wir suchen sie in Büchern und hoffen, dass uns irgendein Lehrer diese Antwort geben kann. Wir strengen uns fürchterlich an, wir belegen einen Kurs nach dem anderen, versuchen, zum hervorragendsten Schüler des besten Lehrers zu werden. Doch wenn wir ehrlich sind, ist das doch, als wollten wir eine Wolke mit den Händen einfangen oder einen Schluck Luft trinken. Wir versuchen etwas zu fassen, es in uns hereinzunehmen und aufzuessen. All diese Versuche sind Anstrengungen unserer Persönlichkeit. Wir versuchen, unsere Essenz mit dem Fangnetz unserer Persönlichkeit zu fassen. Doch diese Essenz ist wie der blaue Himmel, sie lässt sich nicht einfangen.

Wenn wir gut beobachten, was wir tun, bemerken wir, dass wir oft über unsere Essenz nachdenken. Was wir sagen, lesen und hören, hat damit zu tun. Doch es *ist* nicht die Essenz. Das ist ein wesentlicher Unterschied!

Wir können alles über das Wasser wissen und ein Experte in Bezug auf die verschiedenen Geschmacksnuancen von Quellwasser sein – doch das Schmecken des Wassers selbst ist etwas wesentlich anderes. Das ist unangenehm. Denn auch dieser berühmte Lehrer oder jenes fantastische Buch *spricht* nur davon. Und selbst wenn dieser Lehrer das Wesentliche – diese Erkenntnis, jene Erfahrung oder ein bestimmtes Wissen – verkörpert, kann es sein, dass ein lebenswichtiger Aspekt dabei verloren geht. Erleuchtete Lehrer können manchmal sehr verschlossen, doppelbödig oder sogar kontaktgestört sein. Und ein Buch kann leicht etwas vorspiegeln, was zunächst in sich sehr schlüssig scheint, wo jedoch der entscheidende Funke fehlt. Sollte dieser Funke aber tatsächlich vorhanden sein, so könnte er für uns immer noch nicht mehr bedeuten als ein Anlasser für ein Auto. Fahren müssen wir selber. Bewusstwerdung ist ein Prozess, den nur wir selbst in Gang bringen können.

Die Frage: »Wie lebe ich aus meiner Essenz?« ist nicht dazu da, um beantwortet zu werden. Die Antwort vernichtet die entscheidende Wirkung der Frage. Eine solche Frage hat nur dann Effekt, wenn sie offen bleibt. Und außerdem wirkt sie nur, wenn sie wirklich unsere eigene ist!

Was ist nun unsere allerwesentlichste Frage? Versuchen Sie

einmal, diese Frage zu formulieren. Schreiben Sie sie auf und lesen Sie sie jeden Tag einige Male. Gehen Sie einen Monat lang damit um, ohne sie zu beantworten. Es kann sein, dass Sie dann merken, dass es nicht wirklich *die* Frage ist. Passen Sie sie daraufhin an, bis Sie in der Lage sind, die wirklich wesentlichste Frage, die Sie in diesem Moment haben, zu formulieren.

Beobachten Sie, worauf diese Frage zielt. Auf welchem Gebiet liegt sie? Ist es eine psychologische oder mehr eine spirituelle Frage? Handelt es sich um Muster, die in der Vergangenheit entstanden sind und von denen Sie sich lösen wollen, dann ist es eine psychologische Frage. Dann müssen Sie vielleicht auf dem Terrain der Psychologie nach Wegen suchen, diese Frage weiter auszuarbeiten. Bezieht sich diese Frage mehr auf das Hier und Jetzt, auf Erfahrungen und Erkenntnisse, dann müssen Sie auf dem Gebiet der Spiritualität und Meditation suchen. Wenn es eher eine Frage ist, die aus Ihrer Essenz heraus entstanden ist, dann wird die Suche hauptsächlich bei Ihnen selbst und der Konfrontation mit Ihrem persönlichen Leben einzusetzen haben.

Übung: Einfach sein

Sie laufen oder Sie sitzen. Achten Sie darauf, dass Ihre Hände und Ihre Finger entspannt sind. Sie spüren Ihre Füße auf dem Fußboden und Ihre Hände, die nichts festzuhalten brauchen. Ihre Augen sind entspannt. Sie spüren den Raum um sich herum. Atmen Sie leicht und fühlen Sie, wie Ihr Atem den offenen Raum mit nach innen nimmt und wie Sie mit Ihrem Ausatmen alles, was Sie beschäftigt, zurückgeben können an den Raum. Lassen Sie es still werden in sich. Sehen Sie, hören Sie, riechen Sie und fühlen Sie alles, was um Sie herum ist, bis Sie sich selbst als Ganzes erfahren vor dem Hintergrund des Raumes.

Versuchen Sie, dies nicht fest zu greifen, es nicht zu benennen. Sie *sind* einfach, Sie sitzen oder Sie laufen. Und was dann erscheint – ein Gedanke, eine Sorge, ein angenehmes oder unangenehmes Gefühl –, erscheint in dieser Offenheit und löst sich wieder darin auf. Darum geht es, und es ist in Ordnung so.

II. Wo klemmt es?

Es war einmal ein Mann, der nach Jahrzehnten der Meditation und energischer Übung in der Lage war, alle weltlichen und materiellen Dinge loszulassen. Er brauchte nicht mehr zu essen, und sein Körper war so leicht, dass er ein paar Zentimeter über dem Boden schwebte. Sogar seinem eigenen Lehrer – einem Guru, der in einer Höhle des Himalaja wohnte, und den er einmal im Jahr aufsuchte – war dies noch nie gelungen. Er fühlte sich vollkommen transparent, und sein Leben verlief mühelos, bis er eines Tages entdeckte, dass er sich so völlig auflösen konnte, dass er unsichtbar wurde und durch eine Mauer gehen konnte. Es war eine fantastische Entdeckung, und er hatte das Gefühl, das Ende seines langen Entwicklungsweges erreicht zu haben.

Er schrieb einen Brief an seinen Guru, in dem er von seiner neuen Errungenschaft berichtete, in der Hoffnung, dieser würde ihn nun endlich, nach all den Jahren der Übung, als erleuchteten Meister anerkennen. Doch zu seiner Enttäuschung bekam er einen Antwortbrief vom Sohn des Gurus, in dem dieser ihm mitteilte, sein Vater sei vor kurzem verstorben, und zwar ohne einen Körper zu hinterlassen. Das war eigentlich sehr schade, denn sie hatten ihn gerne mit einer großen Zeremonie kremieren wollen.

Eine enorme Enttäuschung. Wer sollte jetzt seinen Erleuchteten-Status bestätigen?

Nun wohnte neben diesem Mann ein Journalist, der bei einer großen renommierten Tageszeitung arbeitete. Obwohl dieser ein echter Materialist war, dessen Schlafzimmergeräusche auf der anderen Seite der Mauer seine Meditationen regelmäßig störten, schien ihm dies doch die nächstliegende Lösung zu sein. Wenn er diesem Journalisten zeigte, dass er durch die Mauer gehen konnte, so würde dieser einen aufsehenerregenden Artikel schreiben, der ihn für den Rest seines Lebens weltberühmt machte.

Das Dumme daran war nur, dass er seine Fähigkeit, sich unsichtbar zu machen, durch die Mauer zu gehen und auf der anderen Seite wieder sichtbar zu werden, noch nicht gänzlich kontrollieren konnte. Zunächst einmal musste er einen ganzen Tag und eine ganze Nacht lang meditieren, und selbst dann zeigte sich, dass er nicht immer durch die Mauer hindurch konnte, sondern mit einem enormen Schlag gegen seinen Kopf daran anstieß. Drei Jahre, drei Monate und drei Tage lang übte der Mann, die Mauer vom Wohnzimmer zur Küche zu durchschreiten. Dann fühlte er sich fähig genug, um vor die Öffentlichkeit zu treten. Aber um jedes Risiko eines Misslingens zu vermeiden, beschloss er, zunächst einmal unerwartet bei seinem Nachbarn aufzutauchen.

Eines Abends, nachdem er vierundzwanzig Stunden ununterbrochen meditiert hatte, hörte er, wie sein Nachbar nach Hause kam. Er hatte offenbar eine Bekannte aus der Bar mitgenommen, denn seine tiefe Stimme wurde immer wieder von fröhlichem Gekicher unterbrochen. Aber dennoch – dies sollte der Moment sein. Er wollte es nicht länger hinausschieben. Er fühlte, wie transparent er war, ohne irgendeinen ablenkenden Gedanken, ohne irgendwelche Gefühle, nur leicht, hell und strahlend. So stellte er sich vor die Mauer, atmete tief ein, spürte, wie er völlig leicht und durchsichtig wurde, und schob seinen Fuß durch die Mauer. So weit ging es ganz gut. Er fühlte, wie sein Körper durch die Mauer glitt wie ein warmes Messer durch ein Stück Butter. Das war immer ein ganz besonderes Gefühl, wie wenn seine Haut von sanften Daunenfedern gestreichelt würde. Aufregend und zugleich magisch. Zögernd steckte er seinen Kopf aus der Mauer heraus und blickte in das Zimmer seines Nachbarn.

Es war das Schlafzimmer. Sein Nachbar, der Journalist, lag unbekleidet auf dem Bett und streichelte den Körper der nackten Frau, die auf dem Rücken neben ihm lag. Sie war außergewöhnlich schön. Ihr langes schwarzes Haar lag locker geschwungen um ihren Kopf, ihr Mund war halb geöffnet, ihre Bauchdecke hob und senkte sich vor Erregung.

Der Mann, der mitten in der Mauer stecken geblieben war, fühlte, wie ein Schock durch ihn ging. Begierde überwältigte ihn. Er fühlte einen fürchterlichen Drang, diesen dicklichen Journalisten, der neben der Frau lag, vom Bett hinunterzuwerfen, ihn k.o. zu schlagen und sich auf diese Frau zu stürzen, um alle Begierde, die er jahrelang verdrängt hatte, zu befriedigen. Ein Zittern ging durch ihn. Irgendwo in seinem Kopf hörte er eine Stimme, die ihn an die seines Gurus erinnerte und ihm zurief: »Geh zurück!«, etwa so wie ein Schild an der Autobahn, das einen warnt, nicht auf der falschen Spur zu landen. Erschrocken zog er seinen Kopf zurück, um sich vor seinen eigenen Gefühlen in Sicherheit zu bringen. Er wollte zurück in sein eigenes Zimmer, zurück in die Stille und zur Meditation. Doch zugleich spürte er, wie sein Körper gleichsam einfror und hart wurde und er in der Mauer festsaß. Er geriet in Panik, fing an um sich zu schlagen und zu schreien, doch seine Stimme konnte keinen einzigen Ton mehr hervorbringen, seine Arme und Beine waren wie einbetoniert, gefangen zwischen der Welt der Erleuchtung und der Welt der Begierde…

Was bindet uns?

Es geschieht nur sehr selten, dass wir uns völlig frei fühlen, dass wir das Gefühl haben, uns in jede Richtung bewegen zu können, und dass es nichts gibt, was uns daran hindern könnte. Manchmal haben wir das Gefühl, wenn wir betrunken oder verliebt sind oder wenn Menschen uns besonders schmeicheln. Aber genau wie bei der Trunkenheit erwacht man immer mit einem Kater, und dann sieht das Leben wieder dunkel und begrenzt aus.

Dennoch streben wir immer wieder nach dem Gefühl, alle Begrenzungen hinter uns zu lassen, uns von ihnen zu lösen. Auch wenn wir wissen, dass dieses Gefühl nur ein vorübergehendes ist und uns nur für eine kurze Weile aus dem Einerlei des Alltags heraushebt. Unvermeidlich stürzen wir uns in die nächste Illusion – ein Abenteuer, eine neue Beziehung, Drogen, Alkohol, Spielautomaten, einen Tagtraum, ein neues Auto, einen noch schnelleren Internet-Anschluss. Nicht, dass das an sich falsch wäre. Aber wir benutzen diese Aktivitäten als ein Fluchtmittel zu einem Sprung in die Luft. Und immer wieder fallen wir unsanft auf den Boden und suchen danach doch weiter nach Fluchtmöglichkeiten.

Es ist eine Art Sucht. Wenn ich ein Buch über Alkoholismus und seinen Einfluss lese, erkenne ich viele Aspekte darin wieder: Mein Körper, meine Gedanken, Gefühle und Fantasievorstellungen rennen einem gewissen Versprechen, einer Fluchtmöglichkeit, einem ›großen Sprung‹ hinterher, obwohl ich eigentlich weiß, dass ich darin nie finden werde, was ich suche.

Die Suche nach Spiritualität kann Teil einer solchen Sucht sein. Die Realität ist so schwer zu akzeptieren, dass ich auf die Suche gehe nach einer anderen, besseren Realität. Diese Neigung kann schon in sehr jungen Jahren entstanden sein. Und wenn wir dann älter werden, suchen wir Zuflucht in der Meditation, im Gebet, im Singen von Mantren, in bestimmten Ernährungsweisen, Erbauungsseminaren, dem gemeinsamen Arbeiten an einem großen Ziel, der Arbeit für die Gemeinschaft, für eine Kirche usw. Daran ist natürlich gar nichts falsch, doch solche Aktivitäten tragen oft das Merkmal einer gewissen Zwanghaftigkeit, der Duft einer Abhängigkeit hängt gewissermaßen in der Luft. Es gibt eben oft einen ganz bestimmten Grund, warum sich jemand so völlig in spirituelle Aktivitäten stürzt. Und dieser Grund hängt gar nicht mit der Spiritualität als solcher zusammen, sondern mit dem Versuch, etwas anderem zu entrinnen. Was ist es, dem wir entrinnen wollen?

Meistens wollen wir die Mauern, die uns umgeben, und die wir in uns selbst aufgebaut haben, nicht wirklich sehen. Wir malen lieber unsere eigenen Freskos. Und in dem Maße, wie die Zeit verstreicht, werden wir darin auch immer geschickter. Es ist wie mit der Entwicklung der Malerei in Italien. Zuerst ist alles noch flach. Die Mauer bleibt eine Mauer, und die Darstellungen sind Hinweise, Erinnerungen an das Heilige vor dem Hintergrund des Goldes. Aber hundert Jahre später werden die raffiniertesten Gebäude und Landschaften gemalt, in einer Perspektive, die sich von der Realität nicht mehr unterscheidet. Der sakrale Ausgangspunkt wird zum Anlass, eine Scheinwirklichkeit zu erzeugen, die viel spannender ist als die rein sakrale Sphäre. Und das ist der Bereich, in dem wir leben: eine Scheinwirklichkeit.

Die eigentliche Realität ist anders. Die Realität ist die Mauer als Fresko *und* die Mauer als Mauer zugleich. Wie schön sie auch bemalt sei, es bleibt eine Mauer! Kommunizieren über das Internet ist nicht dasselbe wie wirklicher, echter Kontakt, genauso wie ein Liebesfilm nicht dasselbe ist wie wirkliche Liebe mit dem geliebten Menschen. Und wenn wir wirklich mit dem Raum hinter der Mauer in Kontakt kommen wollen, so müssen wir damit anfangen, die Mauer als Wirklichkeit zu erfahren und zu betrachten, woraus sie sich zusammensetzt.

Wenn wir damit beginnen, merken wir jedoch gleich, dass das ziemlich kompliziert ist. Denn das Bauwerk unseres eigenen Selbst ist äußerst komplex. Es gibt nicht nur Außenmauern, Innenmauern, unbekannte Mauern, geheime Mauern, nein, manche Mauern sind miteinander verbunden, während andere isoliert sind und ganz für sich stehen. Wenn wir einen Grundriss zeichnen müssten, würde er vielleicht ähnlich aussehen wie der einer mittelalterlichen Festung, die von dem berühmten Künstler und Baumeister Leonardo da Vinci entworfen wurde. Für den einen König entwarf er eine uneinnehmbare Festung und für den anderen die ingeniösesten Katapulte und mobilen Zugbrücken, um die Festung dann doch erobern zu können. Genau dasselbe tun wir auch. Wir bauen Mauern und suchen doch zugleich nach Möglichkeiten, diese Mauern wieder niederzureißen. Und wenn wir all die komplizierten Bau- und Verteidigungsmechanismen in uns betrachten, können wir fragen: Was gibt es hier eigentlich zu verteidigen? Bewahre ich in mir die Schätze des Vatikans? Was ist es, was so viel Schutz braucht?

Äußere Mauern

Es gibt immer äußere Umstände, und selten geben diese Umstände uns die Freiheit, die wir uns erhoffen. Das ist einfach eine Tatsache, die wir nicht als Illusion abtun können. Die Umstände können ziemlich bestimmend sein. Nicht ohne Grund haben die meisten berühmten Heiligen viele ganz normale Verantwortlichkeiten aus ihrem Leben verbannt. Nicht ohne Grund ließ der Buddha Frau und Sohn im Stich und weigerte sich, die Verantwortung, die die Königswürde mit sich brachte, zu übernehmen. Doch solche Verantwortungen sind genau die Umstände, unter denen die meisten Menschen leben. Was hätte Buddha wohl getan, wenn er zwei pubertierende Kinder gehabt hätte, die ständig miteinander in Streit gerieten? Hätte der Heilige Franziskus es ausgehalten mit Ihrer Schwiegermutter? Und wie hätte Maria ihr Leben wohl gemeistert als alleinerziehende Mutter, die von Sozialhilfe leben muss? Man darf den einschränkenden Einfluss der Umstände, in denen wir leben, also nicht unterschätzen. Vielleicht können wir sie irgendwann verändern, aber zunächst sind sie so, wie sie sind.

Übung: Zeichne deine eigene Mauer

Machen Sie sich einmal klar, was Sie jetzt gerade als hindernde Umstände erleben. Stellen Sie sich vor, dass diese eine Mauer bilden, die Sie umgibt. Zeichnen Sie sich selbst und diese Mauer um Sie herum und geben Sie jedem Stein, aus dem sie aufgebaut ist, einen Namen. Vielleicht ist das der Name Ihres Partners, Ihrer Kinder, Ihres Vaters oder Ihrer Mutter, Ihrer Kollegen, Ihres Chefs, Ihrer Arbeitsstelle, Ihrer Schulden, Ihrer Hypothek, Ihrer körperlichen Verfassung, Ihrer Ausbildung, Ihres Lebensalters, Ihres Gartens, Ihres Computers oder was auch immer.

Manche dieser Steine haben wir gewissermaßen ›bekommen‹. Wir ›bekommen‹ unsere Eltern, und manchmal haben wir unser Leben lang damit zu tun, dieses ›Geschenk‹ zu verarbeiten, es zu bewältigen. Wir bekommen einen eigenen Körper. Wenn wir krank sind, Schmerzen haben, bestimmte Dinge nicht mehr tun können, dann ist dieser Körper eine enorme Einschränkung. Wie gehen wir damit um?

Mein Körper hat immer wehgetan. Es hat lange gedauert, bis ich begriff, dass nicht jeder ständig Schmerzen verspürt! Ich fühlte mich meistens nutzlos, weil ich nicht stark war und nicht so schnell rennen konnte wie andere Jungen. Später erlebte ich mich als Schwächling, weil ich nicht einmal meine Kinder hochheben konnte oder weil ich solche Rückenschmerzen hatte, dass ich meine Arbeit nicht mehr erledigen konnte. Jahrelang hatte ich das Gefühl, dass diese Schmerzen psychische Ursachen hatten und dass es nur einen Weg gab, mit ihnen zurechtzukommen: mich forcieren, mit äußerster Härte gegen mich selbst weitermachen, den Schmerz negieren, alles aus einer gewissen Wut, einer wütenden Erregung heraus tun: »Ich mache weiter, bis ich tot umfalle; vielleicht verstehen die anderen dann, wie große Schmerzen ich gehabt habe.«

Dann gab es eine Zeit, in der der Schmerz nachließ. Das verschaffte mir eine enorme Erleichterung, aber auch sofort die besorgte Frage: Wird er nicht wiederkommen? Und tatsächlich, der Schmerz kam wieder. Was hatte ich falsch gemacht?

Für mich ist körperlicher Schmerz ein Stein in der Mauer. Aber es gibt auch andere Steine. Auch unsere Eltern sind ›Tatsachen‹. Jahrelang können sie in unserem Leben eine verheerende Rolle spielen, weil sie uns ständig mit ihren Botschaften, ihrer Aggression, ihren Forderungen, ihren Abhängigkeiten, ihrer Bedürftigkeit oder ihren Schwächen konfrontieren. Das können wir nicht einfach zur Seite schieben. Auch wenn wir beschlossen haben, den Kontakt zu ihnen abzubrechen, ja selbst wenn sie verstorben sind, können sie immer noch in uns, in unseren Gefühlen, Gedanken, ja in unserem Körper anwesend sein.

Wenn wir Kinder haben, sind auch sie Tatsachen. »Unsere Gruppe besteht aus sechsundachtzig Personen«, sagte der Mann am Kartenschalter des Bootes, das zu den Inseln im Trasimenischen See fuhr. Es waren Eltern, die mit ihren schwachsinnigen Kindern einen Tagesausflug machten. Manche liefen bzw. hingen vielmehr an den Armen ihrer Eltern, andere saßen in Rollstühlen. Auch das kann uns zustoßen. Als ich die Gruppe sah (und es kostete mich einige Überwindung, wirklich hinzuschauen), ergriff mich ein Angstgefühl. Hätte ich mich behaupten können, wenn ich dieses Schicksal gehabt hätte? Wenn ich ehrlich bin, muss ich zugeben, dass ich es nicht weiß. Wie hätte Padmasambhava – jener indische Guru und Magier, der im 8. Jahrhundert den Buddhismus nach Tibet brachte – seine Mission erfüllen können, wenn er eine debile Tochter gehabt hätte, die er zu all seinen Meditationssitzungen hätte mitnehmen müssen?

Man kann natürlich sagen, dass es sich hier um eine Prüfung und Herausforderung handelt, aber sobald sie uns selbst zustößt, sagen wir das nicht mehr so leichthin. Die Wirklichkeit kann schmerzlich und sehr hart sein. Halten wir die Konfrontation mit dieser Wirklichkeit aus?

Unsere Umstände, das heißt unser Leben, wie es von außen auf uns zukommt, sind ›Tatsachen‹. Es wird uns gegeben, nicht zu einem bestimmten Zweck und auch nicht mit guten oder schlechten Absichten. Es fällt uns zu, es ist in diesem Sinne Zu-Fall. Aber auch wenn es nicht vollkommen zufällig wäre, es bleibt etwas, das so ist, wie es ist: etwas, das über uns kommt.

Das alles scheint manchmal hoffnungslos, doch das ist es nicht. Außer jener Mauer, die die Umstände bilden, der äußeren Mauer, verfügen wir auch über eine *innere* Mauer: Das ist die Mauer, die wir als Reaktion auf diese Umstände selbst bauen. Können wir einen gewissen Raum schaffen zwischen unserer äußeren Mauer und jener inneren Mauer aus Verzweiflung, Frustration, Opfergefühl, Wut und Hass? Wenn wir begreifen, dass unsere Umstände reine Gegebenheiten im wahrsten Wortsinne sind, können wir vielleicht etwas weniger emotional auf sie reagieren. Der Schmerz in unserem Körper oder die Krankheit unseres Kindes sind Tatsachen, die wir weiterhin fühlen werden, und sie bleiben Einschränkungen, aber es ist dann kein übler Streich mehr, den Gott uns spielt. Die Umstände werden uns gegeben, und wir können sie nicht zurückgeben. Also müssen wir etwas aus ihnen machen.

Verzweiflung und Wut

Der Schmerz, der uns gegeben wird, und dem wir nicht entrinnen können, ruft oft zwei innere Reaktionen hervor: Verzweiflung und Wut. Beide sind berechtigt. Verdrängen Sie sie nicht! Lassen Sie sie zu! Es ist ein großes Missverständnis, dass es nur Liebe oder Vergebung geben darf. Dem ist nicht so. Es ist völlig natürlich, dass bestimmte Ereignisse aus der Vergangenheit oder Ereignisse, die jetzt stattfinden, tiefe Verzweiflung und starke Wut in uns auslösen können. Und es ist sehr wichtig, diese Regungen auch zu äußern. Wenn wir das nicht tun, wird ihre Energie sich in unserem Körper festsetzen und wird zum Auslöser von Groll, Verstimmtheit, Selbsthass, Aggression oder Krankheiten. Außerdem ist es wichtig, dass diese Energie sich in Bezug auf das entfalten kann, um was es eigentlich geht, sonst wird nie ein Gefühl der Befreiung entstehen können. Die ursprüngliche Verzweiflung und Wut werden weiterhin an Ihnen nagen.

Ihre Wut kann berechtigt sein. Eine Wut, die Sie in der Vergangenheit vielleicht nicht haben äußern können, weil Sie zu jung und machtlos waren, oder eine Wut, die Sie jetzt nicht äußern können, weil der andere gerade in diesem Augenblick Ihre Unterstützung braucht, oder weil einfach niemand da ist, auf den wir diese Wut abreagieren können. Es kann also sein, dass wir dies irgendwann später tun müssen.

Wenn wir diese Wut aus uns heraussetzen, so berührt das auch unsere Verzweiflung. Verzweiflung ist die Frage: »Warum ich?« Auch diese Frage ist völlig berechtigt: Warum ich? Aber es ist eine sehr gefährliche Frage. Sie suggeriert nicht nur, dass ich irgendwie Opfer bin, sondern auch dass sie eine ganz bestimmte Ursache hat. Beides macht uns hilflos. Darum ist das Äußern von Wut so wichtig. Die Wut kann uns wenigstens teilweise aus diesem Gefühl der Machtlosigkeit herausholen und uns mit unserer eigenen Energie in Berührung bringen, mit dem, was wir tun bzw. verändern können.

Das Gefühl, ein Opfer zu sein, das Gefühl, eine unsichtbare Kraft habe verfügt, dass mir dies zustößt, ist berechtigt und oft sehr schwer auszuhalten. Was geschieht oder geschehen ist, hat einen enormen Einfluss auf uns. Es ist wichtig, diesen Einfluss zu erkennen, der Tatsache Raum zu geben, dass wir Angst hatten oder missbraucht wurden, dem gesamten Umfang unseres Traumas Raum zu geben.

Ein Trauma ist ein Ereignis, das wir als Mensch eigentlich nicht verarbeiten können. Oft brennen die Sicherungen durch. Der Schmerz oder die Angst ist so groß, dass das ganze Geschehen im Unterbewusstsein verschwindet, oder es ist so, dass die Bilder des Geschehens noch da sind, die echte Emotion aber bagatellisiert wird. Manche Menschen behaupten zunächst, dass sie eine ganz normale Jugend verlebt hätten, und das glauben sie wirklich. Erst später, wenn die Bilder zu Gefühlen werden und der verdrängte Schmerz aus der Tiefe aufsteigt, melden sich auch die Machtlosigkeit, die Angst, die Wut. Es ist wichtig, diesen Gefühlen Raum zu geben, sich klar zu machen, dass das, was geschehen ist, fürchterlich war, dass es in Ordnung ist, wenn wir uns deswegen traurig, ängstlich, wütend fühlen. Es sind Gefühle, die jeder unter diesen Umständen haben würde. Es sind berechtigte Gefühle.

Doch es besteht das Risiko, dass wir in unserem Opfergefühl ertrinken. Das kommt daher, dass wir nur sehr schwer akzeptieren können, dass etwas einfach eine Gegebenheit, eine Tatsache ist. Irgendwo muss es doch eine bestimmte ›höhere‹ Absicht geben. Aber das bedeutet, dass wir, wenn uns etwas zustößt, auch glauben, es sei unsere ›Schuld‹. Wir denken, dass wir alles falsch machen oder früher – vielleicht sogar in einer früheren Verkörperung – falsch gemacht haben und nun dafür büßen müssen.

In dieser Form ist ›Schuld‹ etwas, das wir (oder andere) dem uns Zustoßenden hinzufügen. Das ist nicht nötig, es hilft uns nicht. Es verstärkt nur jenes Opfergefühl, das uns in unserer Machtlosigkeit gefangen hält, und hindert uns, die Konfrontation anzunehmen. Auch wenn wir immer Schmerzen haben, können wir uns auf die Konfrontation mit dieser Tatsache einlassen, uns für sie öffnen, sie spüren und zu gleicher Zeit tun, was uns möglich ist, um etwas daran zu ändern. Oder aber wir können uns als Opfer fühlen, innere Klagelieder anstimmen, über verpasste Chancen trauern und ganz darin untertauchen. Es ist hart, aber das ist eine Entscheidung, die wir selbst treffen.

Es kann auch sein, dass wir alles als ein Geschenk betrachten (ein Gottesgeschenk zum Beispiel). Auch das setzt eine bestimmte Absicht voraus. Ein schwachsinniges Kind ist aus dieser Sicht ein Geschenk, unsere Eltern sind ein Geschenk, ein Herzleiden ist ein Geschenk. Das kann uns helfen, das Leben auszuhalten. Aber es kann auch verhindern, dass wir unsere Wut, unsere Trauer, unsere Verzweiflung äußern. Dann würden wir uns jedes Mal auf unfruchtbare Weise unterdrücken.

Ich glaube nicht, dass es unsere ›Schuld‹ ist, und ich glaube auch nicht, dass es ein ›Geschenk‹ ist. Es ist einfach eine ›Gegebenheit‹. Zeit kennt keine Moral. Zeit präsentiert Liebe und Hass, Wachstum und Verfall, Krieg und Frieden, Glück und Kummer, Krankheit und Gesundheit, Kraft und Schwäche, Geburt und Tod. Zeit kennt keine Bevorzugungen. Wir können uns auf die Konfrontation mit dem, was die Zeit uns präsentiert, einlassen, oder wir können eine tragische und komplizierte Geschichte daraus machen. Es ist unsere eigene Entscheidung.

Selbst platzierte Steine

Wir kehren zurück zur Mauer der äußeren Umstände. Außer den Steinen, die die Zeit uns zu-fallen lässt, gibt es auch Steine, die wir selbst hingelegt haben. Wie stark sie uns nun hindern, das haben wir selbst irgendwann festgelegt, weil sie uns etwas gaben oder jedenfalls zu geben versprachen. Unser Partner, die Hypothek auf unser Haus, unsere Kinder, unsere Arbeit – es sind alles Dinge, die uns nicht einfach ›zugestoßen‹ sind. Doch es kann sein, dass wir sie irgendwann als Hindernisse erfahren. Wo ist der Punkt, an dem es umgeschlagen ist? Was ist geschehen? Was ging schief? Und – was viel wichtiger ist: Was haben wir daraus gelernt?

Auf der einen Seite können wir sagen: »Ich dachte, dass ich einen netten Partner habe, der mich stimuliert und frei lässt, aber es hat sich herausgestellt, dass er immer mehr zum Klotz am Bein wurde.« Aber stimmt das wirklich? Welches ist unsere eigene Rolle bei diesem Verlauf gewesen? Würden Sie die Beziehung jetzt ganz anders angehen, oder würden Sie wieder jemanden aussuchen, der dieselben Probleme bereitet? Gibt es (unbewusste) Gründe, warum wir diese äußere Mauer selbst errichten? War es notwendig, eine Beziehung einzugehen, der gegenüber wir doch gewisse Zweifel hatten? War es notwendig, ein Haus mit einer zu hohen Hypothek zu erwerben? War es notwendig, eine Stelle anzunehmen, die zu viel von uns fordert? Suchen wir vielleicht immer wieder etwas, was uns hinderlich ist?

Die andere Seite ist: Was haben Sie getan, um das zu ändern? Wenn etwas zum Hindernis wird, was tun Sie dann dagegen? Träumen Sie davon, wie fantastisch das Leben wäre, wenn es all diese Hindernisse nicht gäbe, oder sehen Sie sie als Konfrontationen, denen Sie sich stellen können? Die Konfrontation mit Ihrer Frau und Ihren Kindern, die Konfrontation mit der Suche nach einem anderen Beruf oder einer anderen Anstellung, die unter Umständen weniger Gehalt einbringt oder ein kleineres Haus. Wenn Sie wirklich wollen, dass die Umstände Ihnen mehr Freiheit geben, was haben Sie dann dafür übrig? Wie viel Zeit widmen Sie eigentlich Ihrem Partner und Ihren Kindern? Wie viel an Status sind Sie bereit zu opfern, um mehr Zeit oder weniger Stress zu haben? Wie viel Energie wollen Sie in etwas investieren?

Das alles sind wichtige Fragen. Wir starren oft blind auf die Mauer der äußeren Umstände und hätten sehr gern, dass ein anderer sie für uns niederreißt. Aber wie viel Energie wollen wir selbst in diesen Vorgang investieren? Und trauen wir uns, das Ausmaß zu betrachten, in dem diese äußeren Mauern durch unsere eigenen inneren Mauern instand gehalten werden? Durch unseren Hass, unseren Widerstand, unser Opfergefühl, unsere Verzweiflung, unseren Groll, unsere Begierden, Ängste, Unsicherheiten... Nur wir allein können etwas daran ändern, und es ist der einzige Weg, etwas Wesentliches zu ändern.

Die Mauer der äußeren Umstände existiert meistens nur auf diese Weise: aufgrund unserer inneren Mauern. Darum landet jemand, der radikal aussteigt – sei es beruflich, sei es in Bezug auf Partnerschaft oder Wohnort –, nach einigen Jahren wieder in genau denselben Umständen. Arbeit an Mauern bedeutet also: An *allen* Mauern muss gearbeitet werden.

Innere Mauern

Wenn wir unsere Aufmerksamkeit etwas mehr auf unser Inneres lenken, welche Gefühle, Spannungen, Reaktionen, Gedanken stehen uns dann im Wege? Was erfahren wir als unsere innere Mauer? Aus welchen ›Steinen‹ besteht sie? Meistens sind es Gefühle wie Angst, Wut, Unsicherheit, Zweifel, Rache oder Kummer. Andere innere Hindernisse entstehen aus inneren Überzeugungen: »Ich kann das doch nicht«, »Ich bin nutzlos oder wertlos«, »Ich muss mich um alle kümmern und für sie sorgen, sonst finden sie mich nicht nett«, »Ich bin hässlich« und so weiter. Eine dritte Art von Hindernissen hängt mehr mit unserem Körper zusammen. Es sind die Spannungen, die in ihm gewissermaßen abgelagert sind. Sie sind oft körperliche Gegenstücke zu bestimmten Emotionen oder Signalen. Aber manchmal haben wir diese Emotionen und Signale ›vergessen‹, und der Schmerz in der Magengegend oder der Krampf in den Schultern ist der einzig sichtbare Aspekt tiefer liegender innerer Mauern.

Die meisten äußeren Hindernisse haben ein inneres Gegenstück. Wenn wir zum Beispiel unseren Chef nicht ausstehen können, haben wir vielleicht immer Angst, unsere Wut zu äußern oder unsere Grenzen deutlich festzulegen. Wenn wir finden, dass unser Partner uns zu wenig Raum gibt, geben wir diesem Partner aus Angst vielleicht auch zu wenig Raum. Die Verbindungen können sehr komplex sein. Schauen Sie sich noch einmal die Liste der äußeren Hindernisse an und suchen Sie die jeweils dazu passende innere Mauer.

Was hindert Sie gerade in diesem Moment innerlich am stärksten? Viele Menschen haben das Gefühl, dass sie innerlich festgehalten werden. Etwas rumort in ihnen, was nicht herauskommt. Irgendwo in ihrem Bau brodelt Trauer, Wut, Kreativität, Wärme, doch sie können nicht zu einem Gefühl werden, sie können nicht nach außen gelangen. Auf der seelischen Ebene liegen hier alle Gefühle, die früher nicht geäußert werden konnten. Die Umgebung machte es uns unmöglich, unsere Tränen zu zeigen, zu kämpfen, zu flüchten oder Kontakte herzustellen. Wir spürten vielleicht ein Gefühl aufkommen und mussten eine enorme Gegenkraft mobilisieren, um dieses Gefühl nicht nach außen treten zu lassen, sodass der ursprüngliche Impuls kraftlos wurde. Das ursprüngliche Gefühl findet dann oft einen heimlichen, schlauen Ausweg (es richtet sich auf einen selbst – Selbsthass, Selbstmitleid, Eigenliebe), und gleichzeitig entsteht oft ein Gefühl der Machtlosigkeit nach außen hin.

Es ist möglich, diese unterdrückten Impulse in einer sicheren Umgebung doch noch zu äußern. Dadurch wird die ursprüngliche Energie frei und auf der Gefühlsebene wird klar, dass es nicht mehr nötig ist, sich selbst zu bekämpfen und zurückzuhalten. Wenn es Ihnen gelingt, Ihre Machtlosigkeit zu durchbrechen und zu Ihrer zurückgehaltenen Wut vorzustoßen, dann kommen Sie auch zu Ihrer eigenen Kraft und Ihrem Gefühl von Freiheit. Außerdem wird Ihnen bewusst, wie Sie dieses Zurückhalten in vielen Momenten im Hier und Jetzt ständig wiederholen. Indem Sie immer wieder erleben, wie dies passiert, obwohl es gar nicht mehr notwendig ist, fangen Sie an einzusehen, dass ›der Krieg vorbei ist‹.

Ernster sieht es aus, wenn Ihre Umgebung so bedrohlich war, dass Sie die in Ihnen lebenden Impulse völlig einfrieren oder sogar im Unterbewussten verstecken mussten. Die Angst ist dann so groß, dass Sie Ihre eigenen Impulse leugnen müssen. Es kann sein, dass Sie so verhärtet sind, dass niemand mehr Sie erreichen kann. Oft muss es dann zu einer Krise kommen, die diese Verhärtung zum Schmelzen bringt. Wenn die Ereignisse jedoch so heftig waren, dass Ihnen gar nichts anderes übrig blieb, als sie zu vergessen, um zu überleben, dann kann es sein, dass Sie an Ihre ganze Vergangenheit entweder nicht mehr herankommen oder sofort flüchten (dissoziieren), wenn jemand Sie darauf hinweist. In solchen Situationen ist es wichtig – wenn Sie wirklich daran arbeiten wollen –, dies nicht allein zu tun, sondern die Unterstützung eines guten Freundes oder einer Freundin bzw. eines erfahrenen Therapeuten zu erbitten.

Selbstbilder

Oft hält ein gewisser Widerstand uns davon ab, unsere inneren Mauern anzuschauen, und außerdem haben wir Angst, dass andere sie ebenfalls sehen könnten. Darum entwickeln wir zwei Schutzschichten, die eine nach außen und die andere nach innen, und zwar in der Form innerer und äußerer Selbstbilder. Das äußere Selbstbild dient dazu, unsere primäre Reaktion etwas weniger roh oder grob erscheinen zu lassen. Statt zu sagen: »Nein, ich erledige das selber, denn ich vertraue dir nicht«, sagen Sie: »Ach, Schatz, soll ich das für dich machen?« Oft ist das

Selbstbild ein trainiertes soziales und freundliches Gesicht, hinter dem wir uns verstecken. Es ist die Rolle, mit der wir unser Geld verdienen, sozial akzeptiert werden und manchmal sogar auf der gesellschaftlichen Stufenleiter sehr hochsteigen. Aber das äußere Selbstbild kann auch Kraft oder sogar Aggression ausstrahlen, die den anderen auf Abstand halten soll. So strahlen viele Menschen das Signal aus: »Ich kann das selber« oder, noch gefährlicher: »Wenn du mir zu nahe kommst, schlage ich los.«

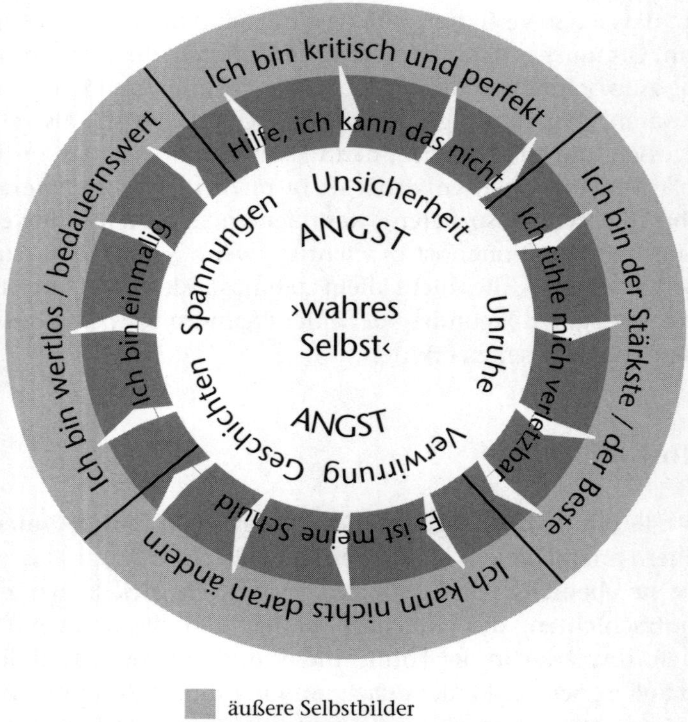

Das äußere Selbstbild kann eine enorm dicke – und unechte – Schicht sein. Niemand weiß, was sich wirklich in Ihnen abspielt. Niemand sieht Ihre eigentlichen Unsicherheiten, Ängste, erotischen Tagträume, die hinter einem sozial engagierten, fähigen, sachlichen, entschiedenen Auftreten verborgen bleiben. Das Selbstbild, das Sie nach außen tragen, ist eine Maske, die zu den Rollen passt, die Sie spielen. Für sich genommen macht das einen ganz sympathischen Eindruck. Menschen mit einem übertrieben positiven äußeren Selbstbild denken, dass sie alles bewältigen, dass sie sehr spirituell sind, schlau, mächtig usw. Aber dieses extrem positive Selbstbild macht es beinahe unmöglich, eine tiefer gehende Beziehung mit anderen einzugehen, denn diese gründet auf Gefühlen, und Gefühle machen verwundbar. Darum sind solche Menschen oft einsam.

Das äußere Selbstbild ist manchmal das Gegenstück des inneren. Meistens sind innere Selbstbilder negativ, wie zum Beispiel das Gefühl »Ich kann das nicht«. Sie haben von sich das Bild, jemand zu sein, der nichts kann, und allmählich fangen Sie an, sich entsprechend zu verhalten. Es klappt oft tatsächlich nicht, weil das Selbstbild dazwischensteht, sodass Sie rufen können: »Siehst du, ich kann es wirklich nicht!« Auf diese Weise ist es möglich, dass Sie Ihre Selbstbilder (denn meistens haben Sie mehrere) mit dem verwechseln, was Sie wirklich sind.

Wie entstehen Selbstbilder?

Die meisten Selbstbilder entstehen in unserer Jugend, oft sehr früh, und fast immer in Bezug auf Menschen, die für uns sehr wichtig sind – unsere Eltern, Lehrer oder verschiedene Klassenkameraden. Wenn Sie an Ihren Mauern arbeiten wollen, ist es wichtig, dass Sie sich Ihrer Selbstbilder bewusst werden. Aber das ist oft nicht so einfach.

So hatte ich einmal eine Klientin, die eine enorme Ladung Wut und Aggression mit sich trug: Sie erzählt mir etwas über ihre

Wut, und ich bitte sie, sich auf eine Matratze zu legen und gegen die Mauer zu treten. Sie fängt damit an, und ihre Wut ist recht schnell verschwunden. Sie liegt still und erzählt, dass sie sehr ängstlich wird, wenn sie ihrer Wut mehr Raum gibt. Ich frage sie nach einer nicht lange zurückliegenden Situation, in der sie ihre Wut aufsteigen fühlte. Sie erzählt von einem Gespräch mit ihrem Freund, das vor einigen Tagen stattgefunden hatte. Sie war rasend wütend auf ihn geworden und berichtet, dass sich dieses Gefühl sehr gut angefühlt hatte. »Warum wurden Sie so wütend?«, frage ich. »Weil er mir nicht richtig zugehört hat«, sagt sie. Ich bitte sie dann, folgenden Satz zu wiederholen: »Du hörst mir nicht zu. Du hörst mir nicht zu!«, ihn immer lauter zu rufen und dabei mit Armen und Beinen Bewegungen zu machen. Als sie damit beginnt, wird sofort deutlich, dass an dieser Stelle sehr viel Wut aufgestaut ist, sie ruft immer lauter, tritt und schlägt mit den Füßen auf die Matratze.

»Nehmen Sie dieses Gefühl jetzt einmal mit zurück in Ihre Kindheit«, bitte ich sie, »Zu wem rufen Sie das?«, »Zu meinem Vater«, sagt sie. Ich warte noch kurz, um ihr die Zeit zu geben, richtig zu spüren, was sie da sagt. Dann mache ich einen Vorschlag. »Rufen Sie einmal: ›Papa, hör mir zu!‹« Das tut sie, und da löst sich ihre Wut vollständig. Als sie nach einer Weile abgeebbt ist, weil die emotionale Energie tatsächlich im wahrsten Sinne ausgewütet hat, frage ich: »Was ist das für ein Gefühl, das Sie haben, wenn Ihr Vater Ihnen nicht richtig zuhört?« Jetzt kommen ihr die Tränen. »Ich bin nicht okay, ich bin wertlos«, flüstert sie. Das ist das Selbstbild, das sie seitdem mit sich trägt und das sich überall dazwischenschiebt, wenn sie etwas unternehmen möchte: das Gefühl, dass sie nicht okay ist, das Bild, dass sie wertlos ist und nichts kann.

Ich habe dieses Beispiel gewählt, weil dieses Selbstbild so häufig vorkommt. Irgendwo tief in uns fühlen wir uns nicht okay so, wie wir sind. Wir haben ein inneres Bild von uns als jemand, der nichts kann, der wertlos ist, hässlich, dumm, immer unzulänglich, der nie etwas fertig bekommt, jemand, der in sich gewissermaßen eingekerkert ist. Aber es ist nicht nur ein Bild! Dieses Bild wird von einem kräftigen Gefühl gespeist, das tief in unserem Körper verankert ist, in unserer Atmung, in Muskelspannungen und Körperhaltung. Dadurch ist es auch so stark.

Natürlich kommen wir nicht blanko auf die Welt und auch nicht mit ausschließlich positiven Gefühlen und Charakterzügen. Alle Emotionen leben bei der Geburt wie Saatkeime in uns. Aber die Selbstbilder entstehen, weil diese Keimlinge sich nicht aus eigener Kraft entfalten können. Die Außenwelt und vor allem die Reaktionen derer, von denen wir abhängig sind, wie Mutter, Vater, Brüder, Schwestern und Lehrer, funktionieren wie eine Art Spiegel. Wenn dieser Spiegel okay ist, kann unser Selbst- bzw. Ich-Gefühl sich harmonisch entwickeln. Wenn Eltern jedoch besonders negativ auf sich selbst blicken, keine wirklichen Kontakte herstellen können, niemanden lieb haben können, aggressiv und unberechenbar sind, dann können sich die Gefühle der Kinder auch nicht natürlich entwickeln. Und weil das Selbst-Gefühl immer in Beziehung zu anderen entsteht, spaltet es sich gewissermaßen auf. Die wichtigen Gefühle stecken wir weg, und entwickeln eine bestimmte emotionale Haltung uns selbst gegenüber. Wenn zum Beispiel ein Elternteil zu uns ständig sagt: »Wie ungeschickt du das machst«, dann entwickeln wir ein Bild von uns, als seien wir dumm, ungeschickt, obwohl wir eigentlich ganz klug sind. Das Schlimme dabei ist, dass wir diese Klugheit fast vollständig verbergen können, sodass schließlich jeder denkt, (auch wir selbst,) wir seien tatsächlich ganz ungeschickt. Auf diese Art können sehr viele negative innere Selbstbilder entwickelt und gepflegt werden.

Selbstbilder entstehen nicht nur im Kindesalter, sondern auch später, besonders stark am Anfang der Pubertät. So merkt man rasch, dass das Selbstbild »Ich kann das nicht« nicht sehr populär ist. Also schieben wir dieses Selbstbild nach innen, als bauten wir eine Mauer um unser Herz herum, und errichten nach außen hin ein Selbstbild in der Art: »Nichts macht mir etwas aus« oder »Ich bin der Beste«. Das kann sehr weit gehen.

Bei manchen Menschen sind die inneren und äußeren Selbstbilder total entgegengesetzt. Je selbstbewusster und erfolgreicher das Verhalten sich nach außen darstellt – und es hat oft äußeren Erfolg! –, desto mehr Angst, ja Panik ist darunter verborgen. Daher kommt es, dass erfolgreiche Menschen unvermittelt dem Alkohol oder Drogen verfallen oder sogar plötzlich Selbstmord begehen. Die Selbstbilder haben sich so konträr entwickelt, dass das Leben unerträglich wird; der Kontakt mit dem eigentlichen Selbst, das sich einfach okay fühlt, ist verloren gegangen.

Das ›wahre Selbst‹

Stellen Sie sich einmal vor, dass Sie all Ihre Selbstbilder loslassen. Was bleibt dann übrig? Oder sagen wir es mit einer Rätselfrage, die ein Zen-Meister einst seinen Schülern stellte: »Was ist dein wahres Gesicht, bevor du geboren wurdest?« Versuchen Sie einmal, dies zu spüren. Können Sie damit in Kontakt treten?

Wir alle kennen Momente oder Perioden in unserem Leben, in denen wir uns mehr wie ›wir selber‹ fühlen, in denen wir weniger im Bann unserer Selbstbilder stehen. In solchen Momenten spüren wir, dass tief in uns etwas schlummert, das wirklich nur uns zugehört. Es ist ein Gefühl von Vertrauen, ein inneres Vertrauen, einfach so sein zu dürfen, wie wir sind. Dieses Gefühl ist oft sehr angenehm. Es ist so, als würde alles, was man immer *muss,* wegfallen und wir dürften *einfach so sein, wie wir sind.* Es ist das Gefühl, das man mit dem Satz »Ich bin okay« umschreiben könnte, ein Gefühl des emotionalen und körperlichen Wohlbehagens. Natürlich haben wir auch weniger einfache Seiten, doch im tiefsten Wesen sind wir okay so, wie wir sind. In solchen Momenten weichen die Selbstbilder zurück. Der Griff, mit dem sie uns umklammern, lockert sich, und es entsteht Raum für etwas anderes. In erster Linie führt das zu einem Gefühl von Ruhe und Entspannung, denn Selbstbilder schaffen immer Spannungen. Das Gefühl können wir zum Beispiel haben, wenn wir uns in der Natur bewegen, wenn wir Musik hören oder wenn wir mit Tieren oder mit einem geliebten Menschen zusammen sind.

Wenn wir tiefer damit in Kontakt kommen, können wir vielleicht plötzlich spüren, dass unsere echten Sehnsüchte ganz andere sind, als wir je dachten. Viele Dinge tun wir aufgrund von Wünschen und Erwartungen unserer Eltern (oder gerade aus Protest dagegen), und dann kommen Menschen oft um ihr fünfzigstes Lebensjahr herum zu der Entdeckung, dass sie eigentlich immer etwas anderes hatten tun wollen. Man weiß oft nicht genau, was die eigentlichen Sehnsüchte und Wünsche sind, und es bedarf dann einer richtigen Durst- und Suchstrecke oder einer Krise – Entlassung, Krankheit –, um sie zu entdecken.

Womit kommen wir dann in Berührung? Viele Autoren – sowohl in der westlichen Psychologie wie auch in der nichtwestlichen Meditationsliteratur – haben dafür einen eigenen Terminus eingeführt: das ›wahre Selbst‹, das Selbst, unser wahres Gesicht, unsere Essenz oder unsere persönliche Essenz. Man kann sich fragen, ob so etwas wirklich existiert. Natürlich hoffen wir, dass ein wahres Selbst existiert und dass wir, wenn wir unsere Selbstbilder loslassen können, bei diesem wahren Selbst landen. Aber ist das keine eitle Hoffnung?

Jeder kann nachempfinden, dass in uns noch etwas Wesentlicheres steckt als unsere Selbstbilder. Es ist ein sehr angenehmes, wohltuendes Gefühl, wenn wir damit in Kontakt treten können. Aber unser wahres Selbst ist nicht ›etwas‹ oder irgendwo. Damit würde man ihm nicht gerecht werden. Das wahre Selbst ist etwas Magisches, das entdeckt werden kann und bei dem im Voraus nie gewusst werden kann, was sich zeigen wird: Liebe, Aufmerksamkeit, Kreativität, vielleicht aber auch Wut oder Schmerz. Wir wissen es nicht. Wir werden es erst langsam entdecken, wenn wir unsere Selbstbilder erkennen und loslassen können.

Verwirrender noch als der Terminus ›wahres Selbst‹ oder ›Essenz‹ ist der Terminus des ›Nicht-Selbst‹ im Buddhismus. Nicht-Selbst bedeutet eigentlich, dass kein einziger Aspekt des Selbst, also auch nicht die Selbstbilder, als konkrete, unveränderliche Realität zu finden sind. Das stimmt. Doch damit ist vor allem ausgedrückt, dass sich alles verändern *kann,* dass wir uns entwickeln *können,* dass wir uns bewusst werden können, wachsen können, *weil* die Selbstbilder nicht konkret und unveränderlich sind. Nicht-Selbst bedeutet nicht, dass das Selbst oder die Selbstbilder sich nicht als körperliche Spannungen, Emotionen, Verhaltensformen oder Widerstände manifestieren. Aber sobald das Nicht-Selbst ein Idealbild wird, dem wir entsprechen wollen, wird es im Grunde ein weiteres, neues Selbstbild. Anstelle meines Vaters, der wünscht, dass ich Ingenieur werde (was ich auch brav anstrebe oder aber ablehne, was aber wenig mit meinen eigentlichen tieferen Sehnsüchten zu tun hat), sagt nun mein Guru, ich solle ein Nicht-Selbst haben (was ich daraufhin brav versuche, bis ich denke es erreicht zu haben, oder was mich für den Rest meines Lebens frustriert, weil es mir nicht gelingt).

Das Wichtigste ist also, bei unserer eigenen Erfahrung zu bleiben und zunächst einmal zu akzeptieren, dass es die Selbstbilder sind, die uns behindern oder lahm legen. Diese Akzeptanz ist die Voraussetzung dafür, an dem zu arbeiten, was uns blockiert und hindert, und uns dem öffnen zu können, was auf uns zukommt.

Selbstbilder loslassen

Wirklich Abschied nehmen von unseren Selbstbildern ist ein Prozess, der in vielen Schichten verläuft und der mit dem Erkennen und Akzeptieren dieser Bilder beginnt. Das kann sehr schwer sein. Wir wollen so gerne an unsere Selbstbilder glauben, so gerne, dass wir sie nicht einmal anschauen können. Also sagen wir: »So bin ich eben« oder »So bin ich überhaupt nicht«. Erst wenn sie uns wirklich im Weg stehen oder uns andere mit ihnen konfrontieren, entsteht etwas Selbstreflexion. Diese schafft einen gewissen Raum, durch den wir anfangen zu sehen, wie wir innerlich und äußerlich reagieren. Die Kunst ist nun, das alles nüchtern und objektiv anzuschauen: »Ach, mache ich das so? Was ist das in mir, was so reagiert? Was versuche ich gerade zu beschützen?« Das ist das erste Stadium, und wir haben eigentlich unser ganzes Leben lang damit zu tun.

Das zweite Stadium ist die Bewusstwerdung. Wir erkennen nicht nur die verschiedenen Selbstbilder, wir fangen jetzt auch an zu fühlen, wie sie mit bestimmten Emotionen und Spannungen in unserem Körper verbunden sind. Allmählich wächst dann die Erkenntnis, dass Selbstbilder nicht eigentlich unser ›Eigentum‹, sondern im Laufe unserer persönlichen Geschichte als Reaktion auf die Umgebung entstanden sind.

Das dritte Stadium besteht darin, dass wir wirklich erforschen wollen, wie Selbstbilder entstehen, sowohl im Hier und Jetzt (wenn wir unter Menschen sind, fühlen wir uns ganz minderwertig und unterlegen, und deswegen versuchen wir, Überlegenheit vorzuspielen oder können unseren Mund nicht halten) als auch wie dieses Jetzt mit der Vergangenheit verbunden ist (Ihr Vater sagte immer: »Halt den Mund, du verstehst das doch nicht!«). Solche Gefühle können sehr tief sitzen. Manche Selbstbilder sind nicht einmal Bilder, sondern eher tiefliegende Gefühle der Angst, der Leere und der Einsamkeit, die in einer frühen Kindheitsperiode aufgrund emotionaler Vernachlässigung entstanden sind. An diese haben wir vielleicht überhaupt keine Erinnerungen mehr.

Leider können wir Selbstbilder nicht einfach wegwerfen oder zertrümmern – es sei denn symbolisch –, und es zeitigt meistens auch keine dauerhaften Resultate, wenn wir rufen: »Ich hab keine Angst«, »Es wird schon gelingen« oder »Ich bin fantastisch«. Abschiednehmen ist oft ein langwieriger Prozess, der viel Angst, Schmerzen oder Widerstand hervorrufen kann. Selbstbilder sind schließlich aus Angst, aus Schmerzen, aus tief empfundenen Sehnsüchten entstanden, Sehnsüchten, etwas Wesentliches in uns beschützen zu wollen. Das Bild bzw. das Gefühl »Ich bin wertlos« war vielleicht die einzige Möglichkeit, Ihr Gefühl des

›Selbst‹ gegen eine Außenwelt zu beschützen, die Sie negierte. Und wenn man versucht, ein solches Selbstbild loszulassen, tauchen fast unvermeidlich wieder der Schmerz und der Kummer empor, die mit seinem Entstehen verbunden sind, und dazu all die Jahre, die Sie versucht haben, dieses Bild bzw. Gefühl aufrechtzuerhalten.

Aber es gibt noch etwas anderes. Wie stark ein solches Selbstbild Sie auch immer hindern und lähmen mag, es hat Sie ja viele Jahre lang auch beschützt! Darum ist es wichtig, wenigstens teilweise ›dankbar‹ dafür zu sein, es als eine Krücke zu erleben, die Sie jahrelang benutzt haben, weil eines Ihrer Beine ein wenig hinkte. Vielleicht müssen Sie diese Selbstbilder, wie die Krücken in Lourdes, als Andenken an die Wand hängen.

Beide Bewusstwerdungsprozesse sind wichtig, um die emotionale Ladung, die das Selbstbild instand hält, zu verarbeiten, sodass Sie wirklich ›Abschied nehmen können‹: das erneute Durchleben der Emotionen und das Akzeptieren dessen, was geschehen ist und wodurch sie so geworden sind, wie Sie jetzt sind. Wenn Sie dieser emotionalen Ladung einen Platz in Ihrer Vergangenheit einräumen können, gibt Ihnen das ein Gefühl der Erleichterung. *Damals* war es notwendig, doch jetzt können Sie fühlen, dass Sie diese Selbstbilder nicht mehr brauchen, weil Sie im Grunde okay sind.

Dieses dritte Stadium verläuft oft in Wellen. Sie lassen einen Teil Ihres alten Selbstbildes los, geraten in Angst, Verwirrung oder verspüren Widerstand, greifen es wieder auf, lassen es wieder los usw., bis tief in Ihnen das Vertrauen entsteht, dass Sie das alte Selbstbild nicht mehr benötigen. Sie merken, dass es sich sehr angenehm anfühlt, es loszulassen, und das gibt Ihnen ein Gefühl von Freiheit und unabhängigem Wohlgefühl.

Das vierte Stadium ist das der Integration. Wenn Sie Ihre einschränkenden Selbstbilder loslassen, entsteht irgendwo eine Öffnung, die nicht ausgefüllt ist. Wenn Sie sich selbst nicht ständig gegen alle und jeden verteidigen müssen, wie gehen Sie dann mit Menschen um? Das wissen Sie nicht. Das müssen Sie erst allmählich entdecken.

Ihre Umgebung macht es Ihnen dabei meistens nicht einfach. Vor allem Ihre Partner, Kollegen und Familienmitglieder können sich durchaus dagegen sträuben und protestieren, wenn Sie plötzlich nicht mehr ständig für sie zur Verfügung stehen und denken, dass das so notwendig sei. In manchen Fällen kann sich die Umgebung nicht mehr anpassen, und es kommt infolgedessen zu Scheidungen, neuen Freundschaften oder einem anderen Beruf. Auch das ist ein Abschiednehmen von Ihren Selbstbildern.

Ich persönlich glaube nicht, dass die zugrunde liegenden emotionalen Neigungen jemals völlig verschwinden werden. Dafür sind sie zu oft und zu stark in Ihren Körper und Ihr Unbewusstes eingeprägt worden. So betrachtet kann man nicht von einem totalen Abschied sprechen, sondern eher davon, dass die Selbstbilder immer durchsichtiger, transparenter werden, wie dicke Kirchenmauern, die sich zu bleigefassten Kirchenfenstern wandeln. So bleiben es auch oft höchst empfindliche Stellen. Die Wunden sind zwar geheilt, doch das Narbengewebe bleibt. Das muss kein Hindernis sein. Oft sind die Gefühle, mit denen Sie Probleme haben, auch gerade die Bereiche, in denen Sie sehr sensibel sind. Angst, verlassen zu werden, kann Anlass zu einem Selbstbild geben wie »Ich schaffe es nicht allein«, »Es ist meine Schuld, dass der andere weggeht« oder im Gegenteil »Ich muss es ganz allein können«. Bei der Auflösung solcher Selbstbilder bleibt eine große Sensibilität für Menschen zurück, die sich in Kraft, mit Menschen zu arbeiten, umwandeln lässt.

Abschiednehmen von Ihren Selbstbildern bedeutet, dass Sie immer mehr Sie selbst sein dürfen. Neue Qualitäten können dann zur Blüte kommen: Kreativität, Humor, Ruhe, Direktheit, Gefühl. Und meistens öffnen Sie sich auch mehr für die Welt, die Sie umgibt. Selbstbilder sind stark auf die Verteidigung des ›Ich‹ ausgerichtet, und wenn dies nicht mehr so notwendig ist, entstehen neue Beziehungen mit ›den anderen‹. Beziehungen, die natürlicher und weniger egozentrisch sind, die leichter entstehen und tiefer gehen, die mehr aus Ihrem Herzen oder aus Ihrem Gefühl kommen können und oft auch eine stärkere körperliche

Komponente haben. Es ist nicht so, dass das Ich nicht mehr wichtig wäre, aber es fungiert nicht mehr als eine Festung, in die Sie sich zurückziehen. Es ist mehr zu einem Quell von Zuneigung, Wärme und Liebe geworden in Bezug auf Sie selbst, in Bezug auf den anderen, die Natur, den Kosmos ...

Der ›Geschichtenerzähler‹

Es gibt Menschen, die Sie nach einem halben Satz unterbrechen, wenn Sie gerade ansetzen etwas zu erzählen, und dann eine dreiviertel Stunde lang ihre eigene Geschichte vor Ihnen ausbreiten. Wenn Sie dann einen neuen Versuch starten und zögernd über Ihre eigenen Erfahrungen zu sprechen beginnen, scheinen sie entweder nicht zuzuhören oder unterbrechen Sie wieder mit einer weiteren Geschichte beispielsweise über ihre Tante, Krankheiten, neueste Neuigkeiten, das Wetter und andere Oberflächlichkeiten. Am Ende eines solchen Gesprächs fühlen Sie sich erschöpft, depressiv, wütend oder minderwertig. Wenn Sie vernünftig sind, vermeiden Sie eine weitere Begegnung (oder haben den Mut, eine direkte Konfrontation einzugehen).

Aber wie interessant sind Sie eigentlich für sich selber? Wie spannend sind Ihre eigenen Geschichten? Hören Sie eigentlich den Geschichten zu, die Sie sich selbst erzählen? Und gehen Sie dann auch auf diese Geschichten ein?

Fast alle Geschichten weben ein bestimmtes Muster. Es sind Gedanken, die Gefühlen und Emotionen Gestalt verleihen und die das, was geschieht, auf eine bestimmte Art darstellen. Die Impulse, die von außen kommen, bestehen aus Worten anderer, der Art wie sie uns anblicken, uns anerkennen oder infrage stellen, uns helfen oder uns zu manipulieren suchen, unterstützen oder ablehnen. An und für sich sind dies einfach ihre Manifestationen. Wir brauchen nicht so emotional darauf zu reagieren, genauso wenig wie auf das Wetter, einen Stau auf der Autobahn oder andere Widrigkeiten. Aber diese Ereignisse, die von außen auf uns zukommen, verweben sich sofort mit unseren eigenen Emotionen: Es geschieht etwas, und sofort entstehen emotionale Reaktionen und ein Gewebe von Gedanken. Und schon bald ist nichts mehr ›offen‹. Das Geschehen wird zu einer Geschichte, die ein eigenes Leben zu führen beginnt, und über die wir offenbar nur noch wenig Kontrolle ausüben. So werden wir zu Hauptpersonen in unserer eigenen Geschichte und haben den direkten Kontakt zur eigentlichen Wirklichkeit verloren.

Was tun diese Geschichten? Sie versuchen, ein Geschehen auf eine Art und Weise zu diktieren, die sich für uns befriedigend anfühlt. Sie entkräften alles, womit wir – im wirklichen Leben – konfrontiert werden. Und sie machen das zugrunde liegende Gefühl – als etwas, das Unruhe stiftet und Sie durcheinander bringt, weil Sie es nicht mehr wissen – sozusagen mundtot. Alles, was geschieht, ruft Gefühle hervor, die uns verletzlich machen. Und indem wir uns selbst sofort eine Geschichte erzählen, sind solche Emotionen plötzlich nicht mehr der ›Dosenöffner‹, der unser eigenes Inneres freilegt. Wir lesen nur noch das Etikett, statt die Dose selbst zu öffnen. Die Geschichte ist ein strategischer Schachzug. Wir frieren gewissermaßen ein, was unser Gefühl zu öffnen droht, wir machen eine bekannte und schlüssige Geschichte daraus – und schon ist die Gefahr gebannt.

Zumindest denken wir das. Doch das Problem mit dem Geschichtenweben ist, dass die Illusion, es sei damit alles in Ordnung, nur aufrechterhalten werden kann, wenn wir die Geschichte immer weiter spinnen. Sobald der Schlusssatz ausgesprochen ist, entsteht eine peinliche Stille. Denn das Gefühl der Unruhe als körperliche Empfindung ist noch immer anwesend! Darum beginnen wir sofort aufs Neue dieselbe Geschichte zu erzählen, vielleicht mit kleinen Variationen, in der Hoffnung, dass die Sache dann ein für alle Mal erledigt sei.

Eigentlich ist das ein Albtraum. Es ist, als hätten Sie etwas Schlimmes getan. In Ihrer Wut haben Sie die kostbare chinesische Vase, das Erbstück der Großmutter Ihres Partners, zertrümmert. Sofort erzählen Sie sich selbst die Geschichte, dass Sie überhaupt nichts dafür können. Aber jedes Mal, wenn Sie die Geschichte zu Ende erzählt haben und wieder auf den Fußboden blicken, liegen die Scherben noch immer dort ...

So wird die Geschichte zu einer bestimmten Strategie, um jener schrecklichen Wirklichkeit, die sich Ihrem Inneren und der Beziehung mit der Welt aufdrängt, nicht ins Auge blicken zu müssen, sie nicht im Hier und Jetzt erfahren zu müssen. Und häufig entwickeln wir eine Reihe von Basisstrategien, um diese Wirklichkeit nicht zu erfahren: Wir rationalisieren, leugnen, geben auf, bieten unsere Hilfe an, nehmen Rache, geben dem anderen Schuld, machen Witze usw. So entstehen die verschiedensten Geschichten.

Die Geschichte von der Schuld
Es ist meine Schuld. Ich mache es immer falsch. Hätte ich doch besser vorher nachgedacht oder aufgepasst, dann wäre es nicht schief gegangen. Ich muss mich mehr anstrengen. Wie kann ich es bloß gutmachen?

Die Geschichte von der Unschuld
Ich habe es nicht getan. Ich habe gerade in die andere Richtung geschaut. Das ist deine Verantwortung. Damit habe ich nichts zu tun. Ich kann wirklich nichts daran ändern.

Die Geschichte vom Selbsthass
Ich bin ein Rindvieh. Ich tauge wirklich nichts. Ich sollte lieber vom Dach springen. Ich verdiene es nicht, ich gehe weg. Ich mache weiter, bis ich tot umfalle.

Die pessimistische Geschichte
Ich schaffe es nicht mehr. Es wird mir zu viel. Mir ist noch nie etwas gelungen. Seit meiner Jugend haben sie mir immer alles genommen. Ich bekomme überhaupt keinen Freiraum. Ich muss auch immer die blöden Dinge erledigen, die kein anderer tun will.

Die Hassgeschichte
Ich schlage sie zusammen. Dieser miese Typ, ich hoffe, dass er einen Herzschlag bekommt. Wie kann ich sie drankriegen. Behaltet euren Scheißdreck bei euch.

Die Geschichte von der Eifersucht
Wie kann sie es sich erlauben, in einem so teuren Auto herumzufahren? Warum hat der andere diese Stelle, diesen Partner, dieses Haus, diese Kinder? Wie hat er das hingekriegt? Andere haben immer mehr Glück als ich.

Die Geschichte vom Stolz
Eigentlich habe ich das alles längst durchschaut. Die kapieren ja gar nichts. Ich durchschaue alles. So wie ich meditiere, da kommt so schnell kein anderer mit. Ich stehe auf einem hohen Niveau und bin im Einklang mit meinem Wesen. Ich stehe echt über den Dingen.

Die rationale Geschichte
Ich glaube, dass du dich irrst. Hast du den Artikel über dieses Thema, der vor drei Wochen im *Spiegel* stand, denn nicht gelesen? Können Sie denn nicht einmal mit vernünftigen Argumenten kommen? Nach meiner Theorie müsste es funktionieren. Warum regen Sie sich so auf?

Die emotionale Geschichte
Ich habe das Gefühl, dass ich jetzt wirklich einmal mehr Zeit für mich selbst brauche. Ich kann richtig traurig werden, wenn ich sehe, wie du das machst. Ich könnte den ganzen Tag lang heulen. Warum ich schon wieder? Niemand kann nachempfinden, wie viel Schmerz ich leide.

Die körperliche Geschichte
Warum berührst du mich nicht? Du willst auch nie mit mir schlafen, wenn ich das will. Ich will jeden Tag einen Kilometer mehr joggen. Wenn ich der Stärkste bin, bin ich glücklich.

Die intuitive Geschichte
Etwas in meinem Inneren sagt mir, dass du jetzt besser gehen solltest. Bist du nun tatsächlich meine Zwillingsseele? Ich spüre doch, dass du mich liebst, auch wenn du das Gegenteil behauptest.

Die spirituelle Geschichte
Deine Aura hat doch noch ziemlich viele dunkle Flecken. Ich habe das Gefühl, dass du mich leersaugst. Meinem Horoskop nach sollte ich diese Beziehung besser beenden. Mir wird immer von höheren Wesen geholfen. Eigentlich bin ich ein verirrter Engel.

Die Geschichte von der Rache
Wenn ich dich noch einmal sehe, mache ich dich fertig. Ich kriege dich noch. Beim nächsten Mal nehme ich einfach den Hörer nicht mehr ab. Jetzt habe ich doch aus Versehen die Vase deiner Mutter fallen lassen. Meiner Meinung nach hast du das völlig falsch gemacht.

Zu den wichtigsten Merkmalen dieser Geschichten gehört, dass sie sich fast immer um das ›Ich‹ drehen und meistens ›geschlossene‹ Geschichten sind. Das bedeutet, dass niemand etwas dagegensetzen kann. Sollte jemand das dennoch probieren, werden wir entweder wütend oder bauschen unsere Geschichte so lange auf, bis der andere sich zurückzieht.

Aus der Offenheit der Konfrontation mit dem Leben weben unsere Geschichten die Muster des Ich, das sich nur aufrechterhalten kann, indem es sich auf eine bestimmte Art präsentiert. Je älter wir werden, desto stärker tendieren unsere Geschichten zur Geschlossenheit, das heißt: Niemand hat mehr eine Chance, auch nur mit einem Wort dazwischenzukommen – nicht einmal wir selbst!

Übung: Welche Geschichte erzählen Sie sich?

Welche Art von Geschichte haben Sie sich heute erzählt? Erzählen Sie jetzt eine davon noch einmal. Wovon handelte sie? Schreiben Sie sie einmal auf. Lesen Sie sie dann vor, während Sie sie mit einem Diktiergerät oder einem Kassettenrekorder aufnehmen. Hören Sie sich dann einmal gut zu, während Sie das Band abspielen.

Was erzählt die Geschichte? Was wollen Sie mit dieser Geschichte absichern? Was wollen Sie sich selbst deutlich machen? Wie oft haben Sie sich diese Geschichte eigentlich schon erzählt? Warum erzählen Sie sie überhaupt? Was ist der Vorteil daran, dass Sie sich diese Geschichte erzählen? Was wollen Sie, indem Sie sich diese Geschichte erzählen, *nicht* sehen bzw. erfahren?

Gibt es einen ›Kern‹?

Sie laufen in einem Wald durch den Schnee. Doch während Sie laufen, sind Sie damit beschäftigt, über einen Streit nachzudenken, den Sie mit Ihrem Partner (oder Ihrem Chef, einem Kollegen, einem Freund oder einer Freundin) hatten. Sie suchen allerlei Strategien, um diesen Streit beizulegen und dennoch Recht zu bekommen, sodass der andere das tun wird, was Sie sich wünschen und was Ihnen Wohlbehagen bereitet.

Plötzlich wird Ihnen klar, was Sie da tun. Sie fühlen, dass Ihre Reaktionen eigentlich aus Angst resultieren, Angst, der andere könnte etwas tun, wodurch Sie Ihren Einfluss auf ihn verlieren. Angst auch, dass Sie sich selbst nicht mehr im Griff haben. Angst vor Einsamkeit. Dies ist *Ihre* Angst. Der andere hatte seine eigenen Gefühle. Nichts weiter ist geschehen.

Sie entspannen sich. Sie sehen den Streit plötzlich als eine

Konfrontation, einen Konflikt zwischen Erwachsenen, bei dem niemand unbedingt gewinnen muss. Also brauchen Sie sich jetzt auch nicht weiter damit zu beschäftigen.

Plötzlich haben Sie wieder – und wenn es nur für kurze Zeit ist – ein Auge für den Schnee unter Ihren Füßen. Sie schauen. Sie sehen die Bäume um sich herum, den Raum, der Sie umgibt. Sie fühlen Ihren Körper, Ihren Atem, der kleine Wölkchen in der kalten Luft bildet. Es ist, als ob sich die Zeit öffnete. Vergangenheit und Zukunft werden unwesentlich. Das Jetzt wird ein ungreifbares Gefühl, ein Gefühl des Seins. Sie erfahren Ihre Füße, Ihre Hände, Ihre Nase, aber diese sind nicht mehr an der vertrauten Stelle. Gerüche, Bilder und Geräusche sind so glasklar, dass sie durcheinander und gleichzeitig anwesend sind, ohne dass eine kommentierende Instanz da wäre. Es gibt keinen Abstand, es gibt nicht einmal einen Wahrnehmer. Sie, als derjenige der wahrnimmt, die Wahrnehmung selbst und das, was wahrgenommen wird, sind eine einzige Welle von Sein.

Was Sie in einem solchen Moment erleben, hat eine doppelte Qualität: Auf der einen Seite fühlt es sich als ganz wesentlich, grundlegend, rein, persönlich und von aller Problematik, allen Urteilen und Abwägungsvorgängen losgelöst an. Auf der anderen Seite ist es völlig offen, ungreifbar, unbenennbar, fast unpersönlich, wie Raum oder Leere. Alle Muster Ihrer Persönlichkeit sind plötzlich durchsichtiger. Sie kommen in Berührung mit Ihrer ›Essenz‹. Es ist, als ob Sie näher an das Nichts, an die Leere herankommen.

Diese offene Qualität fühlt sich auch bedrohlich an. Jeder Halt ist verloren, als ob man in ein Loch fiele. Es sind die Strukturen Ihrer Persönlichkeit, die Ihnen Halt geben, und sobald sie wegfallen, kann Panik entstehen. Sie neigen jetzt sehr dazu, sich an Ihrer Essenz festzuhalten, sie hochzuhalten, als wäre sie etwas Besonders, weil sie immer noch einigermaßen einen Geschmack von ›Ihnen‹ und damit eine gewisse Stabilität hat. Aber im Grunde ist Essenz die ›Form‹ der Leere, der Duft des Raumes, der Geschmack der totalen Offenheit. Es gibt also überhaupt nichts, was Sie festhalten könnten! In dem Moment, in dem Sie die Essenz in den Vordergrund schieben und mit der Persönlichkeit vergleichen, wird die beschriebene Erfahrung auf die Ebene der Persönlichkeit zurückgeführt und damit kraftlos. Sie hat jetzt nichts mehr mit der totalen Offenheit (oder mit Gott, wenn Sie so wollen,) zu tun. Erst wenn das Denken, der innere Kommentar oder das Urteil sich nicht mehr unterscheidend und behauptend einschalten, kann Ihre Essenz intakt bleiben und einen Durchgang zur Welt der Leere bilden.

Auf diese Art scheint Essenz eine reine Seifenblase zu sein. Wenn Sie versuchen sie festzuhalten, haben Sie sie schon verloren, und damit auch den Kontakt zu Schönheit, Klarheit, Transparenz, Farben und Licht. Nur aus der Seifenblasenperspektive betrachtet kann alles andere (alle Mauern Ihrer Persönlichkeit, die einfach immer da sind) in einen kreativen und Bearbeitung ermöglichenden Prozess einbezogen werden und sozusagen ›Seifenblasenqualität‹ erhalten. Dann können Sie aus all Ihren Gefühlen Seifenblasen machen: eine Hass-Seifenblase und eine Traurigkeits-Seifenblase, eine Eifersuchts-Seifenblase und Einsamkeits-Seifenblase. Emotionen, besser: Gefühle verlieren nicht ihren persönlichen, spezifischen Charakter. Sie tun immer noch weh und sind verbunden mit altem, oft verdrängtem Schmerz, aber sie haben *auch* eine Seifenblasenqualität. Sie können sie so groß machen wie Sie wollen. Und Sie wissen – nicht im Kopf, aber mit dem Herzen –, dass sie irgendwann platzen werden.

Von der Leere aus gesehen ist alles leer. Vom Raum aus gesehen gibt es keine Mauern. Der Raum innerhalb und der außerhalb des Gefängnisses ist derselbe Raum. Es gibt sogar Raum in den Steinen der Mauer, in ihren Hohlräumen und Löchern und zwischen ihren Atomen und Molekülen. Das mag zuerst ein furchterregender Gedanke sein, doch er gibt auch viel Freiheit. Nur dank dieser Qualität des Raumes kann sich überhaupt etwas ändern. Wenn diese Qualität nicht existieren würde, wäre alles starr. Dann würden wir unser Leben lang wie in Beton gegossen handeln und alle möglichen Muster ständig wiederholen. Durch die Leere, durch den Raum ist jedoch immer etwas da, das uns zuwinkt, das uns einlädt, offener zu werden, die Mauern durchsichtiger zu machen, weniger dick, weniger starr. Raum ist eine fortwährende Einladung.

Das können wir uns zunutze machen. Wir suchen oft nach Stabilität, nach unserem Kern, und an und für sich ist das sehr gut. Doch zugleich ist da die kräftige Einladung des Raumes. Und es ist genau diese Einladung des Raumes, die uns am raschesten zu unserem leeren Kern führt.

Gehen wir noch einmal zurück zu dem Beispiel, das wir anfangs beschrieben haben. Wir sind im Wald. Wir haben der Tatsache ins Auge gesehen, dass der Streit ein Konflikt unter Erwachsenen war, eine Konfrontation mit einem anderen Menschen, nicht mehr und nicht weniger. Wir begreifen, dass dies eine ›Tatsache‹ ist und dass unser Kopfzerbrechen darüber aus Angst oder Ähnlichem entsprungen ist. Trotzdem fangen wir nach einer Weile wieder an darüber nachzudenken. Wir beobachten, dass wir von neuem Mauern aufziehen. Das ist fast unvermeidlich, aber wir können uns dessen bewusst bleiben, warum und wie wir das tun.

Manchmal suchen wir dann nach Möglichkeiten, dies zu vermeiden. Es ist so, als würden wir im Gefängnis nach dem Freizeitraum suchen und dort für den Rest unseres Lebens fernsehen oder mit anderen Gefangenen Tischtennis spielen. Dies ist *eine* Möglichkeit, aber sie führt nicht zur Freiheit. Denn Freiheit bedeutet, dass wir den Raum erfahren und beobachten, wie wir Mauern errichten. Und allmählich entdecken wir, dass es eigentlich nicht mehr notwendig ist, diese Mauern dorthin zu stellen. Dann werden sie transparenter und stehen immer weniger im Weg.

Übung: Mauern und Raum

Setzen Sie sich einfach irgendwo hin, in Ihren eigenen vier Wänden, zwischen Ihren eigenen Mauern, und schließen Sie die Augen. Sie erfahren Ihren Körper, Ihren Atem und den Raum um sich herum. Sie entspannen Ihren Körper, Ihr Rücken ist im Gleichgewicht, Ihr Kopf ist im Gleichgewicht, Becken, Bauch, Schultern und Hände sind entspannt. Sie bemerken, dass die Mauern schon etwas weniger massiv werden.

Lassen Sie sich dann vom Raum einladen. Sie folgen Ihrem Atem, der nach innen strömt, der nach außen strömt ... Sie lassen sich auflösen in dem Raum, den Sie um sich herum erfahren. Sie lassen Ihren Schmerz sich auflösen, Ihre Spannungen, Ihre Gedanken, Ihre Geschichten, Ihre Emotionen. Sie wissen, dass Sie sich damit nicht definitiv auflösen, und doch genießen Sie die Offenheit, die jetzt herrscht.

Wenn Sie diesen Kontakt mit Offenheit, Entspannung und Raum spüren, lassen Sie die Mauern aufs Neue erscheinen, aber jetzt *im Raum*. Die Probleme kommen wieder, aber sie sind nicht mehr so starr und viel durchsichtiger. Sie behalten das Gefühl des Raumes um sich herum, der Geschmack der Freiheit bleibt im Hintergrund vorhanden. Mehr brauchen Sie nicht zu tun. Von dort aus können jetzt Veränderungen von selbst entstehen.

III. Niemals allein

Manchmal haben wir das Gefühl, alles allein bewältigen zu müssen. Wir versuchen, unsere Vergangenheit zu verarbeiten, von den eigenen Möglichkeiten Gebrauch zu machen, Geld zu verdienen, die Kinder zu erziehen, Problemen die Stirn zu bieten und Idealen nachzustreben, die uns glücklich machen sollen. Wir erfahren im Allgemeinen wenig Unterstützung durch unsere Eltern, unsere Partner oder unsere Kollegen, und deshalb können wir uns oft im Stich gelassen fühlen. Doch wenn wir einmal die Art, wie wir uns verhalten, genauer betrachten, dann bemerken wir, dass wir auch sehr mit uns selbst beschäftigt sind, so als ob sich die ganze Welt nur um uns drehen würde. Dadurch isolieren wir uns von einem größeren Ganzen, während doch gerade die Verbindungen mit der Welt um uns herum so wichtig sind für ein harmonisches Daseinsgefühl.

Unser Leben ist hervorgegangen aus dem Leben unserer Eltern, unserer Großeltern, unserer Urgroßeltern usw. Das Mensch-Sein hat eine lange Geschichte, mit der wir verbunden sind, und zwar nicht nur genetisch. Viele Bilder, primäre Gefühle und Reaktionen können wir in der Geschichte der ganzen Menschheit wiederfinden. Wir haben unsere Wurzeln in der Evolution des Menschen, vielleicht sogar noch weiter rückwärts, in der Evolution des Tierreichs, bis hin zu den ersten Einzellern, den Pflanzen, der anorganischen Materie, ja vielleicht noch weiter zurück bis zum Urknall, aus dem das Weltall entstanden sein soll.

Aus der Perspektive des heutigen Lebens und unserer heutigen Probleme erscheint das alles vermutlich unwichtig. Doch stellen wir uns einmal vor, ein Teil unserer Probleme würde gerade dadurch entstehen, dass wir uns des Ganzen so wenig bewusst sind. Es ist, als wären wir eine Pflanze, die ihre eigenen Wurzeln durchschneidet und dann klagt, dass sie aus Mangel an Wasser und Nahrung sterben muss. Wenn wir mit allen unseren Beziehungen im Raum und in der Zeit in Kontakt kommen, gibt uns das nicht nur eine gewisse Nahrung, sondern es relativiert auch die spezifischen Beziehungen, mit denen wir manchmal so viele Probleme haben – mit diesem bestimmten Partner, mit jenem Beruf, mit unserem eigenen Glück, mit einem bestimmten erhabenen Ziel. Und das kann eine enorme Erweiterung und Befreiung bewirken.

Wir vergessen oft, dass das Mensch-Sein Tausende von Jahren lang anders war als heute. Obwohl das Leben kürzer währte, mehr Gefahren barg und vielleicht auch mehr Angst und Gewalt, existierte doch eine andere Beziehung zwischen dem individuellen Sein und der Welt. Der Mensch wusste um seine Verwundbarkeit und Abhängigkeit von der natürlichen Umgebung und war dadurch äußerst wach für alles, was um ihn herum passierte. Außerdem konnte der Mensch Zehntausende von Jahren nur Klänge produzieren, das heißt, dass er innerlich keinen Kommentar geben, nichts verbal benennen konnte und also auch kaum Gedanken im heutigen Sinne hatte. Das muss eine sehr meditative Verfassung gewesen sein, eine ganz direkte Verbindung mit dem, was wir ›Leben‹ nennen. Und diese Erfahrung ist tief in unserem eigenen Wesen immer noch anwesend.

Ur-Verbindungen

Einst wehte der Wind wirklich, er durchdrang uns bis in die Knochen und berührte uns. Wir kämpften mit ihm, denn wenn wir unsere Arme nicht bewegten und heisere Rufe ausstießen, nahm der Wind unsere Seele mit und wir sahen sie niemals wieder. Unser Atem brachte Kehllaute hervor, einen Urschrei aus dem Bauch, wie der Schrei eines Vogels oder das Geheul eines Wolfes, das Quaken eines Frosches oder das Summen einer Biene. Geräusche waren in uns und außerhalb zugleich, sie ernährten unser Herz und drangen bis tief in unser Inneres. Gerüche gingen durch unsere Nase, unsere Zunge entlang, und dann konnten wir sie in unserem Beckenboden spüren. Das Licht war nicht nur da draußen, die Strahlen der Sonne zerstoben in einen Regenbogen von Farben, die durch unsere Augen in unser Gehirn drangen. Jede Farbe, jedes Funkeln war eine kleine Explosion in unserem Kopf, unser Scheitel war ein Sternenhimmel farbiger Kristalle, die in der unendlichen Weite unseres Geistes funkelten. Zwischen unseren Beinen spürten wir den Kontakt mit dem Rücken des Pferdes oder des Renntieres. Der Stoß, den wir jedes Mal von unten erfuhren, ging durch unser Rückgrat und trug unsere Energie vom Steißbein bis zum Scheitel empor, ein Reiz, der uns Kraft gab und eine wache Bereitschaft erzeugte für alles, was wir hörten und sahen.

Was wir berührten, berührte uns echt. Alle Gegenstände waren einzigartig. Das Messer, das wir bei uns trugen, hatte unser Urgroßvater hergestellt. Unsere Mutter hatte Schafsfelle zu einem warmen Mantel aneinandergenäht und jahrhundertealte Muster daraufgestickt, die uns vor Unheil schützen sollten. Jeder Gegenstand verkörperte eine bestimmte Kraft und hatte eine Geschichte. Man kannte seinen Hersteller, seine Benutzer, man wusste, dass er weitergegeben werden würde an die Söhne oder Töchter. Alles war einzigartig.

Nichts stand getrennt für sich, alles war miteinander verbunden. Die Form von Zelt und Hütte war die Form der Sonne oder des Mondes, und in eisigen Wintern zog man sich in eine Höhle zurück wie in die Gebärmutter der Erde. Man lebte immer im ganzen Kosmos. Die Zeit wurde am Stand der Sonne und an den Mondphasen gemessen. Der Raum bekam Richtung durch den Polarstern und andere Sternensysteme. Es war unmöglich, am Leben zu bleiben ohne die kräftige Verbindung mit der Familie, mit Tieren, Besitztümern, den Geistern. Alle Materie war beseelt; alles was Geist oder Energie war, hatte seine Form. Und es gab auch keinen Unterschied zwischen alldem.

So wie der Wind die Blätter der Birke bewegt und die Blätter einen silbernen Gesang flüstern, in dem sich Fetzen von Erkenntnis verklanglichen, so hat das Unsichtbare immer dem Sichtbaren Form gegeben. Alles was anwesend war, entstand aus dem Nichts, so wie der Tag aus der Nacht, das Kind aus dem flachen Bauch der Mutter, der langsam runder und praller wurde, der Frühling aus dem Winter, der Klang aus der Stille. Form entstand im Raum, aber sie blieb immer mit dem Raum verbunden. Dieser Raum war nicht kalt und neutral, sondern beseelt. Die eine Stelle fühlte sich gut an, sodass man dort ein Zelt aufstellen konnte, die andere weniger. Manche Bäume oder Tiere gaben einem Kraft, andere schienen einen machtlos zu machen. Aus diesem Bewusstsein entstanden Stellen, an denen eine Macht erlebbar wurde, heilige Bäume oder Felsen, heilkräftige Brunnen, heilige Höhlen und Grotten. Es waren Stellen, die man aufsuchen konnte, um Energie zu tanken, oder um Fragen über Leben und Tod zu stellen. Doch immer gab es eine existenzielle Verbindung, die sich veränderte und neue ›echte‹, authentische Erfahrungen an uns herantrug. Was ist echt? Echt ist das Gefühl der Intensität, ein kräftiges, körperliches Gefühl, dass wir ›sind‹, dass wir leben und diese Erfahrung, so wie sie ist, vollständig, komplett ist.

Echt leben

Aus unserer Vorzeit – sowohl aus der Geschichte der Menschheit wie auch, wenngleich in geringerem Maße, aus unserer eigenen Kinderzeit – kennen wir ein existenzielles Gefühl, das ›Leben‹ genannt werden kann. Es ist Leben im Sinne von ›echt‹, ›einfach‹, ›unkompliziert‹. Es ist, was es ist. Und in diesem lebenden Moment ist jede Verbindung, ist jede Vergangenheit, Gegenwart und Zukunft beschlossen; die Genugtuung, dass es einfach ›ist‹. Das ist das Leben des Lebens.

Natürlich ist das eine romantische Darstellung, doch zugleich liegt in unserer Abgetrenntheit vom echten Leben auch der Kern vieler Frustrationen und Probleme. Wie viele Minuten am Tag *leben* wir das Leben, statt darüber nachzudenken oder zu lesen? Wie oft ist das, was ist, einfach okay, ohne dass wir gleichzeitig einen Traum hegen oder eine Geschichte ersinnen, wie wir es gerne haben würden?

Meistens leben wir unser Leben indirekt, wir nehmen nicht teil an dem existenziellen Strom, sondern stehen in einer gewissen Entfernung von ihm und schauen zu. Wir reden über das Leben, wir befassen uns mit dem Leben, versuchen etwas zu verändern (oder gerade nicht zu verändern), beurteilen, klagen, beschwören oder übertreiben – wir tun alles, außer einfach zu *sein*.

Dies tun wir persönlich, aber auch gemeinschaftlich. In unserer heutigen westlichen Kultur haben wir zahllose Möglichkeiten entwickelt, jeden existenziellen Kontakt zu umschiffen. Wir kommunizieren vornehmlich auf Papier und über Telefon, Fax oder Internet. Wir bekommen Informationen aus Büchern, Zeitungen, Illustrierten, Film oder Fernsehen. Und die normalen Kontakte, die wir haben, sind oft oberflächlich. Wir kennen unsere Nachbarn kaum, größere Familienzusammenhänge bestehen fast nicht mehr, mit Kollegen kommunizieren wir im Fachjargon, Beziehungen werden oft rasch wieder beendet.

Viele Menschen erfahren das als einen Verlust. Doch die gesellschaftliche Reaktion auf diesen Verlust wirklichen Kontaktes besteht darin, die Heftigkeit der Bilder noch zu intensivieren: Mehr Gewalt, knallharte Musik, Sensationen über Sensationen und Sex und noch mehr Sex lenken unsere Aufmerksamkeit immer heftiger auf das Bild hin, um die Illusion, dass hier ein echter Kontakt zustande gekommen sei, zu verstärken. Damit wird aber der Mangel nur noch bitterer erfahren und tiefer verdrängt, und die Entfremdung wächst.

Gewalt, Reality-TV, laute Musik, Gefahren, Alkohol, Drogen, sexuelle Bilder, Internet, eine extreme Fülle an Informationen, Handys, all diese Dinge geben uns das Gefühl, dass wir an irgendetwas teilhaben. Doch eigentlich – das heißt: *existenziell* – haben wir an gar nichts teil. Es bleiben Bilder oder Geräusche, die emotional-körperliche Reaktionen hervorrufen, doch im Grunde haben wir nicht echt teil daran, berühren nichts wirklich. Allmählich fangen wir an, die Illusion, dass wir an etwas teil hätten, mit einer existenziellen Erfahrung zu verwechseln. So entsteht eine fundamentale Verwirrung.

Wenn das Unechte übertragen wird, als ob es echt wäre – als ob es aus unserer eigenen, existenziellen Erfahrung entstünde –, dann produzieren wir Verwirrung. Zugleich bleibt ein Gefühl zurück, dass irgendetwas nicht stimmt, ein Gefühl von Einsamkeit oder Verlassenheit, das fortwährend im Hintergrund unserer Seele anwesend ist. Kennen Sie das?

Dieses Gefühl der Einsamkeit kann leicht noch verstärkt werden durch ein ›altes‹ Gefühl, das wir als Kind hatten: dass nämlich niemand wirklich für uns da war, dass wir nie echt berührt wurden, dass wir uns oft im Stich gelassen fühlten. Das Gefühl, mit anderen nicht verbunden zu sein, ruft das Gefühl hervor, mit sich selber nicht verbunden zu sein. Und die Einsamkeit, die in uns liegt, macht es schwer, eine echte Beziehung, einen echten Kontakt zu uns selber anzuknüpfen. Dadurch können wir anfangen, uns selbst zu kritisieren, uns herunterzuputzen, uns den Boden unter den Füßen wegzuziehen, ja uns selbst zu hassen. Und das macht es wiederum schwieriger, eine Beziehung zu der Welt, die uns umgibt, zu fühlen.

Wenn man die Probleme, mit denen viele Menschen ringen, auf ihren Kern zurückführt, so erkennt man oft einen fortwährenden Konflikt zwischen der Wirklichkeit, die im Kopf geschaffen wird, und der Wirklichkeit, mit der man konfrontiert wird. Die Therapie besteht zum Teil häufig darin, dass wir diese zwei Wirklichkeiten besser aufeinander abstimmen lernen. Doch die grundlegende Frage dahinter lautet: Wodurch hat ›Erfahren‹ sich überhaupt aufgesplittet in eine existenzielle Wirklichkeit, mit der allein wir die Konfrontation aufnehmen können, und eine illusionäre, fantasiebedingte Wirklichkeit, die immer ungreifbar bleibt und niemals echt Wirklichkeit wird? Und war dies immer so? Bestand Leben immer schon zu 99 Prozent aus Gedankengespinst, Hoffnung und Illusionen?

Wenn die Illusionen und der Abstand allmählich wegfallen, kann eine echte Begegnung entstehen. Dann ›müssen‹ wir nichts mehr: Wir begegnen dem anderen so wie wir sind und so wie er ist. Und das kann eine ganz besondere Erfahrung sein.

Meine Frau und ich traten einmal mit einem Müllbeutel in der Hand aus dem Hochhaus, in dem wir wohnen. Vor der Garage stand ein Müllauto, das die Müllbehälter hochhob, um sie in einen großen Laderaum zu leeren. Hinter dem Steuer saß ein Mann, der so aussah, als hätte er die Müllbehälter lieber selbst hochgehoben. Während wir dastanden und warteten, bis der Müllbehälter wieder auf dem Boden stand, winkten wir dem großen, kräftigen Mann hinter dem Steuer freundlich zu. Und dann, während ich ihn anblickte, bemerkte ich, dass er in Tränen ausbrach. Sie strömten über seine Wangen. Ich ging auf ihn zu und ergriff seinen Arm, der halb aus dem Autofenster heraushing und den ich gerade noch erreichen konnte, und streichelte ihn. »Was fehlt Ihnen?«, fragte ich. – »Dies ist das erste Mal in all den Jahren, seit ich hier Müll abhole, dass mir jemand zuwinkt«, sagte der Mann tief bewegt.

Eine offene Verbindung

Jede Beziehung ist eine Verbindung, und in dem Maße, wie die Verbindung offen bleibt, gibt es ein stärkeres Strömen, wodurch wir sowohl Intimität als auch Grenzen erfahren. Diese Form von Beziehungen ist genauso wesentlich wie unsere Ernährung. Ohne Beziehung gibt es kein Leben.

Beziehung ist eine Aktivität. Beziehung ist etwas, was strömt, heftig strömt sogar, stagniert und wieder ins Strömen kommt. Wenn das Strömen völlig unmöglich gemacht wird oder eine zu große Erstarrung auftritt, dann verschwindet das Leben. Leben heißt sich verbinden: von innen nach außen und von außen nach innen.

Diese Verbindung ist so wesentlich, dass wir nicht einmal

sagen können, dass ›etwas‹ sich mit ›etwas‹ verbindet. Wenn wir unseren Atem gewahren, der ein- und ausströmt, und wenn wir uns mit diesem Atem verbunden fühlen – ›wer‹ ist dann mit dem Atem verbunden? Ist es unser Ich? Ist der Atem mit sich selbst verbunden? Wir spüren, dass er strömt, doch mehr wissen wir nicht. Und genau in diesem Nicht-Wissen kann ein kräftiges Gefühl von Verbundenheit entstehen, das reich ist und Nahrung spendet.

Auch in der Beziehung mit anderen Menschen ist es eigentlich undeutlich, wer sich mit wem verbindet. Liebt Ihr Herz sein/ihr Herz? Und was bedeutet das? Sie kennen die Antwort auf diese Fragen nicht, Sie spüren aber, dass die Qualität dieser Verbindung sehr wichtig ist.

Das Gefühl des ›Seins‹ liegt sehr nahe bei dem Gefühl von ›In-Beziehung-Sein‹. Und dieses In-Beziehung-Sein kennt verschiedene Ebenen: zu uns selbst (unserem Körper, unseren Gefühlen, Gedanken), zu den Elementen (der Natur), zu Eltern, Familie, Freunden, Partner, den Kindern, der Arbeit, den Sehnsüchten, zu Gott oder höheren Wesen (dann wird Beziehung zu Religion). Obwohl unsere Aufmerksamkeit in bestimmten Perioden unseres Lebens durch eine bestimmte Beziehung in Anspruch genommen werden kann (der Partner oder die Kinder zum Beispiel), bleiben doch alle diese Beziehungen anwesend als mögliche Verbindungen, in denen Intimität und Grenzen fortwährend einen Platz erhalten können.

Die Beziehung zu uns selbst

Beginnen Sie einmal damit, die Beziehung zu untersuchen, die Sie zu sich selbst haben. Wie sieht sie aus? Dürfen Sie sich selbst mögen? Aber vielleicht geht diese Frage schon viel zu weit? Wagen Sie es, eine Beziehung zu sich selbst einzugehen? Erfahren Sie zum Beispiel Ihre eigenen Gefühle wirklich als *Ihre* Gefühle, Ihren eigenen Körper wirklich als *Ihren* Körper?

Möchten Sie wirklich eine Beziehung zu Ihrem Körper, Ihrem Atem, Ihren Emotionen, Spannungen, Ihren Gedanken, Erinnerungen oder Ihren Lebensgeschichten eingehen? Dort liegt die Basis. Sie sehnen sich vielleicht nach einer schönen Beziehung zu einem anderen Menschen, doch Sie können sich selbst nicht ausklammern. Das funktioniert nicht. Beziehung geht immer von außen nach innen und von innen nach außen. Aus der Verbindung mit sich selbst können Sie die Verbindung mit einem anderen eingehen, die Verbindung mit dem anderen kann Ihnen helfen, die Verbindung zu sich selbst herzustellen. Doch meistens müssen Sie bei sich selbst anfangen. Und dann kommen Sie unwiderruflich in Berührung mit Ihrer eigenen Geschichte.

Die Beziehung zu unseren Eltern

Jedes Kind hat bei der Geburt eine mehr oder weniger starke Beziehung zu sich selbst oder zu seiner Umgebung. Manche Kinder scheinen schon von Anfang an irgendwie ›out of place‹ oder ›out of time‹ zu sein, als seien sie nicht wirklich auf der Erde angekommen, und das macht ihnen das Leben nicht gerade leicht. Andere Kinder sind von Anfang an zufrieden und zugänglich. Manchmal lässt sich das auf Gefühle zurückführen, die die Mutter hatte, bevor das Kind in ihrem Schoß heranwuchs, manchmal jedoch auch nicht, und dann scheint jene primäre Beziehung aus einem weiteren Zusammenhang zu stammen. Wir können das als planetarische Einflüsse bezeichnen, als Karma eines früheren Lebens oder einfach als Zufall. Und wenn wir auf die Charakterzüge innerhalb unserer Familie blicken, dann können wir auch dort oft ganz spezifische Eigenschaften erkennen. Im Grunde wissen wir nicht genau, wie unser Charakter entsteht, doch diese ursprüngliche Eigenheit ist ganz deutlich vorhanden.

Seit der Geburt wird die innere Verbindung genährt oder frustriert durch die äußere Verbindung, durch die Beziehung zur

Mutter, zum Vater, die Beziehung zwischen Vater und Mutter und zur Familie im weiteren Sinne: zu Brüdern, Schwestern, Großeltern, Tanten und Onkeln. Und da entstehen spezifische Gefühle in Bezug auf das, was ›Beziehung‹ beinhaltet, sowohl nach innen wie nach außen.

Wenig Menschen wachsen in einer warmen, umsorgenden, unterstützenden und freilassenden Umgebung auf, doch selbst wenn das der Fall ist, werden wir immer noch mit den üblichen Entwicklungsproblemen und unseren eigenen Charakterzügen konfrontiert. Außerdem braucht es immer ein gewisses Gefecht, einen gewissen Kampf mit der Umgebung, um unsere Eigenheit an ihr messen und stärken zu können. Wenn Wärme und Stütze vorhanden sind, aber keine deutlichen Grenzen, lernen wir nur schwer, wo wir Ja oder Nein sagen müssen. So gibt es immer einen beeinflussenden Faktor.*

Drei Merkmale einer Eltern-Kind-Beziehung sind von wesentlicher Bedeutung: Offenheit, Wärme und Grenzen. Offenheit bedeutet, dass Eltern dem Kind keine doppelbödigen oder widersprüchlichen Botschaften und Signale senden und das Kind nicht nur wahrgenommen, d.h. gesehen und gehört wird, sondern dass auch rückhaltlos auf es reagiert wird. Wärme steht für Sicherheit, Ernährung, körperlichen Kontakt, Geborgenheit und Respekt, sodass das Kind ein Gefühl von Vertrauen entwickeln kann. Grenzen bedeutet, dass sich sowohl das Kind als auch die Eltern an deutlich gesetzte Grenzen halten, was dem Kind ermöglicht, seine eigene Kraft und Autonomie zu entdecken.

Wenn in dieser Beziehung etwas fehlt, wenn eine Beziehung zum Beispiel nicht auf Sicherheit, sondern auf Angst beruht (»Wenn du deinen Teller nicht leer isst, bekommst du eins hinter die Ohren«), kann das Kind auf verschiedene Arten reagieren. Es

* Ich gehe hier nur auf den weiteren Kontext von Beziehungen und nicht auf die spezifischen Probleme ein, die aus bestimmten Charakterstrukturen in Reaktion auf die Familienstruktur entstehen können, innerhalb derer wir aufgewachsen sind.

kann selbst auch aggressiv werden (Wutanfälle bekommen, andere Kinder ärgern), es kann anfangen sich selbst zu hassen (Nägel kauen, depressiv oder krank werden, Nahrungsaufnahme verweigern), oder es kann sich ganz in sich selbst zurückziehen und verschließen (sich machtlos, erstarrt oder schwach fühlen). Diese Reaktionen werden zu einem großen Teil durch den eigenen Charakter bestimmt.

Während der ganzen Periode des Heranwachsens gibt es vier Arten von Beziehungen, die wir einzugehen lernen:

1. die innere Beziehung (die Beziehung zu uns selbst, d.h. die Art, wie wir etwas bearbeiten, wie wir reagieren, denken, fühlen, uns akzeptieren oder nicht),
2. die Beziehung zu unseren primären Erziehern (Mutter, Vater, Großeltern, Lehrer),
3. die Beziehung zu der Familie im weiteren Sinne (Brüder, Schwestern, Klassenkameraden usw.) und
4. die wechselseitigen Beziehungen zwischen anderen, damit meine ich die Art, wie andere, z.B. unsere Eltern oder unsere Geschwister, miteinander umgehen. Auch die Art, wie Klassenkameraden miteinander umgehen oder wie in anderen Familien miteinander umgegangen wird, sind Beispiele dafür, wie Beziehungen beschaffen sein können.

Sie können die Muster, die Sie erleben und sehen, übernehmen oder aber sich dagegen absetzen. Wenn sich beispielsweise Ihre Eltern kaum berührten, können Sie auf dieselbe Art mit Ihrem Partner umgehen und Angst haben vor Berührungen oder Sie können im Gegenteil den anderen am liebsten Tag und Nacht festhalten wollen und Angst bekommen, wenn er Sie loslässt. Diese beiden Muster sind ganz grundlegend und kommen oft in jeder Beziehung vor, die ein Mensch eingeht. Man hat die Neigung, sich selbst zu verhärten, sich zurückzuziehen, gewissermaßen einzufrieren, sich zu verteidigen, zu explodieren oder Kampf zu führen; man verhärtet seine Grenzen. Oder man hat das Bedürfnis, etwas aufzulösen, zu verschmelzen, eins zu werden, den anderen nicht mehr loszulassen, und zugleich hat man

Angst, sich selbst zu verlieren. Man fühlt sich quasi wie Löschpapier; sobald der andere in der Nähe ist, fließt man aus. Manche Menschen haben beide Neigungen gleichzeitig – oder sehr schnell nacheinander. Prüfen Sie einmal, zu welcher Seite Sie neigen.

Gute Eltern – schlechte Eltern

Die Beziehung zu Ihren Eltern kann Ihr ganzes Leben bestimmen. Verbale, emotionale oder sexuelle Gewalt kann tiefe Ängste oder Unsicherheit hervorgerufen haben, die Sie fast nicht verarbeiten können. Überdies verschwinden die Eltern nicht einfach aus dem Blickfeld, wenn Sie erwachsen werden oder das Elternhaus verlassen. Sie können Sie bis zu ihrem Tod (und sogar noch danach) verfolgen mit ihrer Negativität, ihrem Suchtverhalten oder ihrem Selbstmitleid. Und es ist sehr schwierig, das von sich abzuschütteln.

Es ist deshalb so schwierig, weil immer eine Art Ursehnsucht übrig bleibt nach einem Vater oder einer Mutter, die für einen sorgen, die für einen aufkommen und einen gern haben. Auch wenn Ihre Mutter bei allem, was Sie taten, negativ reagierte, Sie hoffen weiterhin und sehnen sich danach, dass sie Sie eines Tages echt wahrnehmen, über Ihren Kopf streicheln und sagen wird: »Liebling, ich hab dich wirklich gern.« Diese Sehnsucht schiebt sich immer wieder zwischen Sie und Ihre Mutter (oder Ihren Vater), so wie sie (oder er) ist. Das tut immer weh, es vermittelt immer ein Gefühl der Zerrissenheit, und deswegen fangen Sie an, an sich selbst zu zweifeln. »Ich mach auch gar nichts richtig. Ich strenge mich nicht genug an. Ich kann das nicht. Es ist meine Schuld, dass er oder sie trinkt, depressiv ist usw.«

Wie können Sie damit umgehen? Das Wichtigste ist, dass Sie lernen, Ihre Sehnsucht von der Wirklichkeit zu trennen. Ihre Sehnsucht ist in Ordnung, aber die Wirklichkeit war oder ist unangenehm. Wenn Ihr Vater immer sehr aggressiv war und zum

Beispiel Ihren jüngeren Bruder oft geschlagen hat, können Sie sagen: »Er hat nicht *mich* geschlagen (also hat er mich doch gemocht)«. Aber Sie können auch allmählich erfahren, wie schreckliche Angst Sie gehabt haben, und zwar nicht nur eine Stunde lang, sondern unter Umständen viele Jahre; und Sie können anfangen einzusehen, welche Rolle diese Angst auch jetzt noch in Ihrem Leben spielt.

Es ist oft ernüchternd, die Wirklichkeit so zu sehen, wie sie ist, und zu fühlen, dass Sie vielleicht jahrelang die Hoffnung gehegt haben, sie würde anders werden. Und obwohl die Sehnsucht nach einem liebenden, Sie unterstützenden Vater völlig berechtigt ist, kann es sein, dass Sie diese Hoffnung, von Ihrem Vater jemals Liebe und Unterstützung zu empfangen, werden loslassen müssen. Das kann bedeuten, dass Sie mehr Abstand nehmen müssen, sowohl im wörtlichen Sinne wie auch in gefühlsmäßiger bzw. geistiger Hinsicht. Ihre Eltern können wahrscheinlich nichts dafür, dass sie so waren wie sie waren, doch Sie stehen jetzt da mit dem Schmerz, der Angst, der Verzweiflung, der Unsicherheit. Und oft können Sie erst dann etwas daran ändern, wenn Sie Ihre Eltern etwas weiter von sich wegschieben, ja vielleicht sogar vor die Türe.

Wenn Sie einmal ein Weilchen nur darauf blicken, was Ihnen ›angetan‹ wurde und die ›Ursache‹ bei Ihren Eltern (möglicherweise auch den Umständen) ausmachen, dann können Sie vielleicht alle zurückgehaltenen Reaktionen und Gefühlsäußerungen von Wut, Kummer, Hass, Machtlosigkeit, Schmerz oder Kampfesdrang trotzdem noch äußern und damit die gefesselte Energie befreien. Aber es hat keinen Sinn, endlos damit weiterzumachen! Wenn der Schmerz seinen Raum bekommen hat, ist es wichtig, die frei werdende Energie positiv anzuwenden, sonst bleiben Sie für den Rest des Lebens im Kampf mit Ihren Eltern befangen.

In einem weiteren Stadium könnten Sie darauf blicken, wer sie unterstützt hat. Stellen Sie einmal eine Liste von Menschen auf, von denen Sie etwas Positives erfahren haben: Onkel, Tanten, Großeltern, Nachbarn, Eltern, Freunde oder Freundinnen, Lehrer auf der Schule, ja vielleicht sogar Figuren aus Büchern, die Sie gelesen haben. Was haben Sie von ihnen über Beziehungen, über Kontakt, über Wärme und Aufmerksamkeit gelernt?

Manchmal kann es gut sein, z.B. zu einer Nachbarin, bei der Sie als Kind oft gewesen sind, wieder Kontakt aufzunehmen oder symbolisch etwas für jemanden zu tun, der bereits verstorben ist, von dem Sie jedoch einmal etwas Liebes empfingen. Wer hat Sie ernährt, unterstützt, bestätigt? Und gab es vielleicht nicht doch auch Situationen bei Ihren Eltern, die für Sie zuträglich waren – kurze Momente oder Perioden vielleicht, bestimmte Ferien oder einfach Situationen, die ›gut‹ waren? Es ist wichtig, dass Sie sich auf diese Art allmählich aus dem Gewebe der Vergangenheit und aus Ihren eigenen Reaktionen innerhalb dieses Gewebes lösen; denn diese Reaktionen bestimmen die Art, wie Sie Beziehungen eingehen oder vermeiden.

Die Beziehung zu unserem Partner

Wenn Sie sich auf die Suche nach einem Partner machen, wonach suchen Sie dann? Oft sind Sie auf der Suche nach etwas, was Ihnen in Ihrer Jugend gefehlt hat oder worüber Sie selbst in dieser Form nicht verfügen; man könnte sagen: das fehlende Puzzlestückchen. Vielleicht vermissten Sie zwei Arme, die Sie umarmen, Unterstützung oder einfach jemanden, der Ihnen zuhörte, und danach gehen Sie jetzt auf die Suche. Denn das ist etwas, was Sie vom anderen ersehnen.

Gleichzeitig gibt es vielleicht etwas, was Sie gerne geben möchten. Sie möchten vielleicht gerne für jemanden sorgen, Verantwortung tragen, denn das haben Sie immer schon getan; also suchen Sie jemanden, dem Sie das angedeihen lassen können. Beim Suchen nach einem Partner sind Sie also vielleicht nicht völlig blind, aber Ihr Blick ist durchaus getrübt.

Wie erkennen Sie den anderen als einen möglichen Weggenossen? Das ist eine sehr spannende Frage, denn viele Menschen finden einen Partner, der zahlreiche Übereinstimmungen mit einem Elternteil zeigt. So verlangen Sie zum Beispiel nach Liebe und Intimität, doch Sie finden einen Partner, der das nicht ohne weiteres geben kann. Also müssen Sie von neuem den Kampf auf sich nehmen, um sich diese Liebe zu verdienen, indem Sie sich enorm anstrengen, Ihr Bestes zu geben, oder übertrieben sorgsam sind in Bezug auf den anderen. Warum ist das so?

Es gibt das Phänomen des unbewussten Dranges, jene Situationen bewusst zu suchen, die Sie in die Lage versetzen, etwas, was Ihnen früher nicht gelungen ist, erneut zu probieren, wobei Sie hoffen, dass es jetzt tatsächlich gelingt. Sie haben Ihren Vater oder Ihre Mutter nicht verbessern können, doch bei dem Mann oder der Frau, die Sie sich jetzt als Partner ausgesucht haben, wird es ganz bestimmt gelingen. Ihr Vater war vielleicht sehr aggressiv oder Alkoholiker, und zufällig begegnen Sie einem Partner, der sich auch als aggressiver Alkoholiker entpuppt. Dieses ist die ultimative Chance, sowohl Ihren Vater als auch Ihren Partner zu verändern! Doch meistens gelingt das nicht, gerade deswegen, weil Sie auf diesem Gebiet schon so verletzbar sind (und weil ein Alkoholiker fast nicht zu ändern ist).

Welche Aspekte innerhalb einer Beziehung sind für Sie von wesentlicher Bedeutung? Vielleicht, dass Sie miteinander reden können, sich berühren, dass Sie Ihre Gefühle und Schmerzen miteinander teilen, dass Sie miteinander schlafen, dass Sie sich anblicken können, zusammen etwas unternehmen, zusammen eine Arbeit durchführen, sich miteinander konfrontieren, miteinander streiten, immer einer Meinung sein können, dass Sie machen können was Sie wollen, vielleicht auch andere Beziehungen eingehen, dass Sie selbst die Macht behalten? Ist Ihr Gefühl einer wirklichen, echten Beziehung beschränkt auf Ihren Partner, oder erfahren Sie dieselbe Intensität auch mit Freunden, Familie, Kunst, Religion, in der Natur oder beim Alleinsein? Woraus versuchen Sie Ihre Befriedigung zu ziehen, und wie sieht das dann aus?

Meistens werden Sie zu der Entdeckung kommen, dass es eine bestimmte zwanghafte und fanatische Zielstrebigkeit ist, die sich auf ›etwas‹ richtet, eine ganz bestimmte Beziehung (oft eine, die Ihnen jetzt gerade fehlt), von der Sie denken, hoffen, erwarten, dass sie ›es‹ Ihnen bieten wird. Oft ist das der Prinz auf dem weißen Pferd oder der Beschützer/der Geliebte bzw. die Heilige/die Geliebte. Und nach dieser können Sie Ihr Leben lang suchen, ohne sie je zu finden, während Sie sich selbst vorwerfen, es sei Ihre Schuld, dass diese Beziehung niemals wirklich zustande kommt.

Zwischen die Beziehung zu unserem Partner oder zu dem bzw. der Unbekannten, der/die unser Partner (oder Freund/Freundin) werden kann, schiebt sich unmittelbar eine Art Vorhang, der gewissermaßen gefärbt ist durch die Beziehung zu unserem Vater und unserer Mutter und von deren gegenseitiger Beziehung. Selbst wenn wir einen anderen Mann oder eine andere Frau betrachten, schiebt sich sofort ein Bild mit allen Ängsten und Sehnsüchten dazwischen. Wenn Sie als Mann mit einer Frau zu tun haben, legen sich unbewusst auch Ihre Ängste, Vorurteile, Erfahrungen, Ihre Hoffnungen, Ihre unbefriedigten Wünsche in Bezug auf Ihre Mutter dazwischen, oft verstärkt durch frühere Beziehungen, die Sie mit Frauen gehabt haben. Wenn die Beziehung zu Ihrer Mutter so beschaffen war, dass Sie sich innerlich immer gewissermaßen panzern mussten, werden Sie möglicherweise immer die Hoffnung hegen, dass Sie sich jetzt dieser Frau vollständig hingeben können, und gleichzeitig werden Sie vielleicht große Angst davor haben. Wenn die Beziehung zu Ihrer Mutter so beschaffen war, dass sie Sie machtlos machte, weil sie sich immer über Ihre Grenzen hinweggesetzt hat, kann es sein, dass jetzt die Neigung besteht, sich selbst sofort vorbehaltlos einzubringen oder im Gegenteil den anderen in einem gewissen Abstand zu halten, sobald er oder sie Ihnen näher kommen will.

Wenn Sie als Frau mit einem Mann zu tun haben, spielen unverarbeitete Gefühle, die mit Ihrer Beziehung zu Ihrem Vater zusammenhängen, eine Rolle. Sie wollen zum Beispiel diesen

Mann ›verbessern‹ oder suchen krampfhaft den Schutz, den Sie entbehrt haben, oder Sie vertrauen eigentlich keinem einzigen Mann mehr, oder aber liefern sich ihm total aus, weil das offenbar die einzige Art ist, Liebe zu empfangen. Das macht eine Beziehung oft sehr kompliziert.

Vor allem bei explosiven Emotionen und dramatischen Geschehnissen wie zum Beispiel einer Scheidung tritt das stark in den Vordergrund. Die Wut gegenüber Ihrem Partner, der Sie im Stich lässt, ist eine berechtigte Wut, vor allem wenn er/sie einfach auszieht oder schon eine geraume Zeit lang eine andere Beziehung nebenher pflegte. Doch außerdem ist noch eine Wut mit im Spiel, die sich eigentlich gegen Ihren Vater richtet – der Sie vielleicht auch niemals wahrgenommen hat oder im Stich ließ – und die jetzt, durch die Abwendung Ihres Partners, von neuem aufsteigt. Es ist sehr wichtig, diese Wut dort zu situieren, wo sie hingehört, nämlich bei Ihrem Vater, und sie trotzdem noch zu äußern (selbst wenn er bereits verstorben ist). Außerdem haben Sie vielleicht auch bestimmte Sehnsüchte oder Enttäuschungen, die Sie in Bezug auf Ihren Vater hegten, auf Ihren Partner projiziert, der Ihnen niemals entsprechen konnte, weil er eben nicht Ihr Vater ist. Auch diese Gefühle müssen Sie also für Ihren Vater reservieren. Und wenn Sie beide – die Wut und die Sehnsucht in Bezug auf Ihren Vater – als solche ausfindig gemacht haben, können Sie vielleicht realistischer auf Ihren Partner blicken und ihm gegenüber die Gefühle äußern, die tatsächlich für ihn bestimmt sind.

Diese Verwirrung spielt sich natürlicherweise immer ab. Die Aggression, die Machtlosigkeit oder Angst, die ein Mann in Bezug auf seine Frau fühlen kann, ist zu einem großen Teil auch immer Reaktion auf seine Mutter. Eine Frau, die versucht, dies zu ändern, steht eigentlich immer vor einer unlösbaren Aufgabe. Solange die Mutter das innere Feld nicht geräumt hat, kann sich eigentlich nur wenig ändern. Dies alles ist ein Bewusstwerdungsprozess, der nicht nur viel Zeit kostet, beide Partner müssen diesen Prozess auch bewusst eingehen wollen und können. Sonst bleiben beide dabei, ihre jeweiligen Elternbilder auf den anderen zu projizieren, und es entsteht niemals eine echte Beziehung von Du zu Du.

Neben der wichtigen Aufgabe, die eigenen Projektionen zu erkennen und zu eliminieren, ist es wichtig, auch die eigenen Kind-Reaktionen unschädlich zu machen. Ihr Partner kann nicht immer hundertprozentig auf Ihrer Seite stehen und für Sie da sein, das ist eine Kindersehnsucht, die Sehnsucht des Kindes nach einem idealen Elternteil, verstärkt durch die Angst, von einem Elternteil verlassen zu werden, der wegläuft. Sie können nicht immer einer Meinung sein mit Ihrem Partner: Das Modell der hundertprozentigen Harmonie ist eine Sehnsucht des ängstlichen Kindes. Genauso wenig können Sie eine intime Beziehung haben und gleichzeitig total unabhängig sein: Das ist eine Doppelbödigkeit, die das Kind bei seinen Eltern erfuhr und die es in einen inneren Konflikt zwischen seiner Bindungsangst und der Angst, verlassen zu werden, brachte.

Was können Sie also in Ihrer eigenen Beziehung bewirken? Betrachten Sie einmal unvoreingenommen Ihre Irritationen, die Momente, in denen Sie wütend werden, und probieren Sie dem nachzuspüren, was wirklich mit diesem Partner und was dagegen mit einem Elternteil zu tun hat. Tun Sie dann dasselbe mit Ihren Sehnsüchten: Welches sind die eines Erwachsenen und welches sind die eines Kindes?

Betrachten Sie dann auf dieselbe Art einmal Ihre Reaktionen. Sind es Reaktionen eines Erwachsenen auf Handlungen eines Erwachsenen, oder schiebt sich plötzlich das Kind dazwischen, das immer noch böse oder ängstlich ist, oder sich im Stich gelassen fühlt? Gelingt es Ihnen, diese Reaktionen wenigstens ein wenig zur Seite zu schieben? Wie auch immer es sein mag, dies ist etwas, was Sie selbst lösen müssen. Ihr Partner kann das nicht für Sie tun.

Die Beziehung zu unseren Kindern

Wenn Sie mit einem Partner länger zusammenleben und es geht gut, dann entsteht oft das Bedürfnis, die Beziehung zu bekräftigen, indem man gemeinsame Kinder hat oder sie adoptiert. Das ist eine merkwürdige Sehnsucht. Natürlich spielt die Sexualität dabei eine Rolle, doch die Sehnsucht wurzelt viel tiefer. Auch heute, nachdem Verhütungsmittel das Kinderkriegen von der Sexualität losgekoppelt haben, bleibt der Wunsch nach einem Kind genauso stark und mit positiven Erwartungen verknüpft. Eine tiefe Sehnsucht scheint befriedigt zu werden, wenn ein Kind im mütterlichen Schoß gespürt wird, beim Stillen, Festhalten, beim Anblicken und Verhätscheln, in der Sorge, in der Erfahrung der einzigartigen Verbindung, die Sie mit einem Kind fühlen können. Doch mitten durch all diese positiven Erfahrungen ziehen sich die Ängste, Unsicherheiten, Irritationen, Enttäuschungen, Widerstände und Konflikte.

Es ist viel geschrieben worden über den traumatischen Charakter bestimmter Jugenderfahrungen, doch es gibt nur wenig Literatur zu der Frage, wie Probleme mit unseren Kindern uns erschüttern können. In der Beziehung zu unseren Kindern spielt die eigene Jugend eine große Rolle. Wir bemerken, dass wir für bestimmte Aspekte der Elternschaft kein Vorbild gehabt haben und daher auch nicht wissen, was wir tun sollen. Wenn wir niemals echt berührt wurden, wie berühren wir dann ein Kind? Wenn Ihre Eltern mit Ihnen niemals über Intimität und Sexualität gesprochen haben, wie tun Sie das dann mit Ihren Kindern? In solchen Momenten können Sie sich außerordentlich unbeholfen vorkommen.

Ein weiterer Aspekt: Es kann sein, dass Sie, ohne es zu wollen, bestimmte erzieherische Muster, unter denen Sie selbst gelitten haben, bei Ihren eigenen Kindern zu wiederholen beginnen. Sie wollen zwar alles anders machen, aber Sie wissen einfach nicht wie, und bevor Sie es bemerken, wiederholen Sie die Worte, Ausdrücke oder Drohungen Ihrer Eltern. Wenn Sie so etwas bei sich selbst bemerken, ist Ihnen das oft sehr peinlich. Sie sehen, wie rasch Sie trotz aller guten Absichten in Wiederholungen verfallen und dass es fast unmöglich ist, die Dinge anders zu tun.

Außerdem kann ein Kind es Ihnen sehr schwer machen. Es kann zum Beispiel viel heulen oder es will nicht schlafen, es kann aggressiv sein, es kann schwierig sein, einen besseren Kontakt zu ihm zu bekommen, in der Schule kann es Lernschwierigkeiten haben oder es wird vielleicht in der Klasse gehänselt, es kann an die falschen Freunde, Alkohol oder Drogen geraten. Es kann schließlich einen Partner wählen, den Sie überhaupt nicht ausstehen können. Und das alles, während Sie doch immer Ihr Bestes gegeben haben, um es recht zu machen, um eine echte Beziehung aufzubauen und vor allem: es besser zu machen als Ihre Eltern. Das ist hart und nur schwer zu akzeptieren.

Es ist fast undenkbar, dass Ihnen als Eltern das Wohl und Weh Ihres Kindes nicht irgendwie zu Herzen geht. Einerseits, weil Sie Ihr Kind wirklich lieben, andererseits, weil Sie in dieselben Verhaltensweisen verfallen wie in Bezug auf Ihre eigenen Eltern: Alles, was geschieht, nehmen Sie persönlich. Ihr Kind ist in gewisser Hinsicht der lebende Beweis Ihrer Fähigkeiten als Erzieher, und wenn es mit Ihrem Kind nicht so gut geht, dann spüren Sie, dass Sie als Eltern versagt haben und jeder das sehen kann.

Das ist nicht immer so gewesen. Jahrtausendelang war die Eltern-Kind-Beziehung mehr auf die Tatsache gegründet, dass man einander beim Leben und Überleben half. Eltern gaben ihrem Kind Nahrung, Sicherheit und Schutz, danach musste es mitarbeiten, daraufhin baute es eine eigene Familie auf, und schließlich sorgte es für die hilfsbedürftig gewordenen Eltern. Doch spätestens seit dem Zweiten Weltkrieg war es nicht mehr notwendig, als Kind schon mitzuarbeiten; und die Versorgung in der letzten Lebensphase wurde durch gesellschaftliche Instanzen übernommen, die für Renten, Arbeitslosenunterstützung und schließlich Altenheimplätze sorgten.

Die Generation, die seit den fünfziger Jahren heranwuchs und heute erwachsene Kinder hat, bekam zwar die materielle

Basis mit, doch ihr fehlte die Wärme und Intimität, die ihre Elterngeneration (wegen des Kriegs und anderer Ängste) nicht hatte geben können. Dadurch wurde der Akzent vom Materiellen ins Psychologische verschoben, wodurch auch die Psychotherapie eine enorme Aufwertung erfuhr. Sagte die vorige Generation: »Wir geben dir doch alles, was du materiell brauchst, also sei doch dankbar«, so sagt die nächste: »Wir geben dir doch alle Aufmerksamkeit und Intimität, die wir zu geben vermögen, und trotzdem geht es nicht gut.«

Darin liegt eine gewisse Tragik, es ist, als läge das Gelobte Land doch niemals dort, wo wir es erhoffen. Und wenn dann mit Ihrem Kind tatsächlich etwas ›schief‹ zu gehen droht, ist das sehr schmerzlich. Wir können und dürfen uns dieser Erkenntnis nicht entziehen. Es ist eine Lebenstatsache.

Natürlich tragen wir eine große Verantwortung für die Entwicklung unseres Kindes, und es ist wichtig, offen und intim zu sein und gleichzeitig Grenzen zu setzen. Doch wir selbst sind trotz unseres Erwachsenseins irgendwo auch noch Kinder. Bestimmte Probleme haben wir selbst noch nicht zu Ende verarbeitet, und dadurch weist unsere Erziehung noch allerlei ›Löcher‹ auf. In gewisser Hinsicht ist unser Kind ein ›Opfer‹ dieser Tatsache. Aber auch Ihr Kind hat wahrscheinlich eine ganze Reihe weniger netter Charakterzüge, deren ›Opfer‹ wiederum Sie sind. Das ist fast unvermeidlich. Das Wichtigste in diesem Zusammenhang ist, zu erkennen, dass es sich so verhält, und zu lernen, unsere Probleme bei uns selbst zu lassen und sie nicht auf das Kind zu projizieren.

Wenn Sie beispielsweise auf Ihr Kind wütend sind, handelt es sich dann ausschließlich um eine Wut auf das, was das Kind getan hat, oder verbirgt sich darin auch eine Portion Wut auf Ihre Eltern oder Ihren Partner? Und wenn Sie sich vor Ihrem Kind schämen, ist das dann vielleicht auch Scham vor sich selbst? Oder wenn Sie sich enttäuscht fühlen, weil Ihr Kind Ihre Erwartungen nicht so erfüllt, dass Sie stolz auf es sein können – haben Sie nicht selbst unter Umständen etwas versäumt, sodass Sie also nicht stolz auf sich sein können? Auch hier gilt: Es ist wichtig, all diese Elemente selbst zu entdecken und sie nicht auf Ihr Kind zu projizieren.

Doch das Allerwichtigste besteht darin, dass Sie bereit sind, Fehler zuzugeben. Können Sie »Entschuldigung« sagen? Können Sie zugeben, dass Sie sehr wütend oder vorwurfsvoll waren, dass dies jedoch mit Ihnen selbst zusammenhing, mit Ihren eigenen Frustrationen, Ihrem Selbsthass, Ihren Unsicherheiten? Sind sie überhaupt in der Lage, Ihren Kindern Ihre eigenen Gefühle zu zeigen? Können Sie ihnen *Ihre* Gefühle als solche zeigen, etwas, was sie zwar mit ihnen teilen, womit Sie sie jedoch nicht belasten? Können Sie für sie sorgen, ohne eine Gegenleistung zu erwarten? Ist Ihre Liebe einfach Liebe, ohne jede weitere Bedingung?

Wenn Sie dies versuchen, werden Sie immer wieder mit Ihrer eigenen Ohnmacht, Ihren Ängsten und inneren Widerständen konfrontiert. Jedes Mal, wenn Sie Ihr Kind bedingungslos unterstützen oder ihm Liebe zukommen lassen, reizt es dasjenige in Ihnen, was dies nicht erfahren durfte. Doch wenn es Ihnen gelingt, das zur Seite zu schieben und für sich zu lösen, und dabei trotzdem geben, so gut Sie können, wird etwas in Ihnen geheilt. Die bedingungslose Liebe, die Sie Ihrem Kind schenken, geben Sie auch sich selbst und füllen damit ein ganz kleines bisschen die Löcher in Ihrem Herzen.

›Bedingungslos‹ bedeutet, dass Sie Ihrem Kind auch seine Eigenheit zugestehen, dass Sie Grenzen errichten können, aber dennoch loslassen. Ein Kind ist nicht dazu da, Ihre Erwartungen zu erfüllen! Wenn Sie den gegenteiligen Standpunkt einnehmen, beschwören Sie nicht nur Schwierigkeiten herauf, sondern Sie werden Ihrem Kind auf schmerzliche Weise nicht gerecht. Das Kind muss lernen, sein eigenes Leben zu führen und selbst zu entdecken, was es entdecken muss. Darum müssen Sie es loslassen, auch wenn es schwierig ist und weh tut. Das fällt besonders schwer, wenn Ihr Kind während dieses Ablösungsprozesses in Schwierigkeiten gerät.

Es ist fast unmöglich, dass Sie sich wohlfühlen, wenn Ihr Kind

Probleme hat. Es nagt ständig an Ihnen, manchmal noch stärker, als wenn es Ihrem Partner nicht gut geht. Ich meine, dass dies ein ganz ›altes‹ Gefühl ist, das Ihnen gewissermaßen in den Knochen steckt. Zum Beispiel ›fressen‹ Eltern sich manchmal innerlich geradezu selbst auf, wenn ihr Kind todkrank ist oder, noch schlimmer, drogenabhängig geworden ist. Die Verzweiflung, die Wut ist berechtigt. Es ist die Sehnsucht des Erwachsenen, es möge seinem Kind gut gehen; und wenn dies nicht der Fall ist, tut es weh. Doch gelingt es Ihnen, diesen Schmerz zu fühlen, ohne sich selbst Vorwürfe zu machen? Können Sie auch sehen, dass das Kind ein selbstständiger Erwachsener wird, dass da Raum entsteht, in dem das erwachsene Kind die Verantwortung für sein eigenes Schicksal und für jede Entscheidung, die es trifft, übernimmt, auch wenn wir nicht damit einverstanden sind?

Ich erinnere mich sehr gut an den Moment, als mein erstes Kind geboren wurde und ich dieses rührende, wunderbare kleine Mädchen dort liegen sah. Mir schoss blitzartig folgender Gedanke durch den Kopf: »Ich kann sie nicht mehr zurückschicken! Ihr Leben und mein Leben sind von jetzt an miteinander verwoben, und ich werde mir immer, immer Sorgen machen um alles, was mit ihr geschieht, ich werde froh sein, wenn es ihr gut geht, und ich werde unruhig sein, wenn Probleme auftauchen.« So war es, und so ist es bis heute geblieben.

Kein Partner – keine Kinder

Der Kampf mit dem, was wir nicht haben, ist oft schmerzlicher und komplizierter als der Kampf mit dem, was wir haben. Wenn Ihr Partner kein echter Partner ist oder wenn sie einfach keinen Partner haben, können Sie ungestört all Ihre Sehnsüchte und Ihr Verlangen auf den ›fehlenden Partner‹ projizieren. Dasselbe gilt für ›fehlende Kinder‹. Wenn Sie keine Kinder haben, können Sie leicht alles, womit Sie nicht zufrieden sind, diesem Mangel in die Schuhe schieben.

Das, was nicht da ist, kann dadurch viel bestimmender werden als das, was da ist. Es ist dann tatsächlich fast unmöglich, eine *echte* Konfrontation einzugehen, das heißt eine Konfrontation, wie sie entsteht, wenn man tatsächlich einen Partner oder Kinder hat. So findet in keiner Weise eine Korrektur oder Richtungsänderung statt, und das macht die Sache oft sehr kompliziert.

Außerdem heißt Alleinsein hier, dass Sie tatsächlich allein sind. Das, was nicht da ist, ist tatsächlich nicht vorhanden! Sie kommen allein nach Hause und es ist niemand da, dem Sie erzählen können, wie Ihr Tag war. Wenn Sie jemanden treffen wollen, müssen Sie immer einen Termin abmachen, und manchmal bleiben die Kontakte mit Freunden, selbst wenn Sie sie schon jahrelang kennen, doch oberflächlich. Und wenn Sie irgendwo allein essen gehen oder ins Kino, sitzen Sie auch immer zwischen irgendwelchen Paaren, wodurch Sie ständig mit Ihrem Alleinsein konfrontiert werden. Das Alleinsein wirklich zuzulassen ist nicht einfach, weil es immer ein Gefühl der Entbehrung hervorruft, und das ist oft ein altes Gefühl. Ihnen fehlt jemand, der Sie sieht, der Ihnen zuhört, Sie berührt, der einfach da ist – und das ist genau das, was Ihnen auch früher schon sehr oft fehlte.

Genauso wie sich bei einer Partnerbeziehung die Kind-Eltern-Beziehung gewissermaßen dazwischenschiebt, so schiebt sich beim Alleinsein das alte Gefühl der Einsamkeit und des Abgewiesenwerdens wie ein Schatten dazwischen, der sich über Ihr Leben legt: ungreifbar und nur schwer zu bekämpfen. Die wichtigste Tat besteht nun darin, diesem alten Schatten einen Ort zu geben. Die Einsamkeit ist die Einsamkeit des Kindes, das nichts tun konnte, das abhängig oder machtlos war. Können Sie dieses Kind gewissermaßen auf den Schoß nehmen und ganz nahe zu sich heranziehen, ohne dass es fortwährend alles bestimmt?

Wenn Sie dieser alten Einsamkeit und der Angst vor ihr einen Ort geben können, ist es vielleicht etwas einfacher, das Alleinsein zu akzeptieren. Und wenn Sie weniger auf das Gefühl fixiert sind, keinen Partner zu haben, bemerken Sie vielleicht, dass Sie niemals völlig allein sind. Alles geschieht in Verbundenheit mit der Welt um Sie herum. Das Leben winkt Ihnen ständig zu. Sie können sich davor verschließen oder öffnen. Das Finden eines Partners aber haben Sie nicht selbst in der Hand.

Wenn Sie es wagen, sich der Erfahrung auszusetzen, dass die Wirklichkeit so ist, wie sie jetzt ist, sind Sie freier, um von dieser Basis aus zum Handeln zu kommen oder einfach das Dasein Ihrer Freunde oder Ihre Freiheit zu genießen. Dann ist das bedrückende Gefühl verschwunden, dass etwas fehlt, dass Ihr Glück ausschließlich davon abhängt, ob Sie eine Beziehung haben oder nicht.

Dasselbe gilt für das Nicht-Haben von Kindern. Das Verlangen, Kinder zu haben, kann sehr groß sein. Kinder können Ihnen ein bestimmtes Gefühl der Erfüllung geben, das umfassender ist als zum Beispiel das durch eine gute Stelle vermittelte. Es ist ein Verlangen, eine Sehnsucht, die viel tiefer liegt als die materiellen Sehnsüchte oder das Verlangen nach einem Partner. Und wenn Sie sich ständig mit dieser Sehnsucht befassen, kann sie zu einem nagenden, schmerzenden Gefühl werden, wie eine offene Wunde, die sich niemals ganz schließt.

Ich bin mir dessen bewusst, dass es mir eigentlich nicht zusteht, hierüber viel zu sagen. Ich selbst habe drei Kinder (und schon dreißig Jahre dieselbe Partnerin), eigentlich kann ich nur aufgrund von Erfahrungen anderer sprechen. Meiner Einschätzung nach ist es vor allem wichtig, die Entbehrung nicht zu leugnen und die Tränen darüber nicht zurückzuhalten. Aber es ist auch gut, für sich klarzustellen, dass Kinder einen zwar sehr glücklich machen, aber auch total zum Wahnsinn treiben können. Es gibt nur sehr wenig Eltern, denen es gelingt, eine unterstützende und zugleich begrenzende und liebevolle Umgebung zu schaffen und zusammen mit ihren Kindern glücklich zu sein. Das ist die Realität, und die haben wir meistens nicht selbst in der Hand. So ist das Gefühl zweischneidig: Wenn Sie keine Kinder haben, wissen Sie nicht, wie viel Befriedigung Ihnen entgeht; doch Sie wissen auch nicht, wie viel Elend Ihnen erspart geblieben ist. Niemand weiß das. Vielleicht kann Ihnen dieser Gedankengang helfen, einen Teil Ihrer Projektionen und Erwartungen in Bezug auf Kinder loszulassen.

Das Verlangen nach einem Partner oder Kindern ist etwas vollkommen Berechtigtes. Und wenn Sie keinen Partner oder keine Kinder haben, so schmerzt das. Doch sobald Sie sich auf etwas fixieren, was *nicht* ist, geraten Sie in eine Sackgasse, aus der Sie nicht mehr herauskommen. Darum ist es so wichtig, auf die Beziehungen hinzublicken, die tatsächlich vorhanden sind, und Wege zu suchen, wie sie diese vertiefen und erweitern können.

Die Beziehung zu anderen

Die Beziehung, die Sie zu sich selbst haben, ist die Basis für Ihre Beziehung zu anderen Menschen. Wenn Sie sich selbst wertlos finden, können Sie die Neigung entwickeln, andere noch wertloser zu finden, und sich auf die Suche nach deren Schwächen begeben. Eine andere Möglichkeit ist die, dass Sie andere immer viel besser finden als sich selbst und sie sozusagen auf ein Podest stellen. Von diesem Podest fallen sie dann zu einem bestimmten Zeitpunkt herunter. Wenn es Ihnen aber gelingt, sich selbst mehr zu lieben, wird es auch einfacher für Sie, andere zu lieben, ungeachtet dessen, ob sie Ihre Liebe erwidern. Aber das ist nicht das Einzige.

Die Familie, in der Sie aufgewachsen sind, war nicht nur ein Spiegel Ihrer Beziehung zu sich selbst, sondern sie war auch Vorbild dafür, wie Sie mit anderen umgehen. Dies reicht viel tiefer, als Sie zunächst denken mögen. Wenn Sie beispielsweise in einer Familie aufwuchsen, in der Beziehungen primär aus intellektuellen Streitgesprächen oder kaltem Machtkampf bestanden, dann ist das der Nährboden, auf welchem sich Ihr Gefühl, wie Beziehungen beschaffen zu sein haben, bildete. Auch dies wiederum kann sich in zwei verschiedene Richtungen entwickeln: Entweder Sie imitieren diese Form oder Sie entwickeln ein irreales Idealbild, bei dem Sie von einer Enttäuschung in die nächste fallen, sobald der andere nicht exakt Ihren Vorstellungen entsprechend handelt. Doch in beiden Fällen ist Ihr Gefühl, wie eine Beziehung beschaffen zu sein hat, durch die Vergangenheit so weit gefärbt, dass es Sie Mühe kostet, eine Brücke von Ihrem So-Sein zu den anderen zu schlagen.

Bei unseren schüchternen Versuchen als Kind und später in der Pubertät eine Beziehung mit der Welt um uns herum einzugehen, erfahren wir keineswegs immer nur Hilfen. Brüder, Schwestern, Klassenkameraden und Lehrer können eine ermutigende, aber auch eine sehr destruktive Rolle in Bezug darauf spielen, wie wir uns mit der Welt verbinden. Kleinigkeiten wie rote Haare, abweichende Kleidung, abweichendes Verhalten, Lernprobleme oder eine Überempfindlichkeit können der Anlass gewesen sein, Sie abzuweisen, Sie herunterzuputzen, zu ärgern, auszuschließen oder herunterzuziehen. So werden Sie noch empfindlicher, als Sie vielleicht schon waren, ja es mag sein, dass Sie dadurch fürs Leben gezeichnet werden. Es kommt durchaus vor, dass Lehrer ihre eigenen Frustrationen an den Schülern abreagieren. Und dagegen können Sie sich – in einem so jugendlichen Alter – nicht wehren, es sei denn, indem Sie sich immer mehr in sich zurückziehen. Auch diese Erfahrungen können sich bei späteren Beziehungen gewissermaßen dazwischenschieben. Die Angst, abgewiesen oder lächerlich gemacht zu werden, kann immer anwesend bleiben, selbst dann, wenn Sie, vielleicht um sich selbst zu beweisen, einen Beruf gewählt haben, in dem Sie viel mit Menschen zusammenarbeiten.

Neben diesen psychologischen Aspekten gibt es auch noch archetypische Kräfte, die Beziehungen bestimmen. Auf welche Kulturperiode oder auf welche Kultur Sie auch blicken, welche mythischen Geschichten Sie auch lesen, ob es sich nun um Menschen, Tiere oder Naturkräfte handelt – überall und immer geht es um die Suche nach einem Gleichgewicht zwischen Hingabe und Kampf. Das vergessen wir sehr gern. Was wir in einer Beziehung suchen, ist eine ganz bestimmte, stabile Situation, ein kontinuierlicher, angenehmer Zustand. Doch jede Beziehung ist ein fortdauerndes In-Bewegung-Sein, und in dieser Hinsicht widerspiegelt jede Beziehung die Urkräfte, die unser ganzes Leben bestimmen: einerseits unser Streben nach Intimität und Hingabe, andererseits unser Streben nach Autonomie. Es ist die Manifestation von Veränderung, von Zeit, die ständig in Bewegung ist. Wenn Sie dieses Veränderungselement aus einer Beziehung verbannen, erstarrt und erfriert alles, wird alles unwirklich. Eine echte Beziehung ist etwas, das in Bewegung bleibt, das sich stetig verändert, intensiviert, wieder verflacht, sich vertieft, aufeinander zuwächst oder auseinanderfällt, sich auflöst, verschwindet. Können Sie das tatsächlich akzeptieren? Können Sie auch akzeptieren, dass eine Beziehung unter Umständen nicht so beschaffen ist, wie Sie sie gerne hätten ?

Die erste und wichtigste Frage lautet also: Was sind für Sie die Merkmale einer wirklichen, echten Beziehung? Und wenn Sie das klar sehen können: Welche Aspekte davon sind wesentlich für eine erwachsene, zwischen gleichwertigen Partnern bestehende Beziehung; und welche sind wichtig für Sie im Hinblick auf Ihre Vergangenheit, Ihre unerfüllten Sehnsüchte, Ängste oder Wut?

Dies alles ist an sich schon ein großer Lernprozess, weil es eine Art der Selbsterkenntnis erfordert, die nicht jedem leicht fällt. Wir finden es oft einfacher, unsere Probleme und Frustrationen auf den anderen zu projizieren oder die Schuld beim anderen zu suchen, als selbst dafür einzustehen. Wenn Sie tatsächlich damit anfangen wollen, müssen Sie allmählich schon gelernt haben, dass der andere niemals Ihren Kram aufräumen kann (das funktioniert nicht) und dass auf die Dauer nur eine erwachsene Beziehung zwischen gleichwertigen Partnern, die einander nicht manipulieren oder missbrauchen, ergiebig ist. Dann können Sie anfangen zu sehen, welche Vorurteile, Erwartungen oder Forderungen Ihrem ganz persönlichen Gefühl zugrunde liegen, wie eine Beziehung zu sein habe.

Was sich zwischen Menschen abspielt

Leben entsteht aus Verbindungen: Verbindungen des Menschen mit sich selbst, mit anderen, mit der Natur. Gleichzeitig erzeugen diese Verbindungen vielerlei Probleme. Die meisten Probleme sind Beziehungsprobleme, Gefühle des Unmuts über die Beziehung zwischen Ihnen und der Welt um Sie herum. Wenn Sie einen Partner haben: Probleme. Wenn Sie keinen Partner haben: Probleme. Wenn Sie Arbeit haben: Probleme. Wenn Sie keine Arbeit haben: auch Probleme. Wenn Sie Kinder haben: Probleme. Auch wenn Sie keine Kinder haben – Probleme ...

Meistens machen wir auch ein enormes Aufheben darum. Wir vergessen, dass Beziehungen allein deswegen schon Probleme verursachen, weil sie so einen riesigen Teil unseres Lebens ausmachen und weil sie so eine starke emotionale Ladung mit sich tragen. Wenn wir aufwachsen, sind wir in hohem Maße abhängig von dem, was unsere Umgebung an uns heranträgt. Seit unserer Geburt gibt es einen bestimmten Abstand, der überbrückt werden muss, und das Überbrücken war und ist lebenswichtig. Ohne dieses schaffen wir es nicht, wir sterben. Das Eingehen einer Beziehung ist dadurch für den Rest unseres Lebens stark emotional aufgeladen.

Weil Beziehungen oft nicht optimal verlaufen sind, gibt es von Anfang an eine Kluft, eine grundlegende Spaltung. Und den Rest unseres Lebens versuchen wir, diese Kluft zu überbrücken und sozusagen mit dieser grundlegenden Spaltung zu verhandeln.

Warum dieses Verhandeln? Es rührt daher, dass das Bauen einer Brücke – das heißt die natürliche Bewegung von Geben und Empfangen – in Unordnung geraten ist. Vielleicht ist diese Fähigkeit schon von Natur aus gestört, vielleicht hat sich der Mensch so weit von seinem natürlichen Sein entfernt, dass diese Beziehung nicht mehr von selbst entstehen kann. Vielleicht liegt es nicht nur speziell an dieser Mutter oder jenem Vater, der versagt hat, sondern in der menschlichen Natur als solcher. Vielleicht liegt es tatsächlich in der menschlichen Natur, dass ein schreiendes Baby sowohl den Drang es zu stillen wie auch die Neigung zu Aggression hervorruft; vielleicht widerspiegelt es eine grundlegende Spaltung, die schon bei Adam und Eva begonnen hat.

Wie auch immer – diese Verbindung mit der Welt um uns herum ist selten eine natürliche Bewegung. Von Kindesbeinen an lernen wir, dass wir klagen, manipulieren, drängen, uns zurückziehen oder lieb sein müssen, wenn wir eine Verbindung (Aufmerksamkeit, Wärme, Kontakt, Ernährung) wünschen. Wir lernen, dass es bestimmte Taktiken gibt, die funktionieren. Ein Kind weiß sehr rasch, wie es um ein Eis betteln muss, um die maximale Chance zu haben, ein Ja zu ernten. Und es weiß auch innerhalb kürzester Zeit, dass es bei dem einen Erwachsenen eine andere Taktik anwenden muss als bei dem anderen. Beim Vater bedarf es eines anderen Tons und eines anderen Timings als bei der Mutter oder bei Opa und Oma. Das ist ein fantastischer Lernprozess. Und wer das einmal beherrscht, kann es später auch beim Partner, Freunden, Bekannten oder den eigenen Kindern anwenden.

Statt einer offenen, natürlichen Beziehung entwickeln wir also oft allerlei Strategien. Aber es gibt noch eine grundlegendere Sorge, die sich darunter verbirgt: Ein kleines Kind hat das natürliche Bedürfnis, sich mit etwas zu verbinden. Ohne dieses Sich-Verbinden kann es nicht überleben, wie eine Pflanze, die eine gewisse Menge Wasser braucht, um nicht abzusterben. Es muss nicht immer die gleiche Menge sein, doch ganz ohne Wasser geht es nicht. Es gibt also eine tiefgründige Sorge, die man folgendermaßen umschreiben könnte: »Kommt der Gärtner wohl vorbei? Regnet es wohl oft genug?« Und wenn diese dem Kind notwendige Verbindung mangelhaft ist, gibt es zwei verschiedene Reaktionsmöglichkeiten. Entweder man zieht sich zurück und verschanzt sich hinter einer Mauer: »Ich brauche nichts, lasst mich in Ruhe (ich sterbe irgendwann).« Oder es entsteht ein verzweifeltes Bedürfnis: »Halt mich fest, hilf mir (sonst sterbe ich).« Keine der beiden Strategien wird jedoch zu voller Befriedigung führen. Manchmal sind sogar beide Reaktionsweisen parallel vorhanden, liegen miteinander im Widerstreit oder wechseln sich ab.

Wie spielt sich das nun im Erwachsenenalter ab? Wie wenden Sie sich gebend nach außen? Und wie reagieren Sie, wenn sich jemand bittend an Sie wendet?

Sie sind zwar erwachsen, doch die Muster haben sich nicht prinzipiell verändert. Nun können Sie die Verantwortung dafür Ihren Eltern zuschieben, doch das ändert noch gar nichts. Diese Muster sind nämlich inzwischen *Ihre* Muster geworden, und Ihre persönliche Biografie kann nur dazu beitragen, sie klarer zu sehen. Wenn Sie diese Biografie als Verteidigung benutzen (»Ja, aber das kommt, weil …«), dann manövrieren Sie sich nur noch stärker in den Sumpf. Außerdem können Sie nicht alles aus der Vergangenheit ableiten. Denn es handelt sich um eine grundlegende Spaltung, die mehr mit dem Mensch-Sein als solchem zusammenhängt als mit Ihrer ganz spezifischen persönlichen Vergangenheit.

Diese grundlegende Spaltung hängt mit dem Gefühl zusammen, nicht in Beziehung zu etwas zu stehen. Sie fühlen sich gewissermaßen un-verbunden. Un-eins. Im Stich gelassen. Und auch damit fühlen Sie sich nicht einig. Das können Sie nicht akzeptieren. Sie können es nicht *sein*. Sie vermögen nicht zu sagen: »Okay, so ist es« und einfach darauf zu achten, was auf Sie zukommt, was verbindet und was wieder trennt. Es gelingt Ihnen nicht, wie ein Baum zu empfinden: Wenn es regnet, regnet es, und wenn es trocken ist, ist es trocken. Manchmal lehnt sich ein verliebtes Paar gegen den Stamm oder ein Hund pinkelt dagegen. Ein Baum nimmt Kohlendioxid auf, er gibt Sauerstoff ab, er wächst, wurzelt, bildet Blätter, lässt seine Blätter wieder los und stirbt, fällt um, wird zum Nährboden für allerlei Pilze, Moos und Insekten. Das ist eine natürliche Verbindung.

Das Gefühl, nicht verbunden zu sein mit den anderen, mit der Natur, mit Veränderungen, mit Tag und Nacht – es schneidet uns ab von diesem natürlichen Nährboden. Und weil wir diese Situation auch im Allgemeinen nicht akzeptieren können, nabeln wir uns noch mehr ab. Wir bekommen nicht ausreichend Wasser, aber wir weigern uns aus Wut, unseren Mund zu öffnen, wenn es regnet. Kennen Sie das?

Die grundlegende Spaltung ist darum eine grundlegende Wut. Es ist die Wut darüber, einst aus dem Paradies vertrieben worden zu sein. Wir sind nicht mehr von Natur aus mit etwas verbunden, und das macht uns wütend. Darum beginnt eine Beziehung immer aus einer gewissen Spannung heraus. »Ich versuche es zwar, aber ich glaube nicht daran. Ich habe eigentlich Angst davor, und ich breche sie ab, wenn es wirklich ernst wird. Wenn ich eine Beziehung eingehe, habe ich immer Angst davor, dass der andere Schluss macht.« Jede Beziehung geht mit Emotionen einher, mit Wut, Begierden, Angst, Anziehungskraft, Eifersucht, Verwirrung; Emotionen, die alle aus jener tiefgreifenden Spaltung hervorgegangen sind.

Alles, was sich nicht von Natur aus ergibt, bekommt etwas Künstliches, es geschieht aus einem gewissen Druck oder Drang, einer gewissen Erregung heraus. Diese Erregung entsteht, weil Sie dem *Resultat* Ihrer Handlung eine große Bedeutung beimessen. Sie sind nicht frei. Das Eingehen dieser Verbindung ist nicht frei. Sie erkennen der Art, wie Ihr Lächeln beantwortet wird, einen bestimmten emotionalen Wert zu. Sie brauchen das, Sie brauchen es, sich selbst bestätigt zu sehen, sich vorübergehend wieder etwas besser zu fühlen, Sie brauchen das Gefühl, dass Sie jemand *sind*. Das ist Ihr Selbstgefühl.

Nun können Sie sich fragen, ob Beziehungen ausschließlich aus diesem Selbstgefühl heraus zustande kommen und ob es tatsächlich nicht möglich sein könnte, aus Ihrer Essenz heraus eine Beziehung einzugehen. Natürlich können Beziehungen sich über die Ebene der reinen Persönlichkeit hinausheben; doch das ist oft ein langsamer Prozess, im Laufe dessen die Muster und Strategien Ihres Selbst erst transparenter werden müssen. Wenn Sie den anderen nicht mehr dazu benutzen müssen, etwas in Ihnen selbst zu lösen oder zu ergänzen, kann eine Art von Kontakt entstehen, der Ihr Eigen-Sein dennoch intakt lässt. Sie erfahren das Eins-Sein mit dem anderen als eine Unterstützung der Selbstständigkeit des jeweils anderen, wodurch Intimität und Autonomie sich ergänzen können.

Untersuchen Sie Ihre Beziehungen

Natürlich können Sie warten, bis sich Ihr Partner ändert und Ihren Idealen mehr entspricht, doch die Chance, dass dies eintritt, ist nicht besonders groß, und außerdem bliebe es fraglich, ob sich diese Veränderung in der von Ihnen erhofften Richtung vollzieht. Die einzig wesentliche Veränderungsmöglichkeit liegt bei Ihnen selbst. Das bedeutet an erster Stelle, dass Sie erkennen müssen, was Sie selbst bei Beziehungen gleichsam immer ›dazwischenschieben‹. Welche Projektionen schieben Sie zwischen sich und den anderen? Wie sehen sie aus?

Übung: Was projiziere ich auf den anderen?

Versuchen Sie doch einmal während einiger Wochen, sich folgende Fragen zu beantworten, immer aus realen Situationen heraus, die Sie mit anderen erleben. Blicken Sie ehrlich und schonungslos auf sich selbst. Was sind Ihre verborgenen Motive, Gefühle, Impulse? Nur wirklich ehrliche Antworten können eine Basis für Änderungsprozesse bilden.

Wo liegen Ihre Mängel?
- Wofür brauchen Sie den anderen?
- Welchen Forderungen soll der andere genügen?
- Bei welchen Dingen bestimmen Sie, was geschieht?
- Welchen Vorteil hat es für Sie, wenn Sie die Machtverhältnisse nicht ändern?
- Was projizieren Sie auf den anderen? Was ist es, das Sie sich nicht anzugehen trauen?

Was schiebt sich dazwischen?

- Welchen Forderungen genügt der andere Ihrer Meinung nach nicht?
- Inwieweit hängt das mit Ihren eigenen unerfüllten Wünschen zusammen?
- Inwieweit sind diese mit Wünschen verbunden, die aus Ihrer Kindheit, in Bezug auf Ihre Eltern stammen?
- Welches sind Ihre allgemeinen Gefühle in Bezug auf Männer/Frauen? Fangen Sie an mit: »Eine Mann/eine Frau *muss* ...« und setzen Sie dann fort.
- Was waren einschneidende Erfahrungen in Bezug auf Ihren Vater und Ihre Mutter? Haben Sie dasselbe Gefühl immer noch bei jemandem desselben Geschlechts (»Ein Mann lässt dich doch im Stich« / »Eine Frau gibt dir niemals wirklich alle Wärme, die sie geben kann«)?
- Inwieweit sind Sie der Meinung, dass Ihr Partner alte Entbehrungen gutmachen muss (»Mein Partner muss immer für mich sorgen«)?

Wie offen sind Sie?

- Fragen Sie sich: Hat meine Reaktion auf diese Gefühle direkt damit zu tun, wie mein Partner sich verhält, oder spielt dabei auch etwas anderes mit (alte Wut, alte Angst, alter Schmerz oder Gefühle einem anderen – z.B. Ihrem Chef - gegenüber)?
- Fragen Sie sich: Ist das, was ich jetzt dem anderen zeige, wirklich das, was ich fühle, oder sind es indirekte, entgegengesetzte oder andersartige Botschaften? (z.B.: Ich sehne mich nach Hilfe, aber sage aus einer Opferhaltung heraus, dass ich es allein kann.)
- Fragen Sie sich: Handelt es sich um eine Beziehung zwischen gleichwertigen Partnern oder herrscht ein Macht-Ungleichgewicht? Und wenn Sie es sind, der die Macht besitzt, warum wollen Sie sie aufrechterhalten? Wenn Sie das Opfer sind, warum setzen Sie diese Rolle fort?

Gehen Sie Konfrontationen ein?

- Wem oder was gehen Sie gerade aus dem Weg? Zunächst in Bezug auf sich selbst? Was wollen Sie von sich selbst lieber nicht sehen? Haben Sie bestimmte grausame Seiten (z.B. den anderen subtil bloßstellen, indem Sie negative Eigenschaften etwas stärker betonen oder positive schmälern), die Sie nicht zuzugeben wagen? Wie verhalten Sie sich, wenn Sie eine bestimmte Position in Bezug auf den anderen einnehmen? Wie ist Ihre Reaktion, wenn dieser andere Ihre Position nicht bestätigt, respektiert oder Sie sogar auffliegen lässt?
- Wem oder was gehen Sie in Bezug auf den anderen aus dem Weg? In Bezug auf was wagen Sie es nicht, eine Konfrontation einzugehen? Wann sagen Sie Ja, wenn Sie eigentlich Nein meinen? Wovor haben Sie Angst? Inwieweit hängt das mit ›früher‹ zusammen?
- Inwieweit fühlen Sie sich immer abhängig von einem bestimmten Resultat bei jedem Kontakt? (»Wenn ich lieb bin, muss der andere auch lieb sein.«)
- Fragen Sie sich direkt und ohne Umschweife, was Sie wünschen, wonach Sie sich sehnen (und akzeptieren Sie, dass der andere unter Umständen Nein sagt), oder reagieren Sie durch indirekte Vorwürfe?

Wenn Sie immer tiefer zu den verborgenen Triebfedern Ihrer Beziehungen vordringen, ist das oft sehr enthüllend. Zugleich entsteht auch etwas mehr Raum zwischen Vergangenheit und Jetzt. Sie erkennen alte Reaktionsmuster, und allmählich schieben diese sich nicht mehr unbewusst dazwischen. Dadurch entsteht eine gewisse Freiheit. Sie werden nicht mehr automatisch von der Vergangenheit bestimmt, sie verliert ihre Gewalt über Sie. Außerdem können Sie dadurch die Wirklichkeit erfahren, wie sie ist. Sie erfahren Ihre eigenen Probleme tatsächlich als Ihre eigenen; Sie brauchen sie nicht mehr auf die anderen zu projizieren. Sie fühlen, dass Sie für Ihre Bedürfnisse selbst aufkommen müssen und nicht den anderen dafür benutzen sollten.

Zunächst kann das eine Art Panik hervorrufen. Sie verfügen plötzlich nicht mehr über die alten Ausflüchte, Sie können Ihre Frustrationen nicht mehr beim anderen deponieren. Es ist, als würden Sie Ihre verborgenen Seiten plötzlich offen und unverhüllt in einem Spiegel sehen, und das ist meistens nicht sehr angenehm. Doch gleichzeitig kann dies auch zu einer enormen Erleichterung führen und zur Basis für einen tieferen Kontakt mit sich selbst und dem anderen werden.

Die kosmische Beziehung

Klarheit über Ihre Beziehung zu anderen führt zu Klarheit in Ihrer Beziehung zu sich selbst. Wenn Sie aufhören, mit der Welt um sich herum immerzu im Kampf zu stehen, brauchen Sie auch nicht mehr gegen sich selbst zu kämpfen, und es entsteht ein Raum für innere Ruhe.

Wenn Sie durch die Verknotung von Gedanken und Emotionen nicht mehr so stark in Anspruch genommen werden, können Sie mehr aus Ihrem Gefühl heraus leben. Es ist, als wäre die ›Alarmphase‹ vorbei, die Sirene schweigt, und die innere Stille, die folgt, kann sich vertiefen. Sie werden sich Ihres Körpers, Ihrer Bewegungen, Ihres Atems, der Geräusche, Stimmen, Gesichter, Gerüche, des Raumes, der Wolken, der Vogelstimmen, des Windes, aller Kontakte, die dadurch entstehen, bewusst.

Wenn nicht mehr so viel zwischen Ihnen und der Welt steht und Ihr Kopf sich nicht mehr so stark damit beschäftigen muss, entsteht eine Qualität der Direktheit, die ein völlig neues Niveau an Energie und Erfahrung erschließt. Die Befriedigung, das Gefühl der Erfüllung und die Freude, die dann entstehen, brauchen nicht von außen bestätigt zu werden; sie *sind* einfach. Sie brauchen nicht darüber nachzudenken, denn es ist etwas, was man nur erfahren kann.

Das bedeutet nicht, dass dadurch alle Probleme verschwinden. Es ist eher so, als würde das Leben an ein anderes Kraftzentrum angeschlossen, Ihre eigene Energie findet wieder den Anschluss an eine tiefere Energiequelle. Man kann das die ›kosmische‹ oder ›göttliche Energie‹ nennen, doch eigentlich ist sie namenlos, zeitlos, grenzenlos. Sie können das nur erfahren und versuchen, eine tiefere Beziehung damit einzugehen. Und dann sind Sie nie mehr allein, sondern immer mit allem und allen verbunden.

IV. Leben aus Verlangen

Ich musste einmal bei einem Film, der auf einer wahren Geschichte beruht, fürchterlich weinen. Er schilderte das Leben eines Pianisten mit dem symbolischen Namen Helfgott. Seine Familie war dem Holocaust entgangen und lebte in einem Armenviertel. Helfgotts Vater, der aus einer orthodoxen jüdischen Familie stammte, war ein verbitterter Mann. Schon als kleiner Junge war er völlig verrückt nach Musik und kaufte von seinem eigenen zusammengesparten Geld eine Geige. Doch als er nach Hause kam, zerbrach sein Vater die Geige, weil in der orthodoxen jüdischen Tradition keine Musik gemacht werden durfte. Der musikalische Junge setzte später als verbitterter, aggressiver Mann alles daran, dass sein eigener Sohn, Helfgott, einst der berühmteste Pianist der Welt würde. Er setzte Helfgott dermaßen unter Druck, dass dieser zwar fantastisch Klavier spielen lernte, ansonsten aber ein kleines, chaotisches Kind blieb, das bettnässte und ständig in Panik geriet. Und in dem Moment, da er auf der Musikhochschule den ersten Preis gewann, brach Helfgott psychisch zusammen und landete in einer psychiatrischen Klinik. Von diesem Punkt an begann sein langer und äußerst langwieriger Weg zum echten Erwachsensein.

Es ist nicht nur so, dass Musik mich immer zutiefst anspricht und mich in meiner Seele, ja in meinem Körper berührt, so als ob ich alle Gefühle, die darin eingelagert sind, plötzlich zulassen kann, mich an sie hingeben kann – und dann kommt offenbar auch sehr viel Schmerz hoch –, darüber hinaus öffnete diese Geschichte bei mir eine alte Wunde. Nicht, dass mein Vater mich so schlecht behandelt oder unter Druck gesetzt hätte und seine eigenen Frustrationen an mir ausließ. Zumindest nicht so unverdeckt. Doch gibt es das unverkennbare Gefühl, dass tief in mir ein enormes Potenzial von Kreativität, Lebenslust, Libido, Kraft verborgen ist und es mich so viele Jahre gekostet hat, um mit diesem Potenzial wieder in Kontakt zu kommen. Und dass es bis heute noch nicht ganz zum Vorschein kommen kann.

Außerdem erinnert mich dieser Film an die Zeit zwischen meinem vierzehnten und neunzehnten Lebensjahr. Damals hatte ich das Gefühl, unentrinnbar in einer Art Panzer gefangen zu sitzen, der nicht zu mir gehörte. Völlig beherrscht von Ängsten, Gefühlen, Beschränkungen, die nicht zu mir gehörten. Das Gefühl, kämpfen zu wollen, aber nicht zu wissen wogegen. In diesem Lebensabschnitt habe ich überhaupt keine Möglichkeit gesehen, zu meinen eigenen Kräften vorzudringen, während ich deutlich fühlte, dass tief in mir ein starkes Verlangen und eine gewaltige Wut schlummerten, wie ein Vulkan, der kurz vor dem Ausbruch stand. Es war so, als könnte ich jeden Augenblick restlos zerspringen, und gleichzeitig war ich vollkommen eingefroren, nicht imstande, mich irgendwie zu bewegen. Kennen Sie das?

Was ist Ihre Kraft? Was ist Ihr Verlangen? Wo steckt Ihre Vitalität, Ihr Potenzial, Ihre Sexualität, Ihre Kreativität? Wo ist das alles geblieben? Was haben Sie damit gemacht? Wie ist Ihre Sehnsucht erstarrt oder gar zu Eis erfroren? Wie ist sie zu Wut geworden, die sich gegen Sie wendet, statt zu einem Feuer, welches Ihnen ermöglicht, in diesem Leben zu äußern, was Sie tief in sich aufsteigen fühlen?

Manchmal ist das Gefühl der Sehnsucht und Kraft so bedrohlich, dass Sie es vielleicht völlig leugnen, es wegschieben, verstecken. Und wenn es sich irgendwann auch nur ganz kurz meldet, rufen Sie: »Ich bin nicht kreativ! Ich kann nichts! Ich bin dumm! Es gelingt mir doch niemals!« Sie kennen gewiss noch mehr solcher Ausrufe, die Ihnen beim Lesen dieser Zeilen durch den Kopf gehen.

Was ist passiert mit Ihrer Sehnsucht? Was ist mit Ihrem Verlangen nach Wärme, nach Licht, nach Schutz, nach Spiel, nach einem eigenen Ort, nach Vertrauen, nach dem Gefühl der Hingabe, nach Berührung, nach Schreien, Kämpfen, Leidenschaft, Leben geschehen?

Gehen Sie einmal davon aus, dass Sie all das einst in einem fast unbegrenzten Maße besessen haben. Denken Sie sich als ein kleines Kind, das gerade geboren ist, als ein Kind, das gerade anfängt zu kriechen, zu stehen, zu laufen, als Kindergartenkind, das durch den Garten rennt und auf Bäume klettert, mit anderen Kindern spielt und kämpft, als Jugendlicher, der seine ersten Liebeserfahrungen mit Freunden oder Freundinnen macht, und stellen Sie sich vor, wie Sie zum ersten Mal küssen. Was zieht dabei durch Ihre Seele?

Lassen Sie alle Bilder von Situationen, in denen dieses Verlangen untergraben oder bestraft wurde, kurz los. Betrachten Sie sie als Umstände, die eben so waren, wie sie waren. Ihre Eltern, Ihre Geschwister, Ihre Lehrer und Ihre Klassenkameraden hatten alle ihre eigenen Probleme, ihre eigenen Ängste und Frustrationen. Damit reden Sie nichts schön, es ist einfach eine Tatsache. Probieren Sie, all das als Umstände zu betrachten, durch die Sie sich irgendwie durchschlagen mussten, als einen dunklen, furchteinflößenden Wald, durch den Sie gezogen sind. Und spüren Sie, welches Potenzial in Ihnen vorhanden war und wie Sie diesen Weg zum Erwachsensein überlebt haben. Sie sind nicht vom Dach gesprungen, Sie haben nicht total kapituliert. Und Sie sind immer noch auf der Suche. Irgendwo tief in Ihnen muss also immer noch ein Funken von Sehnsucht vorhanden sein. Und wenn Sie so auf dieses Panorama blicken und den ganzen Weg Ihres bisherigen Lebens überschauen – was ist es, was Ihre Seele gerettet hat?

Es ist sehr wichtig, diese Frage zu stellen. Sie können einerseits alles betrachten, was sich Ihnen in den Weg gestellt hat, und erforschen, wie Ihre Ängste und Frustrationen entstanden sind. Doch jene andere Frage ist genauso wichtig: Was war das Licht, das Sie führte? Woher nahmen Sie die Kraft, um überhaupt zu überleben? Was hat Ihre Seele gerettet?

In meinem Leben war diese Rettung Licht und Feuer. Immer blickte ich hinaus. Man konnte mir alles verbieten, nur eines nicht: dass ich hinausblickte. Was mir aus meiner Schulzeit in Erinnerung blieb, ist vor allem die Tatsache, wo die Fenster sich befanden. Ich weiß noch genau, dass im unteren Teil der Fenster Milchglas eingesetzt war, aber durch die darüber liegenden Teile konnte man immer noch hinausschauen. Und so sah ich das Sonnenlicht, das ins Innere fiel, die Staubteilchen, die in einem solchen Streifen von Sonnenlicht tanzten. Als fünfjähriger Junge verfolgte ich dann so einen Lichtstreifen mit meinem Finger durch die Luft, bis ich von meinem Lehrer wieder zur Ordnung gerufen wurde. Aber dieses Gefühl von Licht, von etwas, das da ist und doch ungreifbar – das konnte mir niemand nehmen.

Das andere, was mich immer faszinierte, war Feuer. Ich bat meine Mutter um drei Cent für eine Lakritzstange und kaufte dann ein Päckchen Streichhölzer dafür. Damit begab ich mich an den Stadtrand auf ein unbebautes Grundstück in der Nähe eines Flusses. Unterwegs sammelte ich Zeitungen, Zweige und alles Mögliche, was irgendwie brennbar war. Dann baute ich mir eine kleine Feuerstelle, blickte in die Flammen und bewegte meine Hände durch das Feuer. Das hatte dieselbe Qualität wie Sonnenlicht und war genauso geheimnisvoll. Man kann die Hand schnell durch eine Flamme bewegen, ohne sich zu verbrennen. Dieses Feuererlebnis nahm ich tief in meine Seele auf. Das Feuer war meine Kraft, es war die Wärme in meinem Herzen (die mir so fehlte), die Spannung in meinem Bauch, meinem Becken (die Spannung des Verbotenen) und ein Gefühl von Gefahr, das eine Grenze zwischen Leben und Tod bezeichnete, zwischen Dasein und Nicht-Dasein. Irgendwo war für mich deutlich, dass dort eine Qualität von ›Echtheit‹ lag, von Intensität, die für mich von existenzieller Bedeutung war, die zum Allerwichtigsten gehörte. Nach dieser Qualität bin ich seither immer auf der Suche.

Übung: Was hat Ihre Seele gerettet?

Überschauen Sie einmal Ihr Leben. Denken Sie zurück an Momente, die für Sie einen besonderen Charakter hatten, in denen Sie Wärme spürten, Kontakt, Kraft, Energie oder welche anderen positiven Qualitäten auch immer. Achten Sie auf kleine Ereignisse, bestimmte Momente am Tag, Stellen im Haus oder draußen, Ferien, Haustiere, Großeltern, Farben, Licht, Unwetter, Regenbogen... Halten Sie dieses Bild oder diese Erfahrung schriftlich fest oder zeichnen Sie sie (notfalls auch nur symbolisch oder skizzenhaft). Achten Sie auf die Momente, in denen etwas Sie tief im Inneren berührte. Was hat Ihre Seele gerettet?

Auf der Suche nach Verlangen

Dieses innere Feuer nenne ich Verlangen*. Das mag eigenartig klingen aus dem Munde eines Menschen, der jahrelang überzeugter Buddhist war. Ich habe Unmengen von Büchern gelesen und übersetzt, aus denen mit unerbittlicher Deutlichkeit hervorgeht, dass Begehren (oder Verlangen, Sehnsucht) und Hass die zwei Emotionen sind, die das ganze menschliche Leben vergiften und einen unentrinnbar festhalten in Samsara, dem ewigen Kreislauf von Leiden, Frustrationen und Tod. Und jetzt lande ich plötzlich bei der enormen Kraft des Verlangens. Das scheint widersprüchlich, und dennoch – es ist weniger widersprüchlich als es scheint.

* Der vom Autor in der niederländischen Originalfassung verwendete Terminus ›Verlangen‹ deckt sich nicht ganz mit der Bedeutung dieses Wortes im Deutschen. Die hier gemeinte seelische Qualität liegt irgendwo in der Mitte zwischen ›Verlangen‹ und ›Sehnen‹ bzw. ›Sehnsucht‹.

Meistens werfen wir Begehren, Hoffnung, Erwartungen und Sehnsüchte auf einen Haufen, und je nach unseren Erfahrungen haben diese Worte einen positiven oder negativen Klang angenommen. Doch damit sind einige wesentliche Unterscheidungsmerkmale verloren gegangen. Die einzige Möglichkeit, diese essenziellen innerlichen Bedeutungen und Prozesse anzudeuten, besteht darin, den Worten eine neue, besondere Bedeutung zu geben. Und dies tue ich hier in Bezug auf das Wort Verlangen.

Verlangen ist für mich ein inneres Feuer, eine Energie, die tief in mir schwelt und entflammt, sobald sie Nahrung erhält, und die dann in irgendeiner Weise Gestalt annimmt. Doch an sich hat sie keine Form. Sie ist die Potenz, die vorhanden ist, aber noch nicht auf etwas projiziert wird. Solange sie innerlich schwelt und noch keine Gestalt in Form von Bildern, speziellen Gefühlen oder Erwartungen in Bezug auf andere angenommen hat, ist sie rein positiv, wie ein Brennstoff, der auf alle möglichen Arten eingesetzt werden kann. Probleme entstehen erst, wenn das Verlangen auf etwas projiziert wird, wie z.B. ein destruktives Verlangen nach Abhängigkeit oder ein verzweifeltes Verlangen nach einem Partner, der nicht da ist. So könnten wir hier vielleicht zutreffender von Begehren, Hoffnung oder Erwartung sprechen.

Das Mensch-Sein ist eingebettet in Verlangen als einem Nährboden, in dem wir seelisch wachsen können. Das Leben hat mit dem Verlangen der Eizelle und der Samenzelle nach Verschmelzung begonnen, danach gibt es das Verlangen nach Wachstum, das Verlangen geboren zu werden, das Verlangen zu atmen, nach Nahrung und Berührung, nach Bewegung, nach Raum, nach Intimität, nach Autonomie, nach Sexualität.

Auch wenn wir wenig oder keine konkreten Erinnerungen mehr an unsere ursprünglichen Verlangen und Sehnsüchte haben, können wir uns vorstellen, dass wir als kleine Kinder das, was in unserem Innern lebte, einfach aus uns heraussetzen wollten. Wenn wir uns nicht wohl fühlten, begannen wir zu weinen, und wenn wir uns wohl fühlten, entstand von selbst ein Lächeln.

Unsere Verlangen entspringen einer pulsierenden Bewegung, die das Merkmal jedes lebendigen Organismus ist: Ausdehnung, Ruhe, Zusammenziehen, Ruhe; und wieder Ausdehnen, Ruhe, Zusammenziehen, Ruhe. Diese pulsierende Bewegung ist die allergrundlegendste Bewegung jedes Organismus, vielleicht sogar die jedes Prozesses, in welcher Dimension auch immer. Selbst unser Weltall, das sich seit dem so genannten Urknall schon seit Milliarden Jahren auszudehnen scheint, könnte einst unter Umständen die Richtung verändern und anfangen sich zusammenzuziehen, bis es wieder eine einzige zusammengestauchte Masse wird. Jedenfalls wird jeder lebende Organismus von dieser Bewegung charakterisiert, und in verschiedenen primitiven Organismen ist diese Bewegung die Basis für alles Weitere: Fortbewegung im Raum, Nahrungsaufnahme, Ausscheidungsprozesse, Kommunikation, Fortpflanzung, Teilung und Verschmelzung.

Es ist also nicht verwunderlich, dass unsere Gefühle, Impulse und – später – Gedanken derselben Bewegung folgen wie unsere Zellen und unsere Körperprozesse. Wir dehnen uns gewissermaßen aus, wollen etwas erlangen, berühren, auf dem Schoß sitzen, Kontakt herstellen, Wärme geben, Wärme empfangen, kurz: kommunizieren. Und in diesem Ausdehnen wird gewissermaßen unsere Haut dünner, unsere Schale durchlässiger, unser Herz öffnet sich weiter, und – wir werden verletzlicher.

Irgendwo wird diesem Ausdehnen also eine Grenze gesetzt. Denn wir würden sonst zu verletzlich oder fühlten uns zu lang ›offen‹. Und es entsteht eine Gegenbewegung: Kondensieren oder Zusammenziehen. Es wächst ein natürliches Bedürfnis, einen Raum um uns herum zu schaffen, unsere eigene Grenze zu spüren, unsere eigene Autonomie zu bestätigen. Und in dieser Rückzugsbewegung wenden wir uns nach innen, werden wir introvertierter, wollen wir unseren eigenen Weg gehen, wollen wir fähig sein, Nein zu sagen, uns wehren, herausfordern, wütend werden, aber – dadurch verschließen wir uns auch.

Auch diese Bewegung ist von Natur aus nur eine vorübergehende. Nach einer kurzen Pause entsteht ein Gefühl der Abgeschlossenheit und der Einsamkeit, und zögernd entsteht ein neuer Impuls zum Ausdehnen, Schmelzen, Öffnen, Kontakt-Herstellen. Das ist ganz natürlich so. Eigentlich vollzieht sich das ganz von selbst. Und beide Bewegungen können sich sehr angenehm anfühlen. Es kann wunderbar sein, sich zu öffnen, es kann aber auch sehr schön sein, sich wieder wenigstens für eine Weile zu verschließen. In dieser Hinsicht ergänzen sich die beiden Bewegungen, wir haben beide nötig, um uns zu entwickeln und zu wachsen.

Derartige Sehnsüchte sind die Quelle unserer ureigenen Kraft. Auch als wir noch sehr klein waren, fühlten wir, dass diese grundlegenden Sehnsüchte nach Intimität und nach Selbstständigkeit etwas besonders Kostbares waren und dass wir sie beschützen mussten, eben weil sie der Quell unseres Eigenseins und unserer Kraft waren. Von den allerersten Lebenstagen an existiert ein Ur-Instinkt, der dafür sorgt, dass diese Quelle so weit wie möglich intakt bleibt, auch wenn das auf Kosten der natürlichen Bewegung des Öffnens/Weitens und Verschließens/Zusammenziehens geht.

Es gab Zeiten, da kam ich jeden Tag mit Strafarbeiten von der Schule heim, zum Beispiel musste ich zwanzigmal das kleine Einmaleins oder hundertmal irgendeinen Satz abschreiben. Ich konnte nicht still sitzen, schaute immer aus dem Fenster und hatte die Gewohnheit, meinen Lehrer so starr und unbeeindruckt anzublicken, dass die Menge der Sätze oft verdoppelt wurde. Wie oft habe ich hundertmal schreiben müssen: »Ich darf den Lehrer nicht frech anschauen.« Irgendwo ist etwas in mir zerbrochen. Nicht ganz im Innern, sondern auf halbem Weg, irgendwo zwischen innen und außen. Es entstand eine stählerne Schutzschicht mit einer Oberfläche aus Gleichgültigkeit und einer Innenbeschichtung aus Angst und Unsicherheit. Und es hat Jahrzehnte gedauert, bevor diese Schutzschicht zu schmelzen begann.

Aber auch in den Zeiten, als diese Schicht noch sehr dick war, blieb tief in mir immer eine enorme Sehnsucht. Natürlich war ich nicht ohne Grund so fanatisch auf der Suche nach Luft, Licht und Bewegung. Dies ging auf noch dramatischere Erfahrungen aus noch früheren Zeiten zurück, einer Periode, in der ich sehr viel Angst gehabt habe. Daher hatte ich, wenn ich nicht aus dem Fenster sehen konnte und mich nicht bewegen durfte, das Gefühl, tatsächlich sterben zu müssen. Die ganz tiefe, grundlegende Sehnsucht nach Raum wurde von einer Art Todesangst genährt, darum war sie auch so stark. Alle unangenehmen Umstände verstärkten die stählerne Schutzschicht, aber sie verstärkten gleichzeitig auch die Sehnsucht. Das ist häufig der Fall. Unangenehme Umstände und Ereignisse können allerdings auch einen positiven Aspekt verstärken. Diese Zeiten enormer Einsamkeit halfen mir dabei, sehr sensibel zu werden im Hinblick auf Menschen und vor allem in Bezug auf ihre verborgenen Gefühle. Die Tatsache, dass ich von meinen Eltern keine Unterstützung erhielt, machte mich auch sehr selbstständig. Und obwohl ich noch immer die Narben der gefühlsmäßigen Vernachlässigung in der Vergangenheit spüre, hat dieselbe Vergangenheit auch bestimmte Qualitäten und Fähigkeiten in mir erweckt, mit denen ich mein Leben gestalten konnte. Können Sie einmal versuchen, auf diese Art ihre eigene Vergangenheit zu betrachten? Können Sie einmal betrachten, was Sie – trotz allem – dennoch entwickelt haben? Welchen Funken tragen Sie tief in sich?

Übung: Die Vergangenheit revidieren

Nehmen Sie ein großes Stück Papier, falten Sie es der Länge nach in der Mitte und legen Sie es so vor sich, dass die linke Hälfte vor Ihnen liegt. Erstellen Sie dann eine Liste aller Umstände und Ereignisse von früher, die Sie als unangenehm, bedrohlich, ärgerlich und beschränkend oder in anderer Weise als negativ empfanden.

Dann falten Sie das Blatt wieder auf und schreiben Sie auf die leere rechte Seite, was Sie durch dieselben Umstände entwickelt haben: welche Qualität, welche Sensibilität, welche

Eigenschaften und Fähigkeiten, welche Kraft, welche Einsichten und Erkenntnisse usw.

Studieren Sie dann, was Sie aufgeschrieben haben, und nehmen Sie es in sich auf. Dann falten Sie das Blatt wieder in der Mitte und hängen es so an die Wand, dass Sie nur noch die entwickelten Qualitäten sehen können. Lassen Sie es eine Woche lang dort hängen.

Verlangen versus Angst und Hoffnung

Es ist nicht einfach, die tieferen inneren Sehnsüchte und Wünsche intakt zu halten. Es kann sein, dass Umstände Sie gezwungen haben, sie tief in sich zu verstecken. Denn Sie wissen in Ihrem tiefsten Herzen, dass das Verlangen nach Öffnung und Kontakt und das Verlangen nach Abgrenzung und Abstand beide lebenswichtig sind. Und weil Sie als Kind so ungeheuer verletzlich sind, müssen sie all Ihre Kräfte ›anbohren‹, um dieses Verlangen zu beschützen. Sie sind so verletzlich, weil Sie noch so klein und abhängig sind, und Sie sind verletzlich, weil dieses Sich-Ausdehnen und Wieder-Zurückziehen beziehungsweise das Ja- und Nein-Sagen Sie immer (auch heute noch) sehr verletzlich macht. Es ist wie ein Atmungsprozess: Tief in Ihrem Inneren wollen Sie, wie auch immer, weiteratmen, selbst wenn es nur ganz oberflächlich möglich ist.

Weil das Öffnen und Wieder-Zurückziehen von so großer Wichtigkeit für Sie ist, ruft das erzwungene Dagegenhalten enorme Ängste hervor, ungeachtet dessen, wie dieses sich gestaltet – körperlich, auf der Gefühlsebene oder seelisch – oder selbst ungeachtet dessen, ob dieser Zwang Sie selbst betrifft oder jemand anderen, der Ihnen etwas bedeutet. Wenn zum Beispiel Ihrer Schwester oder einer Freundin von Ihnen systematisch etwas Schlimmes angetan wird und sie erzählt Ihnen immer davon und Sie müssen das auch noch geheim halten – dann sind Sie auf verschiedene Weise selbst Opfer dieser Situation. Sie fühlen sich als Mitbetroffener (aufgrund Ihrer Liebe und Identifikation mit der Freundin), aber Sie fühlen sich auch machtlos, weil Sie nichts daran ändern können; dadurch fühlen Sie sich doppelt schuldig: einerseits weil Sie nichts tun und dem anderen nicht wirklich helfen können, andererseits weil Sie diese Tatsache auch noch geheim halten müssen (was Sie eigentlich nicht wollen). Ein schlimmeres inneres Gefängnis ist fast nicht vorstellbar.

Aus einem reinen und tiefgründigen Gefühl des »Wie rette ich mein Verlangen?« oder »Wie rette ich meinen Kern, meine Seele, meine Essenz?« können Sie nicht anders, als sich völlig verschließen und verhärten oder sich total ausliefern und dadurch machtlos werden. Sie ziehen sich zurück in Ihren Körper, Ihre Emotionen oder in Ihre Gedankenwelt und verhärten sich. Oder Sie liefern sich Ihrem Körper aus, Ihren Emotionen oder Ihren geistigen Prinzipien und werden machtlos. So kreieren Sie bestimmte Gewohnheitsmuster, immer wiederkehrende Gefühle, körperliche Spannungen, energetische Blockaden, alles aus einer kraftvollen Anstrengung heraus, Ihre Sehnsucht, Ihr Verlangen zu retten. Eigentlich müssen Sie derartigen Blockaden sehr dankbar sein. Denn es waren Überlebensmechanismen, die Ihre Essenz in maximaler Form beschützt und verteidigt haben, und sie tun es noch immer. Nur ist es jetzt vielleicht so, dass Sie sie nicht mehr benötigen und dass dieselben Schutzmechanismen Ihnen inzwischen gehörig im Wege stehen können.

Der Grund, dass Sie sich zurückgezogen oder ausgeliefert haben (oder beides, oder abgeleitete Formen von Verteidigung), ist Angst. Das Sich-Hingeben und das Sie-selbst-sein-Dürfen, das Verlangen nach Intimität und Autonomie, sind von einer so großen Wichtigkeit, dass jede Attacke darauf sofort enorme Ängste hervorruft. Die natürliche Reaktion auf Bedrohung besteht darin, dass Sie all Ihre Energie an eine bestimmte Stelle in Ihrem Körper zurückziehen, meistens in den Bauch, ein paar Zentimeter unter den Nabel, und in den unteren Rückenbereich. Der Sinn dieses Zurückziehens liegt darin, dass Sie mit aller Kraft, die in Ihnen ist, anfangen zu kämpfen oder zu flüchten. Sie werden bedroht und Sie wollen kämpfen, dem anderen auf den Leib rücken, ihn angreifen, schlagen, ausschimpfen usw. Und wenn dieser andere zu stark ist, dann müssen Sie flüchten, wegrennen an einen Ort, der sicher ist, ein Ort, an dem Sie Unterstützung und Wärme erleben.

Doch es gibt viele Situationen, in denen das nicht möglich ist. Der andere ist vielleicht überwältigend oder bedrohend oder er ist stärker als Sie, vielleicht ist es Ihr Vater. Und bei Ihrem Vater oder Ihrer Mutter verlangen Sie so stark nach Liebe, dass Ihre Sehnsucht Ihre Abscheu oder Ihre Angst übertönt. Also können Sie nicht weglaufen, Sie können einfach nicht flüchten. Etwas hält Sie hier fest. Außerdem haben sie oft gar keinen Ort, an den Sie flüchten könnten. Sie sind auf diesen anderen angewiesen (insbesondere als kleines Kind), und Sie werden immer wieder zurückkehren müssen. Flüchten ist also unmöglich. Und kämpfen ebenfalls. Denn Sie können nicht kämpfen gegen einen Erwachsenen oder gegen Ihren Vater oder Ihre Mutter. Also unterdrücken Sie Ihre Neigung zu flüchten und die zu kämpfen. Um dies zu tun, brauchen Sie unglaublich viel Energie, enorm viel Kraft. Und die enorme Kraft, die eigentlich aus Ihren tiefen Sehnsüchten hervorgeht, benutzen Sie, um total zu blockieren und gewissermaßen einzufrieren, oder die Kraft Ihres Impulses und die Kraft Ihres Gegenimpulses heben einander auf und Sie werden völlig machtlos.

Doch das innere Verlangen bleibt! Das ist etwas ganz Wunderbares. Ich denke, dass Sie dieses Buch nicht lesen würden, wenn dieses Verlangen nicht in Ihnen geblieben wäre. Sie wären nicht auf der Suche nach etwas anderem als den immer gleichen Folgen an Mustern, die Ihr Leben bestimmen, oder Sie wären vielleicht längst vom Dach gesprungen. Aber es ist etwas lebendig geblieben in Ihnen, ein Funke von Verlangen. Und dieser Funke genügt. Jedes Feuer beginnt mit einem einzigen Funken. Nur ist es oft so furchtbar schwierig, zu diesem Funken vorzudringen. Das kommt daher, dass der Funke des Verlangens so unglaublich schmerzhaft ist.

Denn wenn Sie mit diesem Funken des Verlangens in Kontakt kommen, dann berühren Sie zugleich auch alle Angst, Wut, Trauer und Verzweiflung in sich, die dieses Verlangen zur Seite geschoben haben. Und weil es so entsetzlich wehtut, all diese Gefühle zu spüren, schaffen Sie Hoffnung und Erwartungen. Sie hoffen, dass irgendwann einmal ... (setzen Sie diese Beispiele nach Belieben ein – der Prinz auf dem Pferd, die schöne Prinzessin, der Hauptgewinn in der Lotterie, das ewige Glück, die Erleuchtung, der echte Guru usw.) auftauchen werden. Worauf hoffen Sie?

Sie hoffen eigentlich darauf, Ihrem Verlangen so viel Raum wie möglich geben zu können, ohne den dazugehörigen Schmerz fühlen zu müssen. Aber das ist unmöglich! Es gibt kein Feuer ohne Hitze. Verlangen und Schmerz sind untrennbar miteinander verbunden, insbesondere dann, wenn Sie anfangen, beide tiefer zu spüren. Und weil wir immer versuchen, davor wegzulaufen, sind unsere ersten Erkundungen (und oft hält dies an bis zur letzten) auf Hoffnung gebaut. Sie projizieren Ihr Verlangen – das Sie eigentlich noch gar nicht kennen, es ist oft ein irreales, romantisches oder verzerrtes Verlangen – auf die Zukunft. Die Zukunft ist gewissermaßen eine weiße Leinwand, ist wie ein dichter Nebel. Sie können nicht hindurchschauen (weil die Vergangenheit nicht klar ist). Und auf diesen dichten Zukunftsnebel projizieren Sie die beschädigten Sehnsüchte, den Prinzen, die Prinzessin, Ihr Erfolgsstreben, den Wunsch, ein problemloses Leben zu führen etc. Das ist sehr trickreich, denn jede Gruppe von Wünschen schiebt etwas Bestimmtes als Ideal in den Vordergrund. Wenn Sie zum Beispiel erwerbstätig sind, ist das vielleicht ein eigenes Haus, wenn Sie sich einer spirituellen Gemeinschaft angeschlossen haben, ist es vielleicht ein seliges Lächeln oder das Ideal des vollkommenen Gleichmuts. Und die Hoffnung, dieses in den Vordergrund geschobene Ideal zu verwirklichen, funktioniert! Das ist eigentlich das Schlimme, dass sie funktioniert. Auf den ersten Blick zumindest.

Weil Ihre Hoffnung in ihren tiefsten Schichten, ›deep down‹, von einem grundlegenden wesenhaften Verlangen getragen wird, kann eine Stoßkraft entstehen, die Sie über Ihre Probleme erhebt. Vor allem bei einer geistigen Entwicklung geschieht dies, weil das Ziel oder die Hoffnung sich auf etwas richtet, das außerhalb des Persönlichen oder Egoistischen liegt. Aber ob wirklich echte Veränderung, eine echte Transformation stattfindet, ob Sie wirklich den Anschluss zu den Auftriebskräften Ihrer eigensten, wesentlichsten Verlangen finden, ist noch fraglich.

Das ist eine harte Wahrheit. Niemand findet sie angenehm. Wir wollen nämlich sehr gerne Hoffnung hegen. Sie projizieren Ihre Sehnsüchte auf etwas und fangen danach an, diese zu hegen und zu pflegen. Sie hegen den Wunsch nach einem eigenen Haus, dem Prinzen oder dem Guru, und darauf orientieren Sie sich. Das gibt Beruhigung. Es gibt Ihnen Ruhe, weil Sie nicht nach Ihren wirklichen Verlangen zu suchen brauchen und dadurch auch nicht mit Ihrem Schmerz, Ihrem Hass, Ihrer Trauer, Wut, Verzweiflung, Einsamkeit, Schuld oder was auch immer konfrontiert werden. An sich ist dagegen nichts einzuwenden, ja oft ist dies sogar notwendig. Vielleicht können Sie die tatsächliche Konfrontation noch nicht aushalten, sie würde Sie überfordern. Und unser alter Selbstschutzmechanismus behütet uns glücklicherweise vor allzu drastischen Schritten. Doch oft sind wir dennoch enttäuscht. Vor allem, wenn wir dann unseren Prinzen, den Guru oder das eigene Haus gefunden haben.

Solange Ihre Hoffnung nicht zur Wirklichkeit wird, nähren Sie sie immer weiter. Jeden kleinen Funken von Verlangen investieren Sie in Ihre Hoffnung, und da dies sich hervorragend rentiert, kann die Hoffnung wachsen und gedeihen. Oft wächst sie sich allerdings zu einem wahrhaften Monster aus. Der Prinz muss dann plötzlich so vielen Erwartungen gerecht werden, dass er nicht mehr zu finden ist unter den Milliarden von Erdbewohnern, oder das eigene Haus ist zu klein für die Traumküche, oder der Guru ist nicht ganz so vollkommen, sondern scheint doch noch seine sexuellen Schwächen oder Ängste zu haben. Sie können weiterhin hoffen. Und wenn sich herausstellt, dass Ihre Hoffnung in diesem Leben immer schwerer zu verwirklichen ist, übertragen Sie sie auf ein nächstes Leben, auf ein anderes Bewusstsein oder was auch immer, um nur ja nicht mit Ihrem wesentlichsten, tiefsten Verlangen – was ja immer auch Schmerz und Leid bedeutet – konfrontiert zu werden.

Manchmal geschieht das erst, wenn Ihre Hoffnung sich tatsächlich verwirklicht und sich herausstellt, dass Traum und Wirklichkeit doch nicht übereinstimmen. Dann sind Sie erstrecht frustriert. Sie haben die Prinzessin gefunden, aber nach einigen Jahren entpuppt sie sich als Hexe, oder Sie haben Ihr Traumhaus gefunden, aber es macht Sie nicht glücklich, oder Sie haben eine Top-Stelle und fühlen sich trotzdem einsam. Dann stürzt Ihre Hoffnung zusammen wie ein Kartenhaus, wie ein geplatzter Luftballon. Krisenstimmung herrscht. Sie haben Jahrzehnte in das Nähren Ihrer Hoffnung investiert, in das Erzeugen eines Traumbildes, dem Sie nachjagten, um es zu verwirklichen – und dann erweist sich alles als Illusion. Es ist, um es mit den Worten des Predigers Salomo zu sagen, alles eitel und Haschen nach Wind. Jetzt stehen Sie da, mit leeren Händen.

Jetzt sind Sie reif für ›Therapie‹. Ob Sie sich nun selbst therapieren oder von jemandem begleitet werden, tut nichts zur Sache. Das Therapeutische liegt in dem Weg, den Sie gehen, um wirklich zu einem Verarbeitungsprozess zu kommen. Sie beschließen, sich nicht länger in Hoffnung, Angst, Passivität oder Depression zu flüchten. Sie beschließen, sich auf die Konfrontation mit dem einzulassen, der Sie eigentlich sind; Sie wollen wissen, woher Ihre Ängste kommen, und verstehen, wie und warum Sie sie instand halten.

Wo beginnen Sie? Ich beginne als Therapeut oft damit, dass ich den Klienten einlade, einfach einmal die Gefühle zuzulassen, die in ihm sind, statt sie zu unterdrücken. Ich schaffe eine Umgebung aus Vertrauen, einen Rahmen, in dem der andere sich sicher fühlt, sodass ich sagen kann: »Äußern Sie einmal, was Sie fühlen. Ich bleibe bei Ihnen. Wenn Sie traurig sind, bin ich da, und ich respektiere Ihre Trauer. Wenn Sie sich nach Intimität sehnen, bin ich da, und ich werde davon keinen Missbrauch machen oder mich über Ihre Grenzen hinwegsetzen. Wenn Sie wütend sind, dürfen Sie das äußern, ich schicke Sie nicht weg.« Allerdings brauchen Sie hierfür nicht unbedingt einen Therapeuten.

Wenn Ihre Gefühle und Emotionen einfach da sein dürfen und Sie bemerken, dass Verletzlichsein nicht sofort mit irgendwelchen Sanktionen geahndet wird, kommen Trauer und Wut stärker an die Oberfläche. Und wenn diese Trauer und diese Wut mehr Raum bekommen, kann auch Liebe immer mehr ihre Stelle einnehmen. Wenn Sie Grenzen setzen, Nein sagen und wütend werden können, falls der andere sich nicht daran hält, so können Sie auch mehr Intimität zulassen. Darunter liegt oft eine Schicht der Angst.

Abhängig davon, was Sie in der Vergangenheit durchgemacht haben, ist da mehr oder weniger Angst. Es liegt dort immer irgendeine Angst. Niemand ist von Natur aus frei davon. Aber unter Ihrer Angst liegt auch Ihre eigene Kraft, dort wo Sie sich selbst beherrschen, zurückhalten mussten. Diese Kraft ist manchmal enorm, vernichtend, furchterregend, denn meistens kommt sie zuerst in Form von Wut an die Oberfläche.

Wenn Sie also Ihrer Angst immer mehr einräumen, einfach da sein zu können, und der Wut, die unter ihr verborgen liegt, immer mehr gestatten sich zu äußern, gelangen Sie zu Ihrer Kraft. Es ist Ihre eigene Kraft. Nicht die Kraft, die Sie immer haben mussten (erfolgreich sein, gute Noten bekommen, für Ihre Eltern sorgen), sondern es ist Ihre eigene Kraft. Und der Brennstoff dieser Kraft ist Verlangen. Ein tiefes, tiefes Verlangen. Ein Verlangen nach Öffnung, danach, Intimität zu schaffen, etwas zustande zu bringen, Kontakt herzustellen, herauszufordern, zu spielen, zu lernen, und ebenso das Verlangen, sich zurückzuziehen, nach Einkehr, nach Stille, Wiederherstellung, Genießen, Verarbeiten. Die exakte Färbung und Form Ihres Verlangens ist einzigartig, sie ist Ihnen ganz eigen. Und so wie sie ist, darf sie wirklich sein.

Sie dürfen verlangen, ja Sie dürfen wirklich verlangen! Es ist berechtigt. Begehren und Aggression entstehen aus Hoffnung,

Angst und Frustration – nicht aus Verlangen. Verlangen ist etwas ganz Reines, Kindlich-Unschuldiges, Direktes, Entwaffnendes, Konfrontierendes, ganz individuell und offen dem anderen gegenüber. – Wenn Sie aus dieser Haltung leben, leben Sie aus Verlangen.

Was ist Ihr tiefstes Verlangen?

Wie kommen Sie nun in Berührung mit Ihrem Verlangen? Es ist meistens abwesend. Wenn Sie in einer Bahnhofshalle stehen und in die Augen der vorbeilaufenden Menschen blicken, bemerken Sie es. Es sind stumpfe, gejagte, nicht anwesende Augen. Sie starren in Richtung Zukunft oder sie sind nach innen gekehrt und starren auf die Gedankenbilder der Vergangenheit. Diese Augen blicken nicht wirklich, sie sehen nicht, sie strahlen kein Verlangen aus. Schauen Sie einmal in den Spiegel. Was strahlen Ihre Augen aus? Warum haben Sie eine solche Mühe damit, Verlangen zuzulassen? Bietet es Ihnen vielleicht bestimmte Vorteile, *kein* Verlangen zu fühlen? Denken Sie über die folgende Frage einmal nach: *Welchen Vorteil bietet es mir, jetzt kein Verlangen zu spüren?*

Der Vorteil besteht darin, dass Sie dann auch den Schmerz, die Trauer darüber nicht zu spüren brauchen, dass Sie jahrzehntelang die allergrundlegendsten Verlangen und Sehnsüchte versteckt, geleugnet, ja sabotiert haben. Der Vorteil besteht darin, dass Sie sich deswegen auch nicht mehr so verletzlich und unsicher zu fühlen brauchen, denn jedes Nachgeben in Bezug auf ein Verlangen macht Sie verletzbar. Der andere kann Sie zurückweisen, Ihr Verlangen leugnen oder sogar lächerlich machen. Der Vorteil besteht darin, dass Sie sich nicht gezwungen fühlen, Ihr Verlangen zu konkretisieren. Sie können weiterhin Ihren alten, Schutz bietenden Mustern folgen und brauchen nichts zu ändern. Das gibt ein sicheres Gefühl. Verlangen ist überhaupt nicht ›sicher‹, es ist äußerst unsicher!

Was tun Sie, anstatt Ihr Verlangen zu spüren? Meistens haben Sie allerlei Strategien entwickelt, um Ihr Verlangen *nicht* zu spüren. Sie werden wütend, irritiert, frustriert, Sie klagen, fühlen sich als Opfer, in die Enge getrieben, machtlos. Diese Gefühle sind vielleicht unangenehm, doch sie sind weniger schmerzhaft als das Erfahren Ihrer tiefsten Verlangen.

Was verlangen Sie jetzt? Das ist eine wichtige Frage. Verlagern Sie einmal Ihre Aufmerksamkeit nach innen. Spüren Sie Ihr Herz, Ihren Bauch, Ihr Becken. Was sind Ihre tiefsten Verlangen in Bezug auf das Leben? Was ist Ihr Verlangen nach Intimität, nach Autonomie? Und was wollen Sie damit?

Wie verleihen Sie diesem Verlangen Form? Dies ist oft der Punkt, an dem Sie sich verirren und Ihr Verlangen in Hoffnung umgesetzt wird. Das Verlangen ist ein Funke, ein Quell, ein brennendes Feuer. Fangen Sie einmal ganz einfach an: Blicken Sie in die Welt aus Verlangen, bewegen Sie sich, laufen Sie aus Verlangen heraus, atmen Sie aus Verlangen, ja staubsaugen Sie aus Verlangen, bezahlen Sie im Supermarkt an der Kasse aus Verlangen. Der Rest ergibt sich daraus wie von selbst.

Das Verlangen nach dem ›inneren Lehrer‹

Wenn Sie mit Ihrem tiefsten Verlangen in Berührung kommen, so rühren Sie auch an das Göttliche in sich. Das klingt vielleicht übertrieben, doch das ist es nicht. Auch Gott, das Licht, den Guru oder den Buddha suchen wir meistens außerhalb von uns. Und obwohl unzählige alte Weisheitstexte versuchen deutlich zu machen, dass das Göttliche in uns ist, verstehen wir es meistens nicht. Erst wenn wir durch die Emotionen, den Schmerz, die Angst und durch die Kraft hindurch bei unserem eigentlichen Verlangen angekommen sind, dann wird dies plötzlich deutlich. Denn das ist die Bedeutung der vielen Geschichten, die einen solchen inneren Weg der Suche zum Thema haben. Allerdings ist es wichtig, dass wir diese innere Reise wirklich selbst unternehmen.

Was die Sache so kompliziert macht, ist, dass jeder seine *eigene* Reise unternehmen muss. Natürlich gibt es vielerlei organisierte Reisen mit schönen Prospekten und netten Reiseführern. Doch die Gefahr besteht, dass wir der Reise eines anderen folgen und nicht unserer eigenen, oder wir machen die Reise, die dem Reiseführer gerade passt, die aber nicht die unsere ist. In dem Moment, in dem wir wirklich unseren eigenen Weg gehen wollen, fühlen wir uns schuldig, dass wir unseren Führer im Stich lassen. Es ist also nicht so einfach, einen Führer zu finden, der wirklich unseren eigenen Weg und unsere Selbstständigkeit im Auge behält. Diesen Führer müssen wir selbst finden!

Wenn Sie nicht mehr vor Ihren eigenen Beschränkungen flüchten und auch nicht mehr ausschließlich dagegen ankämpfen, dann gehen Sie die Konfrontation mit dem ein, was Sie schwierig finden: mit Ihren Schattenseiten. Aus der Konfrontation mit Ihren eigenen Emotionen – Traurigkeit, Wut, Eifersucht oder Stolz – kommen Sie in Berührung mit der darunter liegenden Angst. Wenn Sie diese Angst und die dazugehörende Machtlosigkeit zulassen, landen Sie meistens bei einer enormen Wut; und wenn diese Wut geäußert werden darf, kommen Sie in Berührung mit dem Verlangen, das darunter liegt. Aus diesem Verlangen kann die Energie wieder nach oben strömen, doch jetzt ist es Ihre eigene, befreite, natürliche Energie geworden. Dann finden Sie die Kraft, zur Tat überzugehen. Diese Kraft durchströmt Ihre Gefühle und nimmt Form an in Ihrem Handeln, Sprechen und in der Art, wie Sie Kontakte herstellen. Es entsteht eine fundamentale Klarheit und Wachheit, die nicht mehr von Ängsten verschleiert wird. Sie fangen an, sich von Ihren Beschränkungen frei zu fühlen, und dies macht eine andere Art der Verbindung mit der Welt, die Sie umgibt, möglich. Eine Verbindung, die aus einer überpersönlichen Dimension des Lebens stammt und aus der Energie des Seins selbst.

Dieser Bewusstwerdungsprozess spielt sich in Ihrem Körper ab, in Ihrer Energie, in Ihren Gefühlen und in Ihrem Geist. Er muss nicht unbedingt dem hier skizzierten Weg entsprechen, doch die Basis bleibt die Gleiche. Sie können sie sogar körperlich erfahren, und im Grunde ist diese körperliche Erfahrung auch eine Art Halt. Sie macht das, was Sie erleben, konkret, weniger flüchtig bzw. unwirklich.

Auf der körperlichen Ebene folgt der Prozess der Bewusstwerdung einem fundamentalen Strom von Atem und Energie, der spürbar Ihren Körper durchströmt. Die nachfolgende Übung beschreibt diesen Strom auf einem meditativen/energetischen/körperlichen Niveau. Suchen Sie sich dafür einen Ort, der sich angenehm anfühlt und der so weit wie möglich Ihr eigener Ort ist. Sorgen Sie dafür, dass Sie nicht gestört werden können. Setzen Sie sich so hin, dass Sie im Gleichgewicht sitzen, auf einem Kissen, das wiederum auf einer zusammengefalteten Decke liegt, sodass Ihre Fußgelenke nicht abgeschnürt werden (oder auf einen Stuhl, die Füße flach am Boden aufliegend). Schlagen Sie eventuell eine Decke um sich, sodass ihre Wärme und ihre Energie nahe bei Ihnen bleiben. Dann machen Sie folgende Übung:

Übung: Dem Verlangen körperlich Ausdruck verleihen

Versuchen Sie, sich so weit wie möglich zu entspannen, und spüren Sie den Kontakt mit dem Boden, dort wo Ihr Gesäß, Ihre Beine und Ihre Füße den Boden berühren. Können Sie sich wirklich tragen lassen, oder haben Sie eigentlich kein Vertrauen? Spüren Sie, dass Sie aus einem tiefen Misstrauen heraus versuchen, sich über dem Boden zu halten? Dass Sie Ihre Beine anspannen, um jeden Moment wegrennen zu können? Versuchen Sie, Ihren Atem dorthin zu lenken und die Spannungen allmählich etwas mehr loszulassen, das heißt sich selbst besser zum Sitzen zu bringen.

Versuchen Sie jetzt, sich Ihres Atems stärker bewusst zu werden. Spüren Sie den Atem, der durch Ihren Hals strömt und dann in das oberste Stück Ihrer Lungen, in Ihre Schultern und Ihre Arme und Hände. In Ihren Schultern, Armen und Händen wurzelt die Bewegung des liebevollen Gebens in Bezug auf einen anderen Menschen. Aber dort befindet sich auch die Neigung zum Kämpfen und zum Draufschlagen oder die Neigung, sich von allem wegzureißen, was Sie von hinten her festhält. Und außerdem ist dort alles zusammengeballt, was Sie zurückhalten, was Sie nicht loslassen wollen, was Sie unterdrücken: das An-sich-Halten, wo Sie geben möchten, das An-sich-Halten, um kämpfen zu können, das An-sich-Halten, um sich danach losreißen zu können. Eine Menge Spannung also. Atmen Sie durch all das hindurch. Berühren Sie diese Spannung, spüren Sie die Kraft, die dort sitzt, und lassen Sie dann die Spannung los.

Atmen Sie dann mehr durch Ihr Herz. Ihr Herz ist eine Art Sammelstelle von Gefühlen. Dem tiefsten Ursprung nach sind es Gefühle der Liebe, aber auch Gefühle des Selbstschutzes. Weil Ihre Schultern und Arme sich zurückhalten mussten und sich nicht ›entladen‹ konnten, häuft das Herz auch die Verbitterung an, die Trauer, den Stolz, die Einsamkeit, die Eifersucht und vor allem die Verhärtung, um dies alles nicht spüren zu müssen. Atmen Sie durch Ihr erstarrtes Herz hindurch, berühren Sie die Spannung, die sich dort angehäuft hat, spüren Sie, was dort alles liegt, und lassen Sie Ihr Herz ein wenig schmelzen.

Atmen Sie dann durch Ihren Magen, Ihren Solarplexus und Ihr Zwerchfell. Hier wehren Sie Ihre Kraft ab. Denn die Gefühle in Ihrem Herzen dürfen nicht gespeist werden durch das Verlangen, die Kraft und die Emotionen aus Ihrem Bauch und Unterbauch. Daher müssen Sie diese Energie irgendwo abwehren, Ihr Zwerchfell so stark anspannen, dass es fast undurchlässig ist. Atmen Sie jetzt da hindurch, berühren Sie diese Spannung, spüren Sie, was dort sitzt, und lassen Sie Ihr Zwerchfell etwas weicher werden.

Atmen Sie dann zu Ihrem Bauch hin. Dort liegt Ihre Kraft verborgen, doch auch Ihre Wut, die grenzenlose Wut darüber, dass diese Kraft nicht aufsteigen durfte zu Ihren Armen und Ihrer Stimme. Infolge dieser Machtlosigkeit ist Ihr Bauch entweder verhärtet oder total schlaff geworden. Atmen Sie durch die Machtlosigkeit hindurch, berühren Sie die Spannung und spüren Sie, was dort sitzt. Lassen Sie Ihren Bauch sich entspannen.

Atmen Sie dann tiefer, zu Ihrem Becken hin. Dort wurzelt Verlangen. Ein primitives, irdisches, körperliches Gefühl des Verlangens, aber auch das kräftige, orgastische, flüchtige, prickelnde Feuer Ihrer Sexualität, Ihr Mann-Sein oder Ihr Frau-Sein, Ihr Verlangen nach Intimität. Und gleichzeitig liegt hier die gesamte Verschlossenheit, das Nicht-genießen-Dürfen oder die Angst vor dem Genießen. Was schneiden Sie ab? Atmen Sie durch Ihr Becken hindurch, entspannen Sie, geben Sie der Energie, die Sie dort fühlen, Raum und lassen Sie sie dann langsam aufsteigen.

Lassen Sie das Verlangen in Ihrem Becken mit Ihrem Atem verschmelzen, wie glimmende Holzkohle, die durch Anfachen zu einem Feuer wird. Wie ein Wärmestrom steigt die Energie durch Ihren Bauch auf, kommt in Berührung mit Ihrer Kraft, strömt durch das Zwerchfell hindurch, kommt in Berührung mit den Gefühlen in Ihrem Herzen. Von dort aus strömt die Wärme in Ihre Schultern, durch Ihre Arme, zu Ihren Händen, um dem, wonach Sie verlangen, Gestalt zu verleihen. Ihr Verlangen strömt durch Ihren Hals zu Ihrer Stimme, und was Sie fühlen, wird zum Klang. Es strömt in Ihre Augen, sodass Sie sehen können aus Verlangen. Und es strömt in Ihre Stirn und Ihren Scheitel, um dort in Berührung zu kommen mit dem Raum über Ihnen, der sich bis in die Unendlichkeit erstreckt.

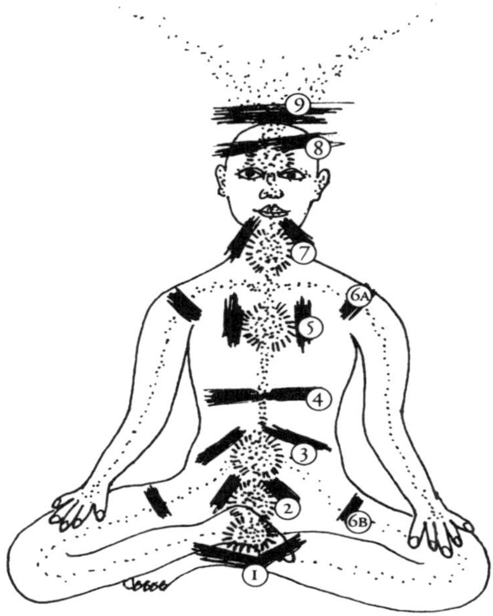

Übung: Dem Verlangen körperlich Ausdruck verleihen

Spannungen, Ängste und Blockaden, die aus Selbsterhaltungsdrang entstanden sind

1. Kein Kontakt mit der Erde, kein Vertrauen, das Gefühl, nicht da sein zu dürfen, Unsicherheit, existenzielle Bodenlosigkeit, Todesangst
2. Abtrennen von Verlangen und Sexualität, nicht genießen dürfen oder im Gegenteil zwanghafte, freudlose Sexualität
3. Nicht kräftig oder wütend sein dürfen, zurückgehaltene Energie, Willenlosigkeit, Gefühl der Schlaffheit oder starke Müdigkeit
4. Keinen Kontakt mit dem eigenen Verlangen und der eigenen Kraft herstellen dürfen, das Gefühl, wie durchgesägt zu sein oder zusammenzufallen
5. Ein gefrorenes Herz, wenig Gefühle, Schwierigkeiten mit Kontakten, Angst vor Nähe, Egoismus
6. A) Nicht kämpfen können B) Nicht flüchten können
7. Schwierigkeiten, Emotionen zu äußern nicht heulen oder schreien können
8. Zwanghaftes Problemdenken, rational, immer besorgt
9. Angst vor dem ›Höheren‹, vor dem Meditativen, dem Göttlichen

Verlangen und Sexualität

Jenes Verlangen, das wie ein schwelendes Feuer in Ihrem Becken wohnt, ist nicht dasselbe wie Sexualität, doch es hat eine Verbindung mit ihr. Im Becken können wir zwei Bereiche unterschieden, die eng miteinander verbunden sind: das Gebiet um den Anus und das Steißbein und das Gebiet um die Geschlechtsorgane. Es ist wichtig, fühlen zu lernen, was diese beiden Gebiete für Sie persönlich bedeuten. Lesen Sie bitte die folgenden Ausführungen mehr als eine offenbleibende Frage denn als eine Antwort.

Das Gebiet um den Anus hängt mit dem Gefühl der Sicherheit zusammen. Es ist die Verbindung mit der Erde, das Sitzen, das Sich-tragen-Lassen, das Gefühl des ›Ich-darf-hier-Sein‹, das Gefühl, nicht ›unbedingt etwas tun‹ zu müssen. Es ist die Basis des Vertrauens, dass die Erde uns trägt und uns nicht fallen lässt; auf der psychologischen Ebene äußert sich dieses Vertrauen darin, dass unsere Mutter (oder unser Vater) uns trägt und nicht fallen lässt. Es ist ein passives existenzielles Vertrauen, das Verlangen, einfach da sein zu dürfen, ohne etwas beweisen zu müssen.

Das Gebiet um die Geschlechtsorgane ist mit dem aktiven Vertrauen verbunden. Dürfen wir als Junge ›Junge‹ sein und als Mädchen ›Mädchen‹? Und dürfen wir darauf stolz sein? Geben Ihr Vater und Ihre Mutter Ihrer geschlechtlichen Identität den notwendigen Freiraum und respektieren sie Sie auch völlig? Dürfen all jene Wünsche und Sehnsüchte, die mit dem Mann-Sein und dem Frau-Sein zusammenhängen, wirklich vorhanden sein, und können Sie selbst auf sie vertrauen?

An diesem Punkt berührt Verlangen Sexualität, doch eigentlich ist die Ebene des Verlangens eine viel tiefer liegende. Wenn Sie ihr einen Ort geben wollen, so kann man sagen, er liegt genau zwischen Anus und Geschlechtsorganen. Denn dort kommen das passive und das aktive Vertrauen zusammen, das passive und aktive Verlangen zu einem neutralen oder androgynen Verlangen nach Leben. Es ist ein vitales, existenzielles, orgastisches und universelles Verlangen nach Sein, die Quelle aller Lebenskraft.

Um den Zusammenhang mit der Sexualität deutlicher zu machen, ist es wichtig, drei Ebenen des Erlebens von Sexualität zu unterscheiden. Auf der ersten Ebene handelt es sich um ein sehr schönes, orgastisches Gefühl, in welchem die männliche und weibliche Energie gleichzeitig anwesend sind, doch meistens in verschiedenem Maße. Es ist so subtil, dass es alles durchdringt, und gleichzeitig völlig zuverlässig, vertrauenerweckend. Die Menschen spüren dies oft. Sie können dann beim anderen völlig Mann oder Frau sein aus dem Vertrauen heraus, dass der andere das niemals missbrauchen wird. Es ist der Kern einer gesunden Eltern-Kind-Beziehung, und es ist auch eine Form bedingungsloser Liebe, die körperlich ist, und zwar auf eine total offene Weise. Sie erstreckt sich bedingungslos sowohl über Männer als auch über Frauen, ungeachtet des Lebensalters oder des Äußeren, aber darüber hinaus auch auf alles, was lebt. Diese Art der sexuellen Energie steht dem ›Verlangen‹ am nächsten.

Auf der zweiten Ebene stellt sich Sexualität mehr als jene eigentliche sexuelle Energie dar, die mit dem Mann- und Frau-Sein verbunden ist. Im Grunde brauchen wir dafür keinen Partner. Es ist etwas, das einfach vorhanden ist und ab und zu durch einen tatsächlichen Orgasmus gewissermaßen aufgeladen wird. Auch ohne Partner sind wir in sexueller Hinsicht immer Mann oder Frau, und diese sexuelle Energie ist immer anwesend. Es ist eine orgastische Energie, die wir über unseren ganzen Körper spüren können als eine Art Prickeln, als eine Art erotischer Ladung, doch ganz losgelöst vom Geschlechtsakt. An sich hat diese Energie also einen völlig freien und intimen Charakter. Sie richtet bei anderen auch keinen Schaden an, ruft keine Erwartungen oder Enttäuschungen hervor. Meistens sind Menschen auf der Suche nach dieser Art von Intimität und gehen dann eben eine sexuelle Beziehung ein in der Hoffnung, sie zu finden (was dann oft auf eine Enttäuschung hinausläuft).

Die dritte Ebene zielt auf das Sammeln sexueller Energie, um zu einem Orgasmus zu kommen. Dabei herrscht oft eine enorme Zielgerichtetheit auf einen realen oder imaginären Partner. Auf dieser Ebene spielen Hoffnung, Erwartung, Enttäuschung und Angst eine bedeutende Rolle.

Das Auseinanderfallen der Welt

Unsere Welt und unser Ich-Gefühl werden durch alte Reaktionsmuster wie von einem unsichtbaren, aber zähen Leim zusammengehalten. Bestimmte Ängste und Reaktionen werden sich immer wieder melden. Sie werden vielleicht sogar niemals ganz verschwinden, doch es kann möglich werden, sie zu bearbeiten. Das heißt: Wir können sie erkennen, während sie sich abspielen, und wir können einen ausreichenden Raum schaffen, um die Konfrontation mit ihnen einzugehen, wir können sie erfahren, ohne von ihnen mitgerissen zu werden, wir können uns ihrer bewusst bleiben, ohne automatisch zu reagieren, wir können sie als eine Art ›Feld‹ benutzen, von dem aus wir handeln.

Wenn wir die hinderlichen Fesseln unseres Egos auflösen, entsteht mehr Freiheit. Es ist nicht mehr nur ein einziger Gesichtspunkt, ein Schwerpunkt, ein Lebens-Mittelpunkt, von dem aus alles streng kontrolliert werden muss. Es entstehen Gefühle oder Gedanken, doch wir sind nicht mehr ausschließlich dieses eine Gefühl oder jener Gedanke. Es ist, als ob wir nicht mehr durch das Schlüsselloch gucken, sondern die Tür aufstoßen, als ob wir das Leben von verschiedenen Seiten gleichzeitig erfahren, als verlöre die lineare Zeit ihre Macht über uns, als stelle sich still Erkenntnis ein, die nicht in Worten formuliert oder wiederholt werden muss.

Wenn Hoffnung und Angst nicht mehr so im Vordergrund stehen, kann Verlangen zu einer Kraft werden, die sich selbst verstärkt, ohne von außen bestätigt werden zu müssen. Das ist etwas ganz Neues und hat einen enormen Einfluss auf unser Eigensein. Wenn Verlangen sich selbst nährt, stellt sich Genugtuung im Sein selbst ein. Es herrscht sowohl ein Gefühl von Unabhängigkeit wie auch die Möglichkeit einer intimen Verbindung mit jedem und allem – ein Gefühl des ›unabhängigen Wohlbefindens‹.

Unabhängiges Wohlbefinden bedeutet, dass wir frei sind von Hoffnung oder Angst. Wir brauchen uns nicht mehr krampfhaft unter Kontrolle zu halten, und wir benötigen den anderen auch nicht mehr, der uns bestätigt, dass wir in Ordnung sind. Es ist ein Gefühl des In-Einklang-Seins mit sich selbst, das tief in uns wurzelt. Dieses Gefühl hat eine ausstrahlende Qualität. Das ist möglich, weil alle Energie, die bisher an einem Punkt oder an verschiedenen Stellen festgehalten worden ist, plötzlich frei wird. Das Verlangen wird eine Kraft, *die nicht von außen her befriedigt zu werden braucht.* Wir können also unsere Autonomie und die Verwirklichung unseres Eigenseins realisieren, ohne jemandem Gewalt anzutun. Und wir können uns, weil eine Befriedigung von außen jetzt keine Notwendigkeit mehr ist, anderen gegenüber öffnen (und zugleich Grenzen setzen und Abstand nehmen), ohne dass sie über uns bestimmen. Autonomie und Intimität fallen zusammen, ereignen sich gleichzeitig, ohne dass wir etwas Bestimmtes postulieren müssen, das hinterher wieder verteidigt werden muss. Dadurch wird es möglich, dass sich die Intimität von Urteilen und Erwartungen, von Beziehungen oder Sexualität, von Angst, ja von Menschen löst. Intimität wird zu einem Gefühl bedingungsloser Liebe, die zugleich unbarmherzig ist in ihrer Klarheit, weil diese Liebe uns nicht davon abhält, unsere eigene Autonomie zu behalten und unsere Grenzen zu setzen. Sie können sich in jedem Moment für jede Richtung entscheiden, Sie können sich für gar keine Richtung entscheiden oder für alle Richtungen gleichzeitig! Das macht ›Leben‹ zu einer ganz anderen Erfahrung.

Obwohl Sie die Energie anwenden, die ihren Ursprung in Ihrer Geburt, Ihrer Empfängnis und sogar noch davor findet, ist es keine Regression. Sie kehren nicht zurück in Kindheits- oder Gebärmutterstadien. Sie bewegen sich durchaus vorwärts, aber Sie haben gewissermaßen Ihre Vergangenheit ›abgeholt‹ und dadurch verarbeitet oder, besser gesagt, verarbeitungsfähig oder flexibel gemacht. Von hier aus können Sie einen enormen Sprung machen, keinen Sprung weg aus dem Hier und Jetzt, sondern *im* Hier und Jetzt, der sich gleichzeitig dem Leben gegenüber öffnet, so wie es ist.

Wenn Sie alles im Jetzt zulassen und sich damit konfrontieren können, dann sind Sie völlig im Jetzt, und nicht mehr dadurch gebunden. Es ist, als wären Sie auf einmal ganz still geworden. Nicht nur das Sprechen hört auf, sondern auch ihre Gedanken schweigen. Stille herrscht. Innere Stille. Und in dieser Stille ist alles anwesend. Sie sehen, hören, schmecken, fühlen, riechen, bewegen, doch alles ohne Urteil oder Kommentar und ohne emotionale Verwirrung. Alles ist unvorstellbar klar. Und in dieser Klarheit verschiebt sich etwas Wesentliches. Es ist, als ob Sehen, Hören, Fühlen, Schmecken, Riechen und Bewegen völlig anders geworden sind als gewöhnlich. Sie sind buchstäblich ungewöhnlich. Es ist, als ob das Leben vier-, fünf- oder sechsdimensional wird. Alles bewegt sich und ist doch zugleich still. Dinge erscheinen nicht in einem bestimmten Licht, sondern es ist so, als seien sie dieses Licht selbst. Sie sind das Licht, das sowohl die Dinge als auch die Menschen berührt, sichtbar macht, anwesend macht und zu gleicher Zeit in Ihre Augen, in Ihr Bewusstsein, in das Sehen selbst vordringt. Es ist die Stille des Seins.

Die Energie, die sich vorher zu bestimmten Knoten verklebt hatte, beginnt nun, sich zu entfalten, zu entwirren und Verbindungen zu schaffen. Sehen ist wie ein Strom von Energie, der vom Becken aus durch Ihren Bauch, durch Ihr Herz strömt, und Verlangen, Kraft und Gefühle aus Ihren Augen strömen lässt wie strahlende Lichtbündel. Sie berühren, was Sie sehen. Es ist, als ob Sie ganz zart jemanden berühren, den Sie sympathisch finden, von dem Sie jedoch nichts verlangen – keine Beziehung, keinen Sex; Sie brauchen nichts zurückzubekommen. Es herrscht keine Abwehr oder Angst, und es herrscht keine Hoffnung oder Erwartung. Und genau darin strömt so unvorstellbar viel zurück. Sie ›sehen‹, und im Sehen berühren Sie, die Energie des Sehens strömt zurück durch Ihre Augen zu Ihrem Herzen, zu Ihrem Bauch, Ihrem Becken.

Gerade weil Sie nichts zu sich zurückzuholen und nichts

wegzuschieben brauchen, kann sich das gewöhnliche Sehen verwandeln. Die Energie, die im Sehen von Ihnen wegströmt, strömt von selbst auch wieder zurück, und im intimen Berühren dessen, was Sie sehen, erlangt Ihre eigene Energie mehr Farbe, wird Ihr eigenes Gefühl der Intimität genährt. Wir denken immer, dass Intimität von außen her genährt werden muss, doch das ist ein ›altes‹ Gefühl. Wir sind jetzt erwachsen – und darum brauchen wir auch nicht mehr zurückzukehren in unsere Kindheit. Intimität ist etwas, was aus Ihnen strömt, und wenn es wirklich strömt, kehrt es von selbst zu Ihnen zurück, während Sie sehen. Sie sehen vielleicht gar nichts Besonderes; einen Baum, eine Frau, die ihre Mehrfartenkarte abstempelt, einen alten Mann mit einer Flasche Bier, der auf einem Bänkchen sitzt, die Augen eines kleinen Kindes im Kinderwagen. Das ist alles, und doch genügt es.

Dasselbe gilt für Riechen, Schmecken oder körperliches Berühren. Mit wie viel Zärtlichkeit oder Kraft berühren Ihre Füße die Erde? Wie viel Kontakt hat Ihr Gesäß mit dem Stuhl, auf dem Sie sitzen? Wenn Sie irgendwo laufen, laufen Sie dann gehetzt zum jeweils nächsten Ziel oder laufen Sie aus Verlangen? Wir wollen oft so gerne, dass jemand anders seine Arme um uns legt und uns ›knuffelt‹, doch wir sind selbst nicht imstande, die Erde wirklich zu berühren. Wie können wir also erwarten, dass wir den anderen wirklich berühren? Und wenn dieser andere uns berührt, gibt uns dies dann wirklich etwas oder ruft es nur Hoffnung und Begierde hervor? Natürlich wollen wir das lieber nicht wissen, es ist vielleicht sogar bedrohlich, denn es konfrontiert uns mit dem, was wir tun. Es konfrontiert uns mit der Schwierigkeit, Kontakt mit unserem Verlangen zu bekommen.

Wenn Sie von Ihrem Becken, Bauch oder Herzen aus die Erde berühren, Ihren Stuhl berühren, das Telefon berühren, sich selbst berühren, so kann das Berühren an sich ausreichend sein. Und wenn dann ein anderer im Spiel ist, so braucht dieser andere auch nicht zu ergänzen, was Ihr Vater oder Ihre Mutter Ihnen vorenthalten haben. Dann können Sie den anderen auch wirklich berühren, aus einer Haltung der völlig offenen Intimität heraus. So bleiben Sie alle beide ›ganz‹, und doch herrscht eine enorme Wechselwirkung, ein intensiver Austausch.

Das Verlangen, das aus Ihrem Becken, durch Ihren Bauch, durch Ihr Herz strömt, strömt in Ihre Ohren. Dann wird das Hören zum Lauschen. Sie lauschen mit Ihrem Kopf. Die Klänge, die Sie hören, bilden Wörter und Sätze, die Bedeutung bekommen. Dies war und ist die Basis für Ihr Gedankenleben, Ihr Denken. Nur durch Lauschen ist Sprache entstanden und haben Sie denken gelernt. Der Sprache und dem Denken wurde immer große Bedeutung zugemessen – die meisten Leistungen, die Sie erbringen, werden an Ihrem Denken gemessen. Deswegen bemühen wir uns denn auch, auf diesem Gebiet besonders gut zu sein. Wir denken und denken und denken, beurteilen, wägen ab, grübeln, kommentieren, ersinnen Geschichten. Das fällt uns leicht, wir können es gut. Und weil Denken Gefühle hervorruft, die quasi der Leim sind, durch den das Ich sich mit seiner Geschichte verbinden kann, werden wir fortwährend von unseren eigenen Geschichten mitgenommen. Und weil Emotionen körperliche Empfindungen hervorrufen, erscheinen diese Geschichten so verflixt real wie eine virtuelle Welt, die nicht mehr von der echten zu unterscheiden ist. Die meisten Wirklichkeiten sprechen von Ängsten oder Hoffnungen oder Begierde oder Stolz oder Eifersucht oder Verwirrung. Wir hören ausschließlich auf unsere eigenen Geschichten (und blicken auf die eigenen Bilder). Aber es ist kein echtes Sehen und kein echtes Hören.

Hören verbindet Klänge mit unserem Kehlkopf, mit dem Herzen. Wenn mir ein Klient etwas berichtet, dann höre ich mir natürlich seine Geschichte an, doch der Schwerpunkt meiner Aufmerksamkeit liegt beim Lauschen. Ich lausche auf die Intonation, die Stockungen seiner Sprache, den inneren Abstand oder die tiefe Rührung, die sich im Klang äußert, ich lausche auf die Geschichte, die nicht erzählt wird, die darunter liegenden Gefühle und Emotionen. Darauf gehe ich dann meistens ein.

Lauschen öffnet sich auf eine Tiefe in uns hin, als ob unter der logischen, linearen, konstruierten Sprache eine Art Urschrei liegt, der hörbar wird, wenn wir wirklich lauschen. Doch meistens wollen wir nur auf die Geschichte hören, weil das viel sicherer ist und in Richtung unseres Kopfes geht statt in die Tiefe unseres Willenslebens.

Übung: Sich selbst hören lernen

Wie strukturieren Sie das, was Sie einem anderen oder sich selbst erzählen? In welcher Verfassung sind Sie dabei? Wie präsentieren Sie sich selbst? Was zeigen Sie nicht? Wie versuchen Sie zu verhindern, dass der andere Ihre tiefsten Gefühle entdeckt? Was hören Sie, wenn Sie nicht primär auf Ihre eigenen Worte hören, sondern die darunter liegenden Klänge belauschen?

Wenn Sie wirklich lauschen, dringen Sie sehr tief ins Innere vor. Oft vernehmen Sie dann den Schmerz, die Machtlosigkeit, den Kummer, die Unsicherheit, die tiefe Wut und die Gegensätzlichkeit all dieser elementaren Gefühle. Das tut weh. Manchmal fühlt es sich an, als hätten Sie in Ihrem Bauch eine offene Wunde, ein Loch, das intensiv berührt wird, wenn Sie wirklich lauschen. Aber das Besondere daran ist, dass das Hören eine heilende Kraft entwickelt, wenn Sie Ihren eigenen Schmerz oder den eines anderen vernehmen. Es ist, als ob Sie einen stinkenden Verband von einer offenen Wunde entfernen und das Sonnenlicht und die Luft herankommen lassen. Dadurch beginnt ein Heilungsprozess. Und außerdem vollzieht sich noch etwas anderes:

Wenn sich der Schwerpunkt Ihrer Aufmerksamkeit von der Kombination *von Sinneseindrücken und Gedanken zu körperlichem Bewusstwerden und Fühlen* verschiebt, verändert sich Ihr ›Energiefeld‹. In diesem Feld sinnlicher Eindrücke und Gedanken, dem Hör-Denken, Seh-Denken und Riech-Denken, denken wir, dass es ›Dinge‹ gibt, uns selbst und andere Menschen zum Beispiel, oder dass es uns und unsere Lebensumstände tatsächlich so gibt, wie sie uns erscheinen. In diesem Feld scheint alles ganz konkret zu sein: Alle Geschichten, Gedanken, Probleme und ihre Lösungen scheinen ein konkretes, ›echtes‹ Dasein zu führen. Doch sowohl die moderne Naturwissenschaft als auch heutige meditative Erkenntniswege lassen deutlich erfahren, dass ›Dinge‹ nicht abgesondert für sich existieren, sondern interaktive Energiefelder sind, innerhalb derer alles fluktuiert und sich ständig ändert. Wenn sich der Schwerpunkt Ihrer Aufmerksamkeit und Ihrer Energie verschiebt vom Nachdenken über etwas zu einem ›Feld‹ körperlichen Bewusstwerdens und Fühlens, so ist es, als würden Sie von einer flachen Denkebene in eine erfahrungsmäßige, dreidimensionale Welt übergehen. Alles verschiebt sich mit, sowohl die Erfahrung Ihrer selbst als auch die der Welt, die Sie umgibt. In diesem Feld kommen Sie in Berührung mit der offenen Wunde, die ich oben beschrieb, und dann kommt nicht nur die Schönheit, das Genießen, die echte Stille tief aus dem Inneren hervor, sondern auch der Schmerz. Es ist auch gar nicht anders möglich, als dass dies gleichzeitig geschieht. Natürlich würden wir am liebsten ausschließlich mit der Schönheit, dem Genuss, der Liebe, der Stille in Berührung kommen. Doch eine offene Wunde ist nun einmal eine offene Wunde. Wo sie sich auftut, befinden sich auch Schmerz, Trauer, Wut und Angst.

Gleichzeitig entsteht durch diese Verschiebung die Möglichkeit des Ganz-Werdens, des Heil-Werdens. Weil Sie nichts mehr von sich ausschließen durch Abwehr, Angst, Hoffnung oder Geschichten, kann alles allmählich an die richtige Stelle rücken. Heilung oder Transformation bedeutet nicht, dass die schmerzhaften Dinge verschwinden, sondern gerade dass Sie sie zulassen, sodass sie einen Ort bekommen können. Dann kann eine Energie frei werden, die sehr intensiv ist, manchmal auch schmerzhaft, manchmal göttlich – und alle dazwischen liegenden Abstufungen. Das ist eine wirkliche Transformation des Bewusstseins.

Die Frage, die dann immer aufkommt, lautet: Ist das bleibend? Meiner Meinung nach lautet die Antwort zunächst einmal: Nein. Alles bleibt veränderlich, und bevor wir es wissen, sind wir wieder völlig in der Gewalt von Gedanken, Geschichten, Emotionen und Spannungen. In erster Linie geht es bei dem allen zunächst nur um ein Üben. Wir fordern uns selbst heraus, etwas umzukehren. Statt mit den Emotionen/Geschichten mitzugehen, stellen wir einen Kontakt her mit unserem Atem, unserem Körper und verlegen das Zentrum unserer Wahrnehmung. Jedes Mal wieder. Jedes Mal aufs Neue.

Wie viele Millionen Male haben wir uns nicht selbst festgelegt oder festlegen lassen? Diese Tendenz kehren wir nicht so einfach um. Die Wiederholung der Tendenzen wirkt sehr stark. Es bedarf also einer fortwährenden Wachheit, eines fortwährenden Bewusstseins, um zuerst zu erkennen, was geschieht, und dann bewusst in die andere Richtung zu gehen. Immer wieder. Ein neuer Pfad entsteht, weil immer wieder darauf gelaufen wird.

Das Verlangen selbst kann uns dazu Kraft verleihen. In den Momenten, in denen wir spüren, wie besonders es ist, wenn wir unsere Geschichten loslassen und unsere Sinne in Kontakt mit unserem Herzen und unserem Bauch kommen lassen, fangen wir an, nach diesem Bewusstseinszustand zu verlangen. Es entsteht ein tiefes Verlangen nach der Intensität, dem Kontakt, der Stille. Und wenn dieses Verlangen allmählich zunimmt, so wird es zum Hintergrund, vor dem die Momente, in welchen wir uns mitreißen lassen, schärfer erscheinen. Wir bemerken sie einfach schneller, und wir können in einem früheren Stadium zu uns selbst zurückkehren, zu unserem Atem, dem Gefühl in unserem Körper, dem Raum um uns herum, bis wir die Tendenzen, die uns mitreißen wollen, schon abfangen können, bevor ihre Impulse wirken. Das ist etwas ganz Besonderes, doch es geht nicht von allein. Es erfordert wie gesagt fortwährende Wachheit und ständiges Üben.

Die Hoffnung, dass diese erweiterte Bewusstseins- und Wahrnehmungsqualität eine bleibende sei, ist also eitel; ja, sie hindert uns nur am Üben. Es ist, als würden wir einen Berg besteigen und uns ständig Sorgen darüber machen, ob es auf dem Gipfel wohl einen kleinen Kiosk gibt, wo man Coca Cola oder Eiscreme erhalten kann. Lassen Sie diese Vorstellung los! Sie sind jetzt hier, am Fuße des Berges oder auf halber Höhe. Sie sind da, wo Sie jetzt sind, also atmen Sie und fühlen Sie, sehen Sie, berühren Sie, riechen Sie, schmecken Sie und lauschen Sie. Begeben Sie sich da mitten hinein und erfahren Sie. Darum geht es.

Die Vasen-Atmung

Wenn Sie durch Üben etwas mehr Kontakt mit den verschiedenen Bereichen in Ihrem Körper bekommen – sowohl mit der Energie als auch mit den Verhärtungen und Spannungen – und eine gewisse Durchströmung entstanden ist, können Sie folgende Übung versuchen: Sie können sie in einer ausführlichen und vollständigen Form absolvieren, das heißt als Meditationsübung, für die Sie sich Zeit nehmen (etwa 20 Minuten genügen). Aber Sie können sie auch recht rasch durchführen, während Sie zum Beispiel auf die Straßenbahn warten, im Zug sitzen, hinter dem Computer oder an jedem anderen Ort, wo Sie gerade eine Pause machen können. Machen Sie dann drei Atemzüge pro Teil (im Ganzen also 27 Atemzüge), aber versuchen Sie immer, den gesamten Zyklus zu beenden. Wenn Sie konsequent einen Monat lang einmal am Tag diese Übung in der vollständigen Form durchführen und viermal am Tag kurz, werden Sie bemerken, dass Ihre Selbst- und Körpererfahrung sich stark verändern.

Übung: Die Vasen-Atmung

1. Stellen Sie einen Kontakt mit dem Boden her und spüren Sie kurz, wo Sie sitzen (oder stehen). Erfahren Sie Ihren Körper und den Raum, der ihn umgibt. Dann lenken Sie Ihre Aufmerksamkeit auf Ihren Atem. Öffnen Sie den Mund ein wenig, der Unterkiefer ist entspannt, und lassen Sie Ihren Atem durch Nase und Mund frei nach innen und nach außen strömen. Lassen Sie Ihren Atem nach unten strömen, bis in Ihr Becken. Achten Sie zunächst auf den Bereich um Ihr Steißbein, Ihr Gesäß und vor allem die Muskeln um den Anus. Atmen Sie dort hindurch und entspannen Sie. Wenn Sie sich immer stärker entspannen, werden Sie bemerken, dass Ihr Beckenboden sich mit dem Atem mitbewegt.
2. Dann gehen Sie weiter in den Bereich Ihrer Geschlechtsorgane, atmen Sie dort hindurch und versuchen Sie, jegliche Spannung zu lösen. Sie können sich vorstellen, dass Ihr Atem wie eine warme, sanfte Flüssigkeit nach unten strömt und Ihren Körper vom Boden an mit einem Gefühl der Entspannung und der Wärme füllt. Lassen Sie diese Wärme durch Ihre Beine bis in die Fußsohlen strömen.
3. Dann gehen Sie zu Ihrem Bauch. Entspannen Sie Ihre Bauchwand und den untersten Teil Ihres Rückens. Lassen Sie Ihren Bauch ›volllaufen‹ mit Atem und versuchen Sie, alle subtilen Spannungen loszulassen, sodass Ihr Bauch immer stärker seine natürliche Form findet.
4. Dann gehen Sie in den Bereich des Zwerchfells, zum Solarplexus, zur Unterseite Ihres Magens. So wie Ihr Beckenboden eine Art elastische Decke bildet, ist auch Ihr Zwerchfell eine Muskeldecke, wie das Fell einer Trommel, das oft gespannt ist, das aber auch weich und durchlässig werden kann.

5. Dann gehen Sie zu Ihrem Herzen. Dies ist ein sehr großer Bereich. Atmen Sie durch Ihr Herz hindurch und versuchen Sie, Ihr Herz immer weiter werden zu lassen, sodass es all Ihren Gefühlen Raum gibt. Lassen Sie diesen Raum dann weiter strömen durch Ihre Schultern hindurch bis in die Hände.
6. Dann atmen Sie in Richtung Ihrer Kehle, als würden Sie sie von innen öffnen. Lassen Sie dann den Raum in Ihrer Kehle weiterströmen bis zu Ihrem Nacken und zur Unterseite Ihres Hinterkopfes. Bewegen Sie Ihren Kopf ein wenig, sodass die inneren Spannungen sich lösen können.
7. Dann atmen Sie durch Ihren Unterkiefer, Ihre Wangen, Ihre Ohren, Augen bis zur Stirn. Spüren Sie den Bereich zwischen und dicht oberhalb Ihrer Augen und entspannen Sie diese Stelle. Und von dort aus lassen Sie Ihren Atem in Ihren Kopf strömen, in den Bereich unter Ihrer Schädeldecke, als träte Ihr Atem in Kontakt mit dem Raum Ihres Geistes, dem Raum, in dem sich Gedanken bilden und wieder auflösen.
8. Dann orientieren Sie sich mehr auf Ihren Scheitel, und während Sie dort hinatmen, spüren Sie diese Stelle und lassen sie allmählich ein wenig durchlässiger werden. Dies ist die Öffnung der Vase nach oben. Sie spüren den Raum oberhalb von sich, den Kontakt mit dem Himmel, dem Kosmos, der Sonne.
9. Schließlich erfahren Sie Ihren gesamten Körper wie eine Art Vase. Der Boden steht stabil auf der Erde, Ihr Körper ist ganz offen und tritt in Kontakt mit dem kosmischen Raum über Ihnen. Und von da aus erfahren Sie die Welt, die Sie umgibt.

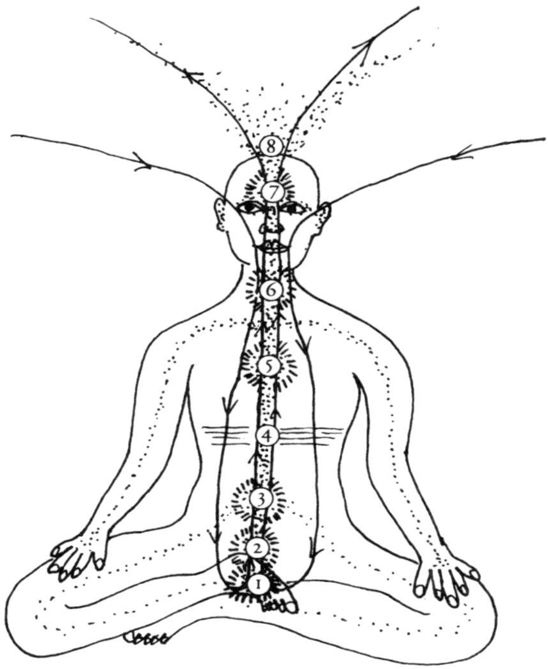

Übung: Die Vasenatmung

1. Vertrauen, Stütze, Sicherheit, Getragensein
2. Verlangen, Intimität, Genuss, Sexualität
3. Kraft, Wille, Emotionen
4. Verbindung zwischen Ihrem eigenen Verlangen und Ihrer eigenen Kraft und diese äußern
5. Gefühle, Freiheit, Beziehung mit anderen
6. Äußern von Gefühlen durch Stimme, Augen, Hände usw.
7. Wachsein, Sehen, Hören, Riechen, Schmecken, Fühlen, Intuition
8. Beziehung zum Raum, Offenheit, das Höhere
9. Das Ganze

V. Innere Kraftquellen

An der Wand meines Arbeitszimmers hängt ein großes Blatt Papier, in dessen Mitte ein kleiner Kreis mit meinem Namen eingezeichnet ist. Um ihn herum gibt es einen großen Kreis mit verschiedenen Segmenten, in welche ich mit Bleistift eingetragen habe, wofür ich meine Energie einsetzen will. Die Größe dieser Segmente entspricht der dafür anberaumten Zeit. Das ergibt eine grobe Dreiteilung: Arbeit (das, was Geld einbringt), Aktivitäten mit Familie und Bekannten und Zeit, die ich ganz für mich haben möchte. Kleinere Segmente zeigen eine weitere Unterteilung an: Arbeit mit Klienten und Gruppen, Arbeit als Trainer in einer psychosozialen Ausbildung, Schreiben, Reisen, Lesen, Meditieren, eine Fläche für jedes meiner Kinder und so weiter. Oben auf dem Blatt steht mit großen Buchstaben: »Großartig und leidenschaftlich will ich leben!«

Oft jedoch läuft es anders. Ich verbringe zu viel Zeit mit Dingen, die nur ein kleines Segment des Kreises darstellen, oder ich komme manchmal wochenlang nicht zu den Dingen, die unter die Rubrik ›eigene Zeit‹ fallen. Doch noch viel öfter kommt der Gesichtspunkt ›großartig und leidenschaftlich‹ nicht zum Zug. Ich habe zwar allerlei Erkenntnisse erlangt, aber irgendwo fehlt es dann an der Kraft, das, was ich will, auch wirklich zu leben. Die Kraft, Ja oder Nein zu sagen, die Kraft, wirklich etwas zustande zu bringen. Kennen Sie das?

Die Einsicht ist da und auch der Wille, und dennoch ändert sich nichts. Sie wiederholen immer weiter dieselben Gewohnheitsmuster, Sie bleiben in einer gewissen Mattheit und Machtlosigkeit hängen, oder Sie tun zwar das, was Sie sich vorgenommen haben, doch Ihr Einsatz ist so gering, dass alles in sich zusammensackt wie ein undichter Ballon. Sie steigen niemals richtig auf. Oder Sie sind allem Anschein nach sehr erfolgreich und dennoch schlummert tief in Ihnen ein Gefühl der Leere oder des Misslingens. Sie bringen zwar viel zustande, doch es kommt nicht von Herzen. Trotz aller Erfolge spüren Sie keine echte Befriedigung, und Sie können sich auch niemals zurücklehnen und das Leben genießen. Wo ist Ihre *eigene* Kraft eigentlich? Wo steckt sie? Was für Qualitäten hat sie? Wie kommen Sie mit ihr in Berührung? Wie können Sie Ihrer inneren Kraft mehr vertrauen und aus dieser Kraft heraus leben?

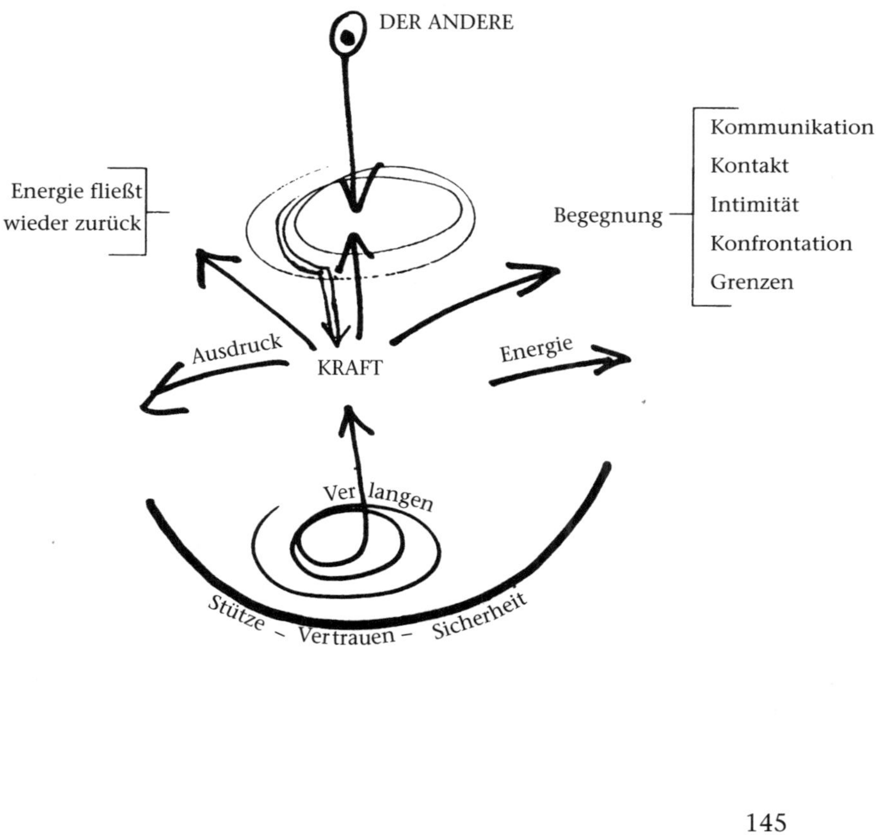

Energie und Kraft

So wie Sie jetzt dasitzen und lesen, benötigen Sie eine gewisse Menge Energie, mit der Sie denken, atmen, fühlen, sich bewegen, leben, etwas unternehmen. Sie gibt Ihnen die Kraft, etwas zu tun, doch bevor Sie aktiv werden, ist im Inneren schon viel geschehen.

Zunächst muss ein gewisses Maß Vertrauen da sein. Ihre Kraft benötigt einen Boden, von dem Sie sich abstützen kann, so wie Sie einen festen Boden nötig haben, um springen zu können. Dieses Vertrauen hängt sehr stark mit dem Gefühl zusammen, getragen zu werden, da sein zu dürfen, und wenn dieses Gefühl in unserer Jugend oft gefehlt hat, sind wir immer auf der Suche danach. Darum suchen wir oft nach einer äußeren Basis, wie z.B. einer festen Anstellung, einem eigenen Haus oder einer festen Beziehung. Oder wir suchen nach einer inneren Basis, einem inneren Boden, wie z.B. einer bestimmten Lebensüberzeugung oder Lebensweise.

Dieses Grundvertrauen ist sehr wichtig, und wenn es zerstört ist, kann es sein, dass Sie das Gefühl haben, ständig leerzulaufen. Statt eines Bodens ist da ein Loch. Dann können Sie zwar viel unternehmen, doch das Loch bleibt als fortwährende Bedrohung oder Angst vorhanden.

Wenn ein gewisses Grundvertrauen existiert, ist wichtig, dass es darüber hinaus auch Verlangen gibt, Verlangen nach Leben oder Verlangen nach Kontakt und nach Ausdruck. Wenn dieses Verlangen fehlt, besitzen Sie womöglich viel Energie, ohne jedoch zu wissen, wofür Sie sie einsetzen wollen. Wollen Sie nun dieses tun oder jenes? Und worauf gründen Sie Ihre Entscheidung? Erst wenn Sie eine Empfindung haben, in welche Richtung Sie Ihre Energie einsetzen wollen, kann ein bestimmter Impuls entstehen, ein Anstoß zum Empfinden, zu Emotionen, Gedanken und Handlungen.

Nun ist der ursprüngliche Impuls oft intuitiv. Er entsteht aus einem tiefen, unbewussten Verlangen und gründet meistens auf Erfahrungen aus der Vergangenheit. Irgendwann einmal haben

Sie einen Moment erlebt, in dem Sie wirkliche Begegnung, grenzenloses Genießen, Wärme, die Möglichkeit, ihre eigenen Grenzen zu setzen, das Gefühl, etwas wirklich zustande zu bringen usw., erlebt haben. Und nach diesem Gefühl verlangen Sie wieder. Sie wollen zum Beispiel gern jemanden kurz umarmen. Doch sobald dieser Impuls sich in die Richtung bewegt, in die Ihr Verlangen geht, geschieht etwas Merkwürdiges: Sofort entstehen Reaktionen und Gefühle, die den ursprünglichen Impuls unterbrechen. Es entstehen Erwägungen, Widerstände, Sorgen, die Ihre Kraft unterminieren, und zwar weil früher ein direktes Äußern jener Impulse oft nicht möglich war. Gleichzeitig mit dem Impuls entsteht also ein Widerstand. Und dieser Widerstand bringt wiederum ein eigenes Gefühl, ein Bild, einen Gedanken hervor, etwa: »Es gelingt mir doch nicht. Ich bin zu müde. Was wird der andere davon denken? Ich traue mich nicht ...« Dieser Widerstand kann sich dem ursprünglichen Impuls nicht nur entgegenstellen, er kann auch dessen Richtung ändern oder ihn sogar umformen. Eigentlich geschieht es nur recht selten, dass wir einen ursprünglichen Impuls auf natürliche Weise äußern und ihm Form verleihen können. Und so geht unsere Energie aufgrund all dieser Widerstände und Umwege verloren, bevor sie überhaupt in Aktion trat.

Außerdem hat nicht jeder gleich viel Energie. Manche Menschen haben von Geburt an (oder durch Krankheit) ein niedriges Energieniveau. Und oft ist sie verschieden verteilt. Manche Menschen haben eine enorme körperliche Energie, andere können sich pausenlos irgendwelche Dinge ausdenken, sind sehr intuitiv, musikalisch entwickelt oder können gefühlsmäßig sehr viel aushalten. Das hängt mit einer bestimmten persönlichen Beschaffenheit zusammen (wobei auch erbliche Faktoren eine Rolle spielen) und damit, wie man in seiner Jugend stimuliert oder gebremst wurde. Dadurch können sich ganz bestimmte Muster in Ihrem Umgang mit der eigenen Energie herausbilden.

Es gibt fast niemanden, bei dem die Lebensenergie ungehindert und kreativ ihren Weg zum Handeln oder zur Begegnung mit anderen Menschen findet. Eigentlich hat jeder bereits in seiner Jugend gelernt, seine Energie zu zähmen. Vielleicht weinten Sie zu viel, schrien zu laut, saßen niemals still, konnten sich nicht auf Ihre Hausaufgaben konzentrieren, Sie waren vielleicht nicht gut genug im Rechnen oder in Fremdsprachen, oder Sie waren einfach nicht brav. Daneben aber hieß es unter Umständen bei Dingen, die Sie Ihrer Meinung nach gut machten, sie seien nutzlos, schmutzig, frech, schlampig, nicht lieb oder kindsköpfig. Obwohl eine gewisse Ordnung und bestimmte Regeln in einem Familienzusammenhang einfach notwendig sind, kann die Energie eines Menschen auch so stark unterdrückt werden, dass er nicht einmal mehr weiß, welches seine eigene Kraft ist. Ein gewisser Widerstand und Regeln in der Umgebung sind notwendig, um die eigene Identität entdecken zu können (ohne Grenzen käme es zu einer fortwährenden Unsicherheit und Verwirrung darüber, wer man eigentlich ist); doch sobald Angst und Unterdrückung ins Spiel kommen, muss das Kind komplizierte Strategien entwickeln, um seine Kraft zurückzuhalten, sich selbst zu unterminieren oder Umwege zu suchen, sodass seine Kraft nirgendwo richtig ›ankommt‹.

Stellen Sie sich vor, in Ihnen entsteht ein Impuls in Bezug auf einen anderen Menschen, ein Gefühl von Liebe, Verlangen, Wut oder Irritation. Wenn Sie dieses Gefühl auf eine natürliche Weise äußern könnten, würde eine ganz bestimmte Art der Begegnung mit dem anderen zustande kommen. In dieser Begegnung kann nun wiederum eine bestimmte Energie oder Nahrung zu Ihnen zurückströmen. So entsteht eine Beziehung, in der eigentlich alle Gefühle einen Ort finden können. Aber meistens geschieht etwas anderes. Jener Impuls, der aus Ihnen herauskommen möchte, verstrickt sich in alten Reaktionsmustern. Nicht nur, dass Sie den anderen nicht erreichen, Sie erhalten außerdem auch noch keine Energie zurück. Die Folge ist häufig ein leeres, frustrierendes oder ›kahles‹ Gefühl. Der andere antwortet nicht, wie Sie es erwarten, und eigentlich verstehen Sie nicht, wie das möglich ist. Und je nachdem, wie Sie beschaffen sind, werden Sie geneigt sein, die Schuld entweder bei sich selbst oder beim anderen zu suchen.

Es gibt mehrere Möglichkeiten, weshalb Ihre Energie nicht dort ankommt, wo sie hinmöchte, und ich unterscheide hier sieben verschiedene solcher Strategien. Merkwürdigerweise macht es offenbar nichts aus, ob es um ›positive‹ oder ›negative‹ Impulse geht. Der eine hat enorme Schwierigkeiten damit, seine Wut zu äußern und Nein zu sagen; ein anderer kann niemals Ja sagen oder den anderen bitten, seine Arme um ihn zu legen. Diese Strategien sind meistens in einer ganz fernen Vergangenheit entstanden. Wenn Sie in Ihrer Fantasie den anderen einmal kurz durch einen Elternteil ersetzen, sehen Sie oft sofort den Zusammenhang. Irgendwann einmal haben Sie es sich abgewöhnt, Ihre Energie unbekümmert aus sich herauszusetzen. Wenn Sie erkennen, auf welche Art Sie das tun, gewinnen Sie Einsicht in Ihre Verhaltensmuster. Vielleicht brauchen Sie sie dann in Zukunft nicht mehr automatisch zu wiederholen.

Sieben Arten, dem anderen nicht zu begegnen

1. Die ausweichende Route

Nehmen wir an, Sie sind jemandem böse, aber aus irgendeinem Grund schaffen Sie es nicht, diese Gefühle auf die betreffende Person zu richten. Sie merken zwar, dass Sie auf den Hund, die Kinder, einen Autofahrer, eine politische Partei oder was auch immer böse sind, aber nicht auf denjenigen, der es im Grunde verdient hat. Es ist aber auch möglich, dass Sie, während Sie sich z.B. auf dem Weg zu der bewussten Person befinden, immer böser werden, dass Sie aber in dem Augenblick, in dem diese vor Ihnen steht, wieder wie gewohnt freundlich sind.

Ähnliches gilt für positive Gefühle. Sie mögen jemanden ganz gerne, aber statt es zu zeigen, wenn Sie dieser Person begegnen, verschließen Sie sich oder streicheln höchstens die Katze. Häufig wird Ihnen dieses ganze Gefühlsdilemma erst hinterher bewusst. Im Nachhinein wissen Sie ganz genau, was Sie hätten sagen und tun sollen und wie Sie hätten reagieren sollen, leider jedoch nicht im Augenblick selbst, denn zu der Zeit waren Sie verstört, verwirrt, machtlos.

Solche Reaktionen sind vielleicht darauf zurückzuführen, dass Sie als Kind nicht wussten, wohin mit Ihrer Liebe oder Wut. Ihre Zuneigung wurde von Ihrer Umgebung nicht verstanden oder erwidert. Wenn Sie sich ärgerten und böse wurden, schickte man Sie sofort auf Ihr Zimmer. Sie mussten also Schleichwege finden, um zumindest etwas von Ihrer Energie loszuwerden, und diese Methode wenden Sie heute immer noch an. Häufig kostet es Sie auch Mühe, Ihre Aufmerksamkeit auf eine einzige Sache zu richten. Eigentlich machen Sie alles mögliche, aber Sie stecken keine oder zu wenig Energie in das, was wirklich wichtig ist.

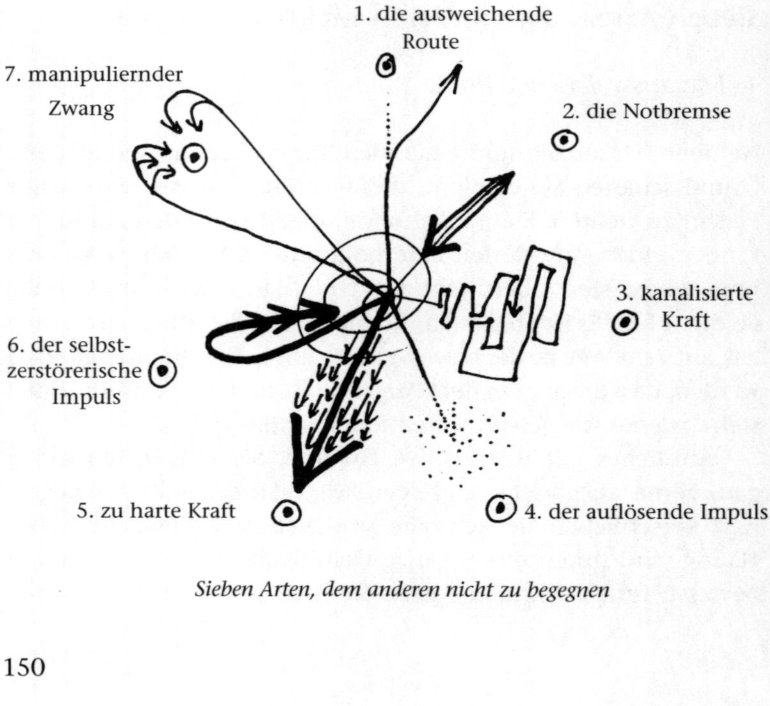

Sieben Arten, dem anderen nicht zu begegnen

2. Die Notbremse

Guten Mutes machen Sie sich auf den Weg, einem anderen Menschen zu sagen, dass Sie ihn lieben (oder hassen), aber mit jedem Schritt nimmt Ihre Unruhe zu und ballt sich schließlich zu einer gewaltigen Angst zusammen. Wenn Sie fast an Ort und Stelle sind, ist Ihre Angst so groß, dass Sie innerlich erlahmen oder zu Eis erstarren, womöglich anhalten oder kein Wort mehr herausbringen können.

Sobald eine Emotion sich äußern will, entsteht Angst. Wollen Sie z.B. jemandem Ihre Zuneigung zeigen, fürchten Sie so sehr, die andere Person könnte Sie abweisen, dass Sie schließlich den entscheidenden Schritt ganz unterlassen. Sind Sie verärgert, so befürchten Sie, der andere könnte noch böser werden als Sie selbst, sodass Sie Ihren Ärger schließlich hinunterschlucken. Wenn Sie betrübt sind, fürchten Sie, dass man Sie auslachen könnte. Jede Emotion, aber damit auch Ihre Lebensenergie, wird sozusagen immer mehr auf Eis gelegt. Weil das Grundgefühl Angst ist, geraten Sie immer tiefer in eine emotionale und physische Blockade, als ob Sie in einen Schraubstock gezwängt wären.

Häufig gehen Ihre Angstgefühle wiederum auf eine Blockade in der Kindheit zurück. Aggressiven oder gefühlsmäßig kalten Eltern ausgeliefert sein, gedemütigt werden, wenn man als Kind weint, von der ganzen Klasse ausgelacht werden – solche Reaktionen der Umgebung auf den Impuls eines Kindes, zu äußern, was in ihm lebt, verursachen so viel Angst, dass es lernt, sich vor diesen Gefühlen zu hüten. Alles, was heraus will, wird im selben Augenblick auch schon unterdrückt. Die innere Spannung, die dadurch entsteht, ist unglaublich groß. Stellen Sie sich zum Beispiel vor, Sie wollten als Kind Ihren Vater schlagen, weil er Sie auslachte (oder weil er Ihre Mutter schlug), dann staute sich in Ihnen eine gewaltige Kraft, die zuschlagen wollte. Aber es muss eine noch größere Kraft in Ihnen vorhanden gewesen sein, die imstande war, diese Bewegung zu unterdrücken. Das erzeugte eine enorme Spannung, die sich in Ihrem Körper festsetzte. Der unterdrückte Impuls zum Schlagen setzte sich in den Schultern fest, das Gefühl, nicht weglaufen zu können, setzte sich in Beinen und Becken fest, die Tatsache, dass man nicht schreien durfte, setzte sich im Hals fest. Die Spannung kann so groß sein, dass sie zu physischen Beschwerden führen kann.

3. Kanalisierte Kraft

Was nach außen gelangen will, ist zunächst immer (körperlicher/emotionaler) Impuls. Sogar der komplizierteste Gedankengang fängt mit einem Impuls an. Erst später entstehen Bilder und Worte, die dem Impuls Gestalt geben. Die Essenz der Botschaft, die Sie dem anderen Menschen zu vermitteln versuchen, ist sprachlos, wortlos, vielleicht sogar bildlos. Aber anstatt den anderen zu ›packen‹, fangen Sie an, ihm eine Art Geschichte zu erzählen. Eigentlich handelt die Geschichte nur zum Teil von Ihnen selbst. Sie besteht aus Worten, Meinungen und Ideen, die sich von dem ursprünglichen Impuls bereits gelöst haben.

Sie reden und reden, aber Sie treffen den andern nicht und der andere seinerseits fühlt sich auch nicht berührt, vielleicht nicht einmal richtig wahrgenommen oder gehört. Der ursprüngliche Impuls wird in ausgeklügelten Erklärungen kanalisiert, die immer komplizierter werden, je deutlicher Sie sich selbst darstellen und rechtfertigen wollen. Auf diese Weise wirken Sie sehr anstrengend auf Ihre Umgebung. Jemand wird Sie vielleicht zu guter Letzt doch noch fragen: »Was spielt sich nun wirklich in dir ab?« oder »Was fühlst du eigentlich?«, und Sie antworten: »Das erzähle ich doch gerade!«, aber diese Antwort scheint nicht die zu sein, die der andere hören will.

Vielleicht wurden Ihre Gefühle von Ihren Erziehern oft nicht erwidert. Der Intellekt stand im Vordergrund. Das einzige, was zählte, war trockenes Bücherwissen, gute Noten und dergleichen. Weil Rechnen und Sprache viel wichtiger waren als Malen und Spielen fingen Sie an, Ihre Kreativität zu ignorieren, auch deswegen, weil Sie doch immer ganz glücklich über jede zärtliche Geste waren. Aber auch das Umgekehrte kann der Fall gewesen sein. Die Mutter war z.B. unglaublich emotional oder die häusliche Situation als Ganzes wirkte dermaßen bedrohlich, dass die einzige Rettung darin bestand, sich ganz und gar in den Kopf zurückzuziehen. Dort war man sicher vor der Umgebung. Heute fühlen Sie sich dort vor Ihren eigenen Gefühlen sicher, die, wenn sie aufsteigen, häufig sehr heftig sind. Noch schlimmer wird es, wenn sogar Ihre eigenen Gedanken kein gutes Haar an Ihnen lassen. Sobald Sie etwas unternehmen wollen, klingen Stimmen in Ihrem Kopf: »Das kann ich nicht. Es wird mir sicher nicht gelingen. Ich bin absolut wertlos. Ich bin häßlich oder nicht intelligent genug. Andere sind viel besser.« Innere Botschaften sabotieren jede Form von Kraft, Energie, Verlangen, Kreativität. Geben Sie diesen Stimmen nach, so können Sie sich im Laufe der Zeit gänzlich zugrunde richten: »Es ist völlig nutzlos, dies oder das zu tun. Das Leben ist ja ohnehin sinnlos. Ich kann genauso gut meinem Leben ein Ende setzen.«

Wenn Sie sich Ihrer Vergangenheit zuwenden, so werden Sie häufig entdecken, dass dies alles die ausgesprochenen und unausgesprochenen Botschaften von Eltern, Lehrern, älteren Geschwistern waren. Diese Botschaften können ruhig an die Absender zurückgeschickt werden, es sind nicht die Ihrigen!

4. Der auflösende Impuls

Was ein Mensch auch anfangen mag, jede Aktivität löst sich immer wieder in Verschwommenheit, Ohnmacht, Zweifel, Unsicherheit, also in Luft auf. Er hat Pläne, hat vor, Bestimmtes zu unternehmen, Menschen anzurufen, Verabredungen zu treffen, aber es kommt niemals so weit. Worte bleiben ihm im Hals stecken, Pläne gelangen nicht aufs Papier oder bleiben immer nur auf dem Papier bestehen, Emotionen scheinen sich immer wieder aufzulösen. Manchmal steigt eine Welle des Kummers in ihm auf, aber im Nu ist auch diese wiederum verschwunden. Er wird eigentlich niemals böse, auch nicht eifersüchtig. Oft ist nicht deutlich, wo eigentlich seine Grenzen liegen. Will er jemanden wegen seiner Grobheit zurechtweisen, so bekommt er gleich Zweifel, ob diese Person wirklich absichtlich grob sein wollte. Er ist wie ein Flugzeug mit zu wenig Treibstoff oder eine Blume mit zu wenig Wasser. Die ganze Energie löst sich auf halber Wegstrecke auf oder verteilt sich auf so viele Sachen, dass er immer überall gleichzeitig zu sein scheint, aber nirgendwo richtig anwesend ist.

Dies könnte seinen Grund darin haben, dass seine Eltern keine deutlichen Grenzen setzten oder umgekehrt, unentwegt Grenzen überschritten. Oder er sorgte für seine Eltern, statt seine Eltern für ihn. Oder alles und jeder hat ihn völlig seinem Schicksal überlassen. Er zog von einem Ort zum anderen, von dem einen Elternteil zum anderen und war nirgendwo richtig zu Hause. Was er auch tat oder sagte, er erreichte damit niemanden. Demzufolge herrscht also in seinem Innern tiefe Hoffnungslosigkeit, wodurch die wirkliche Kraft oder die Möglichkeit zur Verwirklichung innerer Impulse fehlt.

Ein ähnliches Muster kann auch als Zeitphänomen in einer Kultur wie der unseren entstehen, in der es auf allen Gebieten eine solche Vielfalt gibt und gar nicht deutlich ist, welche Normen festgesetzt sind und was Qualität hat, und deshalb eine unglaubliche Verwirrung herrscht. Man kann nämlich seiner Kraft nur dann eine Richtung geben, wenn bereits ein grundlegendes Gefühl von Richtung vorhanden ist und man auch um das Wie und Warum dieser Richtung weiß. Ein übergroßes Angebot macht das wirkliche Auswählen nahezu unmöglich, weil es soviel Zeit kostet, alles miteinander zu vergleichen. Demzufolge trifft man meistens entweder gar keine Wahl oder setzt seine Suche endlos fort oder klammert sich in einer Art blinder Hoffnung an irgendeiner Sache fest: »Lasse ich diese los, dann bin ich steuerlos und somit rettungslos verloren.« Solche Reaktionen führen nicht wirklich zu innerem Wachstum und zu wahrhaftiger Selbstständigkeit.

5. Zu harte Kraft

Sie sind gereizt, weil etwas Geringfügiges schiefgegangen ist und in diesem Augenblick ist es, als ob eine wahre Welle an Bosheit Sie mitreißt. Diese Wut hat nichts mit dem zu tun, was gerade geschehen ist, sondern es ist der aufgestaute Hass gegen Eltern, Lehrer, Chef, Gott, Partner, kurz gegen alles, was Ihnen im Leben im Weg steht. Meistens ist tief in Ihrem Innern eine Ursache für diese Reaktion zu finden, z.B. ein aggressiver Vater oder eine lieblose Mutter. Die aufsteigende Wut ist aber zum Gewohnheitsmuster geworden, wird auf die Umgebung projiziert und nun haben Sie das Gefühl, dass von allen Seiten versucht wird, Sie in irgendeiner Weise an Ihrem Tun zu hindern. Die Energie, die aus Ihrem Innern aufsteigt, ist gewaltig; Sie könnten damit einen Lastkraftwagen umwerfen. Trotzdem schaffen Sie es nicht, dieser Energie einen produktiven oder kreativen Ausdruck zu verleihen. Ihre Aggressivität ruft ihrerseits Widerstand in Ihrer Umgebung hervor, was in Ihren Augen die Auffassung von der ›bösen‹ Außenwelt auf unmittelbarem Weg bestätigt. Ihre Gewohnheit, eine Sache in dieser Art und Weise anzugehen, die Ihnen bereits ins Blut übergegangen ist, kann fast immer nur zum Scheitern führen und somit bekommen Sie erneut Recht. Diese Lebensweise können Sie bis zum Tod beibehalten, den Sie womöglich auch noch zähneknirschend hinter sich bringen.

Ein ähnliches Muster kann man z.B. auch bei Kummer beobachten. Ein einziger tragischer Augenblick lässt einen in eine tiefe Niedergeschlagenheit über das ganze Unrecht in der Welt versinken. Oder die Liebe für einen anderen Menschen ist so unglaublich groß und übersteigt jedes Maß, dass der andere davon völlig zerschmettert wird.

Nach einem solchen Gefühlsausbruch fällt man meistens in ein tiefes Loch. Aber manchmal gelingt es der Angst, die man vor einem solchen drohenden Ausbruch hat, dieses seelische Gewitter bereits im Keim zu ersticken.

6. Der selbstzerstörerische Impuls

Möglicherweise war in Ihrer Kindheit die Bedrohung durch Ihre Umgebung so groß, dass Sie dazu übergingen, den Hass, der als Reaktion darauf in Ihnen entstanden war, gegen sich selbst zu richten. Sie wenden nun Ihre Energie vor allem darauf an, sich selbst herunterzumachen. Danach können Sie mit Recht sagen, dass Sie wertlos und zu gar nichts imstande sind. Der Leitgedanke ist: »Wie vernichte ich mich selbst?« Man kann in dieser Hinsicht besonders einfallsreich und erfinderisch werden.

Diese energetische Umkehrung kann bei allen Emotionen auftreten. Liebe wird zur Eigenliebe, Kummer zum Selbstmitleid, Eifersucht zum Stolz. Die Folge ist auf jeden Fall Isolierung. Während bei allen oben genannten Ausweichstrategien die Außenwelt immer noch irgendwo ein geringes Zeichen von menschlichem Bemühen wahrnehmen konnte, so ist hier die Hinwendung auf das eigene Selbst so groß, dass ein anderer Mensch schwerlich einen Funken Mitgefühl aufbringen kann. Selbsthass lockt bei den Mitmenschen Bosheit hervor, Selbstmitleid führt zu absichtlichem Ignorieren vonseiten der anderen und Stolz ruft Ekel hervor.

Wenn man in der Kindheit das Gefühl hatte, dass einen die Eltern wirklich nicht ausstehen konnten – vielleicht wollten sie kein Kind oder auf jeden Fall nicht so bald oder sie waren ihrer Aufgabe als Erzieher nicht gewachsen – so hat sich bei diesem Kind womöglich ein Muster entwickelt, bei dem die nach außen drängende Energie sich gegen es selbst kehrte. Weil man es nicht schaffte, seiner Umgebung böse zu sein, richtete man seine Wut gegen sich selbst. Heute hasst man sich, ist durch und durch negativ und denkt nur das Schlechteste von sich. Man bohrt sozusagen selbst die Löcher in den Boden seines Energietanks.

7. Manipulierender Zwang

Statt seine Wünsche unmittelbar mitzuteilen, macht man alle möglichen Umwege und versucht den anderen so zu manipulieren, dass er tut, was man selber gerne möchte. Allerlei Formen der Erpressung werden angewandt und verbaler Druck ausgeübt, um dem anderen etwas abzuzwingen, ohne die eigenen Wünsche offen einzugestehen: »Du bist bestimmt wieder zu beschäftigt, um heute abend ins Kino zu gehen, oder?« »Meine Mutter würde es sehr schön finden, wenn wir sie zusammen besuchen würden.« Das sind noch harmlose Beispiele. Besonders innerhalb partnerschaftlichen Beziehungen sind viele Taktiken möglich, seinen Willen zu bekommen. Meistens appelliert man dabei an das Schuldgefühl des anderen.

Es kann aber auch sein, dass es einem sehr schwer fällt, den anderen um etwas Persönliches zu bitten, ja sogar ihn zu bitten, einen einmal in die Arme zu nehmen. Stattdessen fängt man an, diesen Menschen zu umsorgen. Oder man legt immer wieder den Arm um seine Schultern, in der Hoffnung, er würde dasselbe auch bei einem selbst tun. Möglicherweise versteht der andere den Sinn dieser Geste nicht, und man reagiert gereizt und enttäuscht, sodass der andere erstrecht nicht versteht, was los ist.

Es ist aber auch möglich, dass wir es – ohne einen gereizten Ton anzuschlagen – schaffen, den anderen bis aufs Blut zu reizen, sodass dieser schließlich explodiert und wir wiederum verärgert oder sarkastisch reagieren können. Welche Taktik auch angewandt wird, immer ist das Grundmuster Manipulation oder Erpressung statt unmittelbarer Offenbarung der eigenen Gefühle und Emotionen.

Bei jedem dieser sieben Reaktionsmuster kann man sich natürlich der Vergangenheit zuwenden, um zu entdecken, wie sie entstanden sind. Man hat sie nicht ohne Grund entwickelt. Es ist nicht so, dass man es als Kind schön fand, seine Energie und Kraft zurückzuhalten oder zu bändigen. Man konnte eben nicht anders. Die Umstände zwangen einen dazu, auf die entsprechende Weise mit der eigenen Kraft hauszuhalten. Das war die einzige Möglichkeit, möglichst viel von seiner Eigenheit und Verletzlichkeit zu beschützen. Versuchen Sie also nicht, Ihre Reaktionsmuster als etwas Negatives anzusehen, sondern als Hilfsmittel, die Sie zum Überleben anwandten. Aber diese Phase geht nun zu Ende. Deswegen können Sie heute auch auf Ihre Vergangenheit zurückblicken und versuchen zu erkennen, wie Sie gelernt haben, sich Ihre Kraft selbst zu entziehen. Wie gehen Sie nun bei diesem Rückblick vor? Es ist ein Bewusstwerdungsprozess. Solange Sie sich einer Sache nicht bewusst sind, können Sie auch nichts daran ändern. Sobald Sie sich aber der Tatsache bewusst werden, wie wenig Sie eigentlich von Ihrer Kraft Gebrauch machen, sind Sie imstande, das zu ändern. Die wesentliche Frage, die Sie sich dabei ständig vor Augen halten sollten, lautet: »Welche Methode wende ich anscheinend immer wieder an, um mich zu schwächen und mich so meiner Lebenskräfte zu berauben?«

Übung: Wie nehme ich mir selbst die Kraft weg?

Denken Sie zurück an eine Situation, die Ihrem Gefühl nach nicht ›zu Ende gebracht‹ ist. Ein Beispiel: Sie kommen fröhlich und ausgelassen nach Hause und Ihr Partner sitzt schlecht gelaunt auf dem Sofa und will nichts von Ihnen wissen. Darauf reagieren Sie ›falsch‹, und kurz danach ist ein Streit im Gange. Stellen Sie sich die Situation so detailgenau wie möglich vor. Schauen Sie sich genau an, was geschehen ist. Welche Reaktion stieg in Ihnen auf? Was war Ihr erster Impuls?

Nehmen Sie diesen Impuls ernst. Spüren Sie ihn in seinem ganzen ›Gewicht‹, auch wenn Sie ihn jetzt missbilligen. Identifizieren Sie sich noch einmal völlig mit diesem ursprünglichen Impuls. Was für ein Gefühl war das? Wo fühlten Sie diese Emotionen in Ihrem Körper? Was wollte Ihr Körper (z.B. schlagen, umarmen, wegrennen)? Was waren die ersten Gedanken, die in Ihnen aufkamen?

Warum haben Sie auf diesen Impuls nicht gehört? Was schob sich dazwischen? Was war diese Gegenkraft? War es eine Mauer? Sind Sie in innerer Kälte erstarrt? Waren da rationale Überlegungen? Eine Stimme von oben? Widersprüchliche Gefühle? Spüren Sie den Konflikt zwischen Ihrem ursprünglichen Impuls und dem, was ihn aufhielt.

Nehmen Sie dann dieses körperliche/emotionale Gefühl mit in Ihre Vergangenheit. Versuchen Sie, ein eventuelles altes Ereignis (eines genügt) zu erkennen, in dem Sie dasselbe Gefühl hatten. Sie kamen zum Beispiel damals ausgelassen aus der Schule nach Hause, doch niemand schenkte Ihnen Aufmerksamkeit oder es war einfach niemand da. Spüren Sie, wie alt Sie damals waren. Geben Sie dann die Art, wie Sie sich selbst Kraft entziehen, der Vergangenheit zurück, indem Sie zu sich sagen: »Dies ist die Reaktion eines soundso viel Jahre alten Jungen oder Mädchens. Damals war das notwendig, jetzt aber nicht mehr.«

Gehen Sie dann zurück zu dem ursprünglichen Impuls und stellen Sie sich vor, wie Sie ihm, in Ihrer Vorstellung, Raum geben. Was könnte schief gehen, wenn Sie ihm mehr Raum geben? Was könnte gut gehen? War der Impuls tatsächlich auf die bestimmte Situation abgestimmt oder war er ein altes Reaktionsmuster? Man könnte auch sagen: War es ein alter Impuls von früher oder ein aktueller, aufrichtiger Impuls in Bezug auf Ihren Partner?

Wie handeln Sie dann beim nächsten Mal? Betrachten Sie die nächste mögliche Situation, in der aller Erwartung nach dasselbe geschehen wird (z.B. wenn Sie morgen nach Hause kommen). Wie verhalten Sie sich? Wie können Sie Ihrer eigenen inneren Kraft mehr Raum geben?

Wenn Sie auf diese Art zu entdecken beginnen, wie und warum Sie den Impulsen, die in Ihnen aufsteigen, kein Gehör schenken, schaffen Sie einen inneren Raum, in dem Sie diese Impulse mehr zu Ihrem Recht kommen lassen können. So entdecken Sie allmählich Ihre eigene Kraft. Von dort aus kann eine wirkliche Begegnung mit dem anderen entstehen, die nicht nur Kontakt und Intimität, sondern auch Konfrontationen möglich macht. Dann strömt die Energie einer Begegnung (oder einer Aufgabe, die Sie auf sich genommen haben) auch wieder zu Ihnen zurück, und Sie sorgen dafür, dass Ihre eigene Kraft nicht mehr verloren gehen kann.

Das Stopfen der Löcher

Wenn Sie sich intensiver auf die Suche nach Ihrer inneren Kraft begeben, werden Sie merken, dass – abgesehen davon, dass diese Kraft nicht von selbst aus Ihnen hervorströmt – gewisse Energielöcher existieren. Manche Kontakte oder Aktivitäten scheinen all Ihre Energie zu verschlucken, und das bedeutet, dass Sie bestimmte Energielöcher werden stopfen müssen, wenn Sie sich stärker entwickeln wollen. Das erfordert enorme Disziplin. Nicht ohne Grund zog sich der berühmte tibetanische Yoga-Meister Milarepa immer wieder in eine andere Höhle zurück und klagte, dass die Menschen ihn trotzdem zu finden wussten, was ihn zwang, jedes Mal wieder umzuziehen. Denn der Kontakt mit ›der Welt‹ schenkt uns einerseits Energie, doch es geht dabei auch viel von unserer Kraft verloren.

In der Interaktion mit der Welt wird uns in vielerlei Hinsicht etwas abgefordert: durch unsere Partner, Eltern, Kinder, unsere Arbeit, die Umgebung usw. Jede Beziehung, die wir mit unserer Umwelt eingehen, schafft bestimmte Verantwortlichkeiten und Verpflichtungen. Selbst wenn wir ein Brot kaufen, müssen wir es aufessen oder irgendwann wegwerfen. Alles, was wir tun, zieht bestimmte Folgen nach sich. Das ist das Gesetz des Karma, wenn man so will, das Gesetz von Ursache und Wirkung. Es gibt jedoch viele ›Folgen‹, die zwar von der Außenwelt in den Vordergrund gerückt werden, denen wir aber nicht per se Folge leisten müssen. Unsere Eltern, unser Partner oder unsere Partnerin, Kollegen oder Nachbarn sind der Meinung, dass wir irgendetwas zu tun haben. Doch sind wir selbst auch dieser Meinung?

Die Gesellschaft hält uns ständig ›etwas‹ vor und behauptet, dieses Etwas sei ganz wichtig: ein bestimmtes Auto, der neueste Computer, das Internet, ein Diensttelefon, ein idealer Partner, eine Eigentumswohnung, eine prestigereiche Stelle, exotische Ferien, ein bewusstseinserweiternder Kurs, eine bestimmte Lebensphilosophie usw. Und wir gehen immer ein wenig darauf ein, unsere Aufmerksamkeit beginnt sich in diese Richtung zu bewegen, ein wenig fangen wir an zu glauben, dass es tatsächlich so sei, wir identifizieren uns ein wenig mit diesem Auto, jenem Traumpartner, jenem Ferienziel etc. Und jedes Mal, wenn wir das tun, entsteht ein Gefühl, etwas in Bezug auf das Jetzt verloren oder versäumt zu haben, und außerdem strömt etwas Energie in diese Richtung. Es ist, als ob ein kleines Loch in unseren Körper gepikst wird und durch dieses Loch entströmt ein ganz klein wenig Blut. Nicht viel, doch relativ häufig. Ein klein wenig Blut, ein klein wenig Energie.

Ähnliches spielt sich in der Abgeschlossenheit unseres Inneren ab. Ein Gedanke kommt in uns auf und wird zu einer Geschichte, er zieht Gefühle und Emotionen nach sich, und wir fangen an, uns ein wenig mit dieser Geschichte und diesen Gefühlen zu identifizieren. Im selben Moment strömt Energie von uns weg in diese Geschichte. Es ist wie beim Fernsehen: Diese virtuelle Wirklichkeit produzieren wir ebenfalls selbst. Es ist, als gingen wir für eine kleine Blutprobe ins Krankenhaus und plötzlich wird uns ein ganzer Liter abgezapft. Das war so nicht vorgesehen, doch die Schwester war kein Freund langer Erklärungen, und plötzlich war es schon passiert.

Dasselbe kann sich auch in Beziehungen abspielen. Jedes Mal, wenn wir mit dem anderen Kontakt haben, bleiben wir leer zurück. Das können wir natürlich diesem anderen vorwerfen, und manchmal mag es tatsächlich notwendig sein, den Kontakt mit ihm zu vermeiden. Doch wir selbst sind es, die das zugelassen haben!

Nicht nur das Anbohren, das Frei-werden-Lassen und das Gezielt-anwenden-Lernen unserer Energie ist demnach von Bedeutung, sondern auch das Stopfen der Löcher. Sonst sammeln Sie zwar mehr Energie, jedoch mit dem einzigen Resultat, dass sie auch wieder kräftiger von uns wegströmt, wie aus einer undichten Regentonne. Wir haben nicht viel von ihr, bevor die Löcher nicht gestopft sind.

Welches sind nun unsere Energielöcher? Wo strömt die Energie weg? Um das zu erforschen, müssen wir zuerst die verschiedenen Formen von Energie betrachten und uns selbst auf energetischem Niveau erfahren lernen.

Im Wesentlichen sind es drei oder vier Ebenen von Energie, die sich wiederum feiner unterteilen lassen. Diese Einteilung ist im Hinduismus, Buddhismus, Sufismus und Schamanismus bekannt, zwar nicht überall in der gleichen Art, doch mit vielen Übereinstimmungen. Es sind universale, aus der Erfahrung des Mensch-Seins erwachsene Erkenntnisse, die nicht an bestimmte Traditionen gebunden sind, sondern überall auf eigene Weise ausgestaltet wurden.

Die folgende Unterteilung entstammt hauptsächlich dem Buddhismus. Es ist eine Unterteilung in drei Dimensionen, Körper (Spannungen), Atem (Emotionen) und Geist (Denken), die wiederum jeweils drei Dichtegrade haben, was zu insgesamt neun Dimensionen führt. Diese Einteilung fällt nicht zusammen mit den so genannten Energiezentren oder Chakren. Alle Energiezentren haben diese neun Dimensionen, doch in verschiedener Quantität.

Körper/Spannungen

Die materiellste und gröbste Form von Energie ist die körperliche Energie, die wir einsetzen, um uns zu bewegen, zu arbeiten und für alle körperlichen Prozesse. Diese Energie können wir wiederum in drei Formen unterteilen. Bei ihrer gröbsten Form handelt es sich um die bewusste Bewegungsenergie unseres Bewegungsapparates, unsere Muskeln. Auf einer subtileren Ebene geht es mehr um die unbewussten Prozesse wie Atmung, die Peristaltik der Därme, den Blutkreislauf usw. Auf einer noch höheren, feineren Ebene ist es die vitale Energie des Nervensystems, die Lebensenergie, die durch unseren ganzen Körper strömt und zum Beispiel während eines Orgasmus sehr stark spürbar ist.

Atem/Emotionen

Da ist zunächst der gewöhnliche Atem, der ein- und ausströmt, verbunden mit der Bewegung unserer Lungen. Atem und Emotionen stehen miteinander in Zusammenhang: Wenn wir wütend werden, beschleunigt sich unser Atem sofort, umgekehrt können wir aber durch unsere Atmung auch bestimmte Emotionen hervorrufen oder zur Ruhe bringen. Auf einer feineren Ebene strömt der Atem durch unseren ganzen Körper und versorgt jede Zelle mit Sauerstoff bzw. führt Sauerstoff ab. Dies ist mehr mit unseren subtileren Gefühlen wie Freude oder Liebe verbunden. Und auf einer noch feineren Ebene strömt der Atem durch die Poren unserer Haut und durchdringt alles. Er ist dann wie ausstrahlende Energie oder bedingungslose Liebe.

Geist/Denken

In der gröbsten Form sind es Gedanken, verbunden mit Gefühlen, die sich zu Geschichten aneinanderreihen, die dann manchmal fast nicht von der Wirklichkeit zu unterscheiden sind. Auf einer feineren Ebene sind es durch Sinneswahrnehmungen hervorgerufene Bilder, Geräusche, Klänge, Düfte, Berührungen, die ein kreatives Spiel spielen, das wir endlos genießen können. Auf einer noch feineren Ebene sind es meditative Erfahrungen, die von keinerlei äußeren Umständen mehr abhängig sind und bei denen der Geist in gelöster Form als eine Erfahrung von Raum und Licht anwesend ist.

Übung: Wie verlieren Sie Ihre Energie?

Versuchen Sie einmal, sich einen ganzen Tag lang wahrzunehmen. Am Anfang ist das schwierig, weil Sie es tun müssen, während Sie aktiv sind. Die Impulse, die Ihr Leben beherrschen, sind so stark, dass Sie immer wieder vergessen, sich selbst wahrzunehmen. Und wenn Sie daran denken, ist es wie ein Wassertropfen, der sich in einem reißenden Gebirgsbach gegen den Strom bewegen möchte: Er wird sofort mitgerissen. Sie müssen also damit beginnen, einen Moment des Stillstands einzubauen. Sie halten inne. Mitten in Ihren Tätigkeiten halten Sie inne. Wenn Sie eine Armbanduhr mit Weckfunktion haben – doch eine Küchenuhr tut es auch – können Sie sich jede Stunde oder jede halbe Stunde daran erinnern lassen. Jede Stunde oder jede halbe Stunde halten Sie kurz inne und versuchen, sich Ihrer selbst gewahr zu werden. Wo ist Ihre Aufmerksamkeit? Wo ist Ihre Energie? Strömt Ihre Energie weg oder fließt Ihnen Energie zu?

Das erscheint sehr simpel, doch das ist es nicht. Natürlich vergessen Sie Ihren Vorsatz, und wenn Sie dann doch daran denken, melden sich sofort enorme Widerstände: »Das ist Unsinn, es bringt doch nichts.« Die Widerstände können so stark sein, dass Sie spontan Übelkeit verspüren oder depressiv werden.

Wenn Sie aber die erforderliche Disziplin einmal aufbringen konnten, auf welche Weise haben Sie sich dann wahrgenommen? Wie tun Sie das? Was bedeutet Gewahrwerdung?

Die Neigung ist groß, sich selbst vom eigenen Denken aus zu betrachten. Man beobachtet sich selbst vom Kopf her, als sei man ein Fremder, und sehr rasch folgen dann Kommentare oder Urteile: Dieses tust du nicht gut, und jenes machst du falsch. Diese Urteile stehen aber dem Gewahrwerden unserer selbst im Weg, denn wenn wir urteilen, können wir nicht wirklich erfahren. Also müssen wir unser Urteilen loslassen und uns nicht aus unserem Denken, sondern direkt aus dem Gefühl heraus beobachten: ein Gewahren aus den Sinnen heraus, ganz direkt und ohne Urteil.

Die andere Möglichkeit, diesen Selbstwahrnehmungsprozess zu vermeiden, besteht darin, dass wir sofort etwas verändern: Wir setzen uns anständig hin, gerade, wir holen tief Atem, entspannen uns, wie ein echter Zen-Lehrer. Doch das bringt nichts. Damit setzen wir uns bloß wieder unter Druck. Und es gibt schon so viel, was wir ›müssen‹. Dieser Weg ist nicht nur unbefriedigend, wir kommen auf ihm auch nicht recht vorwärts. Denn wenn wir äußerlich etwas verändern, können wir nicht erfahren, was ist. Wir sollten dann besser aufhören und den ›inneren Fernseher‹ unserer Tagträume wieder anschalten.

Versuchen Sie einfach einmal, sich selbst wahrzunehmen, wie Sie sich in diesem Moment fühlen, insgesamt, Ihren Körper, Ihren Atem, Ihre Gefühle, Ihr Denken. Akzeptieren Sie, dass Sie jetzt so sind, wie Sie sind. Das ist der allergrundlegendste Schritt. Gegen ihn erheben sich auch die meisten Widerstände. Sie erfahren sich selbst und fangen sofort an, mit dieser Erfahrung etwas zu wollen. Das ist eines der allerfundamentalsten Muster, die es völlig unmöglich machen, uns gerade in die Augen zu blicken. Jede Form von innerer Arbeit also, die diesen Schritt – uns so zu akzeptieren, wie wir jetzt gerade sind – auslässt, überspringt, ist nichts als Illusion, ein Aufeinanderstapeln von Träumen oder Bemalen unserer Brillengläser. Der erste Schritt besteht darin, zu erfahren, wie wir sind, und uns zuzugestehen, dass wir so sind. Natürlich sind wir nicht immer so, aber hier und jetzt sind wir gerade so. »Dies bin ich.« Das ist der Anfang.

Und während Sie das sind, erfahren, fühlen, ein- und ausatmen, registrieren und fühlen Sie sich selbst bei der Wahrnehmung. Sie erfahren und nehmen zugleich wahr. Ihr gewöhnliches Bewusstsein kann immer nur eine Sache auf einmal. Ihre Aufmerksamkeit ist wie ein Faden, der Sie immer nur mit einer Sache auf einmal verbinden kann. Doch Bewusstsein (des Ganzen) und sinnliche Wahrnehmung (von allem, wie es wirklich ist) sind offen, entwicklungsfähig – beide können viel mehr gleichzeitig aufnehmen, sehen und registrieren. Auch das muss aber geübt werden. Beginnen Sie damit, bei allem innezuhalten, sodass nicht zu viel gleichzeitig geschieht. Später ist das nicht mehr notwendig, dann sind Sie fähig, sich selbst wahrzunehmen, während Sie beispielsweise den Abwasch machen, arbeiten, ja sogar während Sie lesen oder auf der Schreibmaschine etwas tippen. Aber halten Sie zunächst inne, wenn Sie sitzen, laufen oder essen, und versuchen Sie wahrzunehmen: Wo ist meine Aufmerksamkeit? Wie verhält sich mein Körper? Wie vollzieht sich meine Atmung? Was fühle ich? Wie ist mein Denken? Und wo strömt meine Energie weg?

Spüren Sie Ihren Körper: Wo sitzen Spannungen? Wo strömt es nicht, wo ist Unruhe, wo sind Verhärtungen, Verkrampfungen, unwillkürliche Bewegungen? Wie fühlen Sie ihre Haut? Wie strömt Ihre körperliche Energie weg? Geschieht es durch Spannungen, unnötige Bewegungen, Unruhe, Verhärtungen?

Fühlen Sie Ihren Atem und das Hin und Her der Gefühle in Ihnen: Was ist Ihre Grundstimmung? Wo und wie halten Sie Ihren Atem an? Welche Emotionen steigen in Ihnen auf: Traurigkeit, Wut, Gereiztheit, Glücksgefühle, Stolz, Liebe, Unbefriedigtsein? Wie viel Energie strömt weg in bestimmten Emotionen, vor allem solchen wie Hass, Selbsthass, Eifersucht oder Widerstreben?

Beobachten Sie Ihre Gedanken: Sehen Sie, wie Sie Geschichten oder Fantasien weben, die von Ihren Gefühlen getragen sind. Was war die letzte Geschichte, die Sie sich selbst erzählten, bevor Sie innehielten? Und was war die Botschaft dieser Geschichte? Hat sie etwas in Ihnen gestärkt oder hat sie Sie innerlich geschwächt? Wie viel Energie fühlen Sie wegströmen in diesem inneren Dialog? Wie viel Energie strömt in den Geschichten weg, die Sie anderen erzählen?

Viel Energie entströmt durch Ihren Körper; viel mehr Energie strömt jedoch durch Ihre Gefühle weg, und den ganzen lieben Tag lang strömt Energie auf dem Wege über Ihre Gedanken, Urteile, Kommentare und Geschichten weg. Versuchen Sie einmal bei jedem Innehalten schriftlich festzuhalten, wo und auf welche Weise Ihnen Energie wegströmt.

Wenn Sie das einige Tage durchhalten, können Sie bestimmte Muster erkennen in der Art, wie Sie Ihre Energie wegströmen lassen und wie Sie sich selbst den Boden wegziehen. Viele solcher Selbstschwächungen vollziehen sich insbesondere in der Wechselwirkung mit anderen Menschen oder der Umwelt.

Ein Beispiel: Sie haben sich morgens einen Kaffee gemacht, gießen ihn in Ihre Tasse, heben sie hoch, um zum Frühstückstisch zu gehen, dabei entgleitet sie Ihnen und fällt auf den Boden. Was passiert in diesem Moment in Ihnen? Ihr Partner sagt: »So was Blödes. Das kannst du selber aufräumen.« Sie waren ohnehin schon spät dran, und während Sie dann im Bus sitzen, beobachten Sie einige Luxuslimousinen, die ihn überholen, am Steuer gut gekleidete Herren, die im Fahren telefonieren. Sie kommen an einigen Reklameflächen vorbei, die Sie frustrieren. Und an Ihrem Arbeitsplatz angekommen, weist einer Ihrer Kollegen Sie auf einen kleinen Fehler hin, den Sie gestern gemacht haben. Was geschieht dann? Wie frei fühlen Sie sich? Ist noch etwas Energie übrig oder neigen Sie bereits dazu, den ganzen Krempel hinzuwerfen und sich krank zu melden?

Wie viel Energie Sie auch haben mögen – es bedarf oft nur weniger Faktoren, um sie völlig zu verlieren. Zum Teil liegt das an Kurzschlüssen mit der Vergangenheit. Doch wenn wir die psychologische Seite kurz außer Betracht lassen, erkennen wir, dass wir als Erwachsene genau dasselbe tun. Darum: Beobachten Sie einmal ganz exakt, wie Ihre Energie *jetzt* wegfließt. Versuchen Sie die Vergangenheit davon loszukoppeln, sie an sich selbst zurückzugeben. Sie registrieren, dass Ihre Reaktion mit der Vergangenheit zusammenhängt, und Sie kehren dann zurück in die Gegenwart, um zu erfahren, wie Ihre Energie hier und jetzt wegfließt. Das gelingt nie ganz, doch wenn Sie es oft versuchen, werden Sie einen gewissen Raum zwischen dem Jetzt und dem Damals schaffen, einen Raum, der notwendig ist, um freier zu werden.

Übung: Das Messen Ihres Energiestroms

In der gleichen Weise, wie Sie üben können, Ihre inneren Muster wahrzunehmen, können Sie beobachten, was in Ihren Beziehungen zum äußeren Umfeld schwächend wirkt. Sinnlose Gespräche, in welchen jeder jeden nur bestätigt, zusammenhanglose Bemerkungen, bestimmte Handlungen, überflüssige Anstrengungen, allzu gehetzte Aktivitäten, wenn Ihre Aufmerksamkeit durch Dinge gefesselt wird, die sich um Sie herum ereignen, wenn Sie zu stark darauf achten, wie andere auf Sie reagieren, wenn eindringliche, aggressive oder sexuelle Bilder (Werbung, Film, Bücher) Emotionen hervorrufen, die nicht verwirklicht werden, der endlose, überflüssige Informationsstrom, Beeinträchtigungen durch Lärm, eine kalte und distanzierte Atmosphäre, fehlendes Licht, fehlende Luft, Sonne oder fehlender Raum, die Negativität anderer, Ihre eigenen Abhängigkeiten und Süchte sowie die anderer – es gibt unzählige Faktoren, die mehr Energie kosten als sie liefern. Schreiben Sie eine Zeit lang jeden Tag bei allem, was Sie tun, auf, ob es Sie Energie kostet (z.B. in einer Skala von 0 bis -10) oder ob es Ihnen Energie und Kraft schenkt (etwa in einer Skala von 0 bis +10). Blicken Sie nach zwei Wochen einmal darauf zurück und überlegen Sie sich, was Sie ändern können.

Der Energieaustausch zwischen innen und außen

Wenn Sie erkennen können, wohin Ihre Energie strömt, werden Sie bemerken, dass zwei Aspekte eine Rolle spielen: der innere Energiestrom und die Kommunikation der Energie zwischen innen und außen. Bei Letzterem können Sie eventuell einige energieverschlingende Faktoren umgehen. Sie können zum Beispiel weniger Zeit in Fernsehen oder Computerspiele investieren oder sich seltener in Situationen begeben, die Sie erschöpfen. Allerdings haben Sie einen großen Teil dieser Situationen aufgrund Ihrer Wohn- und Arbeitsumstände nicht selbst in der Hand. In dieser Hinsicht lässt uns die heutige westliche Kultur nicht besonders in Ruhe, vieles in unserer Umgebung ist nicht mehr natürlich, sondern unnatürlich geworden. Weil wir aber natürliche Wesen sind, brauchen wir auch Natureindrücke als Nahrung, und naturfeindliche Eindrücke können unser inneres Gleichgewicht leicht ins Wanken bringen.

Die Lebensumgebung der meisten Menschen wird von vielen Unruhe schaffenden Faktoren geprägt. Bilder sind selten neutral, sondern sollen bestimmte Gefühle in uns hervorrufen. Geräusche, Töne, Klänge sind häufig mechanisch, hart, unnatürlich, aggressiv und erreichen uns oft unvorhergesehen. Es ist nirgends mehr still. Vieles um uns vollzieht sich in einer Geschwindigkeit, die größer ist als unsere Fähigkeit, Veränderungen zu verarbeiten, was an sich schon ständig Schreckreaktionen hervorrufen kann. Der sich über uns ergießende Informationsstrom ist so mächtig, dass Einzelheiten nicht mehr wirklich eingeordnet werden können. Unser Arbeitsraum ist oft eingeengt, es gibt zu wenig frische

Luft, wenig beruhigende Farben. Es gibt wenig Sinnesreize, die unseren ganzen Körper ansprechen. Kontakte sind oberflächlich, steril, abstrakt. Gefühle müssen oft unterdrückt werden, während die unterdrückten Gefühle der Menschen in unserer Umgebung ein ständiges Spannungsfeld aufbauen.

Während wir also gerade Sinneseindrücke wie eine Art Nahrung für unser Bewusstsein dringend benötigen – genauso wie Essen, Trinken und Atmen –, bewirkt die Penetranz und Gefahr unserer Umgebung, dass wir uns entweder zu weit öffnen oder uns permanent verschließen, oder zwischen beiden Haltungen hin- und herpendeln. Statt dass unsere Energie frei nach außen strömen kann und die Energie aus unserer Umwelt frei in unser Inneres – was nur in einem offenen, natürlichen und neutralen Feld des Energieaustauschs möglich ist –, führt unsere Angstreaktion dazu, dass wir nur wenig Energie aus unserer Umgebung aufnehmen können, und uns infolgedessen nur unzureichend getragen und gestützt fühlen. Unsere Umgebung stützt uns nicht in unserem individuellen Sein. Dies kann der Anlass dazu sein, dass wir uns fanatisch auf ›etwas Künstliches‹ (Sex, Süchte, Luxus usw.) stürzen, was uns innerlich ernähren soll. Doch meist gibt uns das nicht, was wir wirklich brauchen.

Wenn wir früher unter so großem Druck gestanden haben, dass das Gefühl für unsere natürlichen Grenzen verloren ging, besteht unsere Angstreaktion vielleicht darin, uns viel zu weit zu öffnen. Das bringt uns aber keine Nahrung, sondern bläst uns um. Es ist sozusagen ein Loch entstanden, durch das alle ›negative‹ Energie in uns hereinströmt und uns ständig durcheinanderbringt. In diesem Fall ist es wichtig, unsere Grenzen zu stärken und mehr Raum zwischen uns und dem anderen zu schaffen.

Es ist auch möglich, dass wir niemals gelernt haben, uns die Zeit zu nehmen, die wir brauchen, um all den übermächtigen Eindrücken und Erfahrungen einen Ort zu geben. Wir machen uns häufig nicht klar, dass Zeit nötig ist, um sie zu verdauen, so wie eine Kuh Stunden ruhig wiederkäuen muss, um schließlich Milch produzieren zu können. Wenn wir uns diese Verdauungszeit nicht gönnen, sondern von einem Eindruck zum anderen springen, können Erfahrungen uns nicht innerlich ernähren, oder sie entfalten sogar die entgegengesetzte Wirkung, weil sie uns in den Hals gestopft werden und daraufhin schwer im Magen liegen.

Die andere Art der Angstreaktion besteht darin, dass wir uns verschließen. Wir bauen eine Mauer um uns herum, die uns gegen unsere Umgebung immun macht, oder wir versuchen uns mit Dingen abzugeben, die immer kontrollierbar bleiben. Oder wir nehmen zwar noch am Leben teil – wir tun ganz normal unsere Arbeit, gehen Beziehungen ein und dergleichen –, doch wir sind nicht wirklich anwesend dabei. Wir gehen innerlich auf Abstand und schweben ein bisschen über den Dingen, was zur Folge hat, dass das Leben uns nicht richtig ernährt und uns keine Energie vermittelt. Wir können auch dauernd so stark nach außen orientiert sein, dass eigentlich nichts in uns hinein kann. Wir stülpen dem anderen unsere Geschichten, Ansichten, Meinungen und Gefühle über und klagen dann, dass wir so wenig von ihm zurückbekommen. Das kann den Energieaustausch so stark stören, dass wir kaum mehr Energie aus unserer Umgebung aufnehmen können. Wir werden also zunächst herausfinden müssen, was es mit diesem Drang, uns so zu verschließen, auf sich hat, bevor wir die damit verbundenen Strategien loslassen und stattdessen wirklich schauen, lauschen, fühlen und berühren können.

Der innere Energiestrom

Die innere Strömung ist keineswegs abgeschnitten von unserer Umgebung, doch sie ist in erster Linie ein selbstständiger Strom, der immerfort durch unsere Atmung, Essen und Trinken und die Energieprozesse in unserem Körper gespeist wird. Gleichzeitig aber wird er von allerlei Blockaden im Körper behindert, die sowohl seelische wie somatische Ursachen haben können. Wir können diesem Energiestrom auf die Spur kommen durch körperzentrierte Übungen und indem wir unsere Aufmerksamkeit stärker nach innen wenden. Wenn wir, wie in der Übung mit der Vasenatmung (siehe S. 141f.), unser Bewusstsein mit dem Atem und einem bestimmten Energiegebiet in unserem Körper verbinden, können wir die Blockaden und Spannungen allmählich zum Schmelzen bringen und dadurch in einen intensiveren Kontakt mit der Energie selbst kommen, die dann ihrerseits stärker ins Strömen gerät.

Es gibt verschiedene Möglichkeiten, diesen Energiestrom zu beschreiben, doch wichtiger ist, ihn selbst zu erfahren. Die Beschreibung, die ich im Folgenden gebe, hat große Ähnlichkeit mit jener der ›Vasenatmung‹. Doch diesmal zielt sie weniger auf Entspannung ab, als darauf, dass Sie versuchen zu fühlen, welche Energiequalität im jeweiligen Körperbereich anwesend ist.

Die Basis ist der Kontakt mit der Erde, so wie Sie ihn auf der Rückseite Ihres Beckens erleben: Ihr Gesäß, Ihr Steißbein und Ihr Beckenboden. Das Gefühl, das in diesem Bereich vorherrscht, ist Vertrauen bzw. fehlendes Vertrauen; dieses Gefühl hängt eng mit der Erfahrung von Stütze und Sicherheit zusammen. Die grundlegende Frage hier lautet: Kann ich mich tragen lassen? Tragen lassen von der Erde, von meinem Vater oder meiner Mutter? Dahinter verbirgt sich eine noch tiefer liegende Frage: Darf ich überhaupt da sein?

Wenn Sie ein Baby auf dem Arm tragen, werden Sie es im Allgemeinen so festhalten, dass Sie es mit Ihrer Hand unter dem Gesäß stützen. Das Kind spürt dann: »Ich werde getragen, und das ist sicher. Sie lassen mich nicht fallen. Sie sind froh, dass ich da bin.« Und dieses Gefühl ist die allerwesentlichste, allerexistenziellste Basis des Lebens. Wenn diese Basis fehlt, haben Sie ständig Angst, dass Sie fallen oder dass der andere, die Umstände, ja die Erde selbst Sie fallen lässt. Dann entsteht immer ein tiefes Loch, ein Gefühl des Bodenlosen, in dem alles zu verschwinden scheint.

Versuchen Sie deswegen, die Erde wie eine unverrückbare Stütze zu empfinden, wie einen Vater oder eine Mutter, der Sie immer vertrauen können. Können Sie sich in diesem Gefühl entspannen? Gelingt es Ihnen, Ihr Gesäß und Ihren Anus zu entspannen? Können Sie ihren Beckenboden entspannen?

Ihr Beckenboden besteht nicht nur aus Knochen, sondern auch aus Muskelgewebe, welches sich, wenn Sie sich wirklich entspannen, mit Ihrem Atem mitbewegt. Wenn Sie Ihren Atem ganz nach unten strömen lassen, spüren Sie die Bewegung in Ihrem Gesäß, dem Anus und dem Beckenboden. Es ist ein merkwürdiges Gefühl, so als ließen Sie auf einer sehr, sehr tiefen Ebene los, als würden Sie darauf vertrauen, dass Sie einfach ›sind‹.

Aus diesem Vertrauen und dem daraus entstehenden Gefühl der Sicherheit heraus können Sie Energie aus Ihrem Beckenboden nach oben durch Ihre Geschlechtsorgane hindurch strömen lassen. Dort wurzelt Ihr Verlangen, Ihr Verlangen nach Kontakt, Intimität, Berührung, sexueller Begegnung, Kreativität. Dieses Verlangen hat an sich ein enormes Potenzial. Es ist wie eine glühende Kohle, aus der Flammen hervorzüngeln, sobald sie von einem Schutzwall des Vertrauens umgeben und durch Ihren Atem angefeuert wird. Und selbst wenn dieses Verlangen sich früher nicht äußern durfte, ist es doch niemals völlig verloren gegangen, und Sie können immer wieder aufs Neue versuchen, dem Feuer des Verlangens, das aus Ihrem Bauchbereich aufsteigt, den ihm zukommenden Raum zu geben.

Diese so genannte libidinöse Energie speist Ihre Kraft und den Willen zum Handeln. Diese Kraft brauchen Sie, um wirklich Ja oder Nein zu sagen, Ihre eigenen Grenzen abzustecken und dadurch Ihre Autonomie zu behaupten bzw. zu erwerben. Der Weg, diese Kraft zu entwickeln, besteht darin, dass Sie Ihre Emotionen als Impulse zulassen, die einen Weg nach außen suchen. Dort haben sich auch die meisten alten Verbote in der Form von Spannungen im Bauch und vor allem im Zwerchfell eingenistet. Jede Unterdrückung Ihres Verlangens, Ihrer Emotionen, Willensimpulse oder Kraft verursacht eine Spannung, die die Energie Ihres Bauches blockiert oder verformt. Aber jede Spannung kann langsam zum Schmelzen gebracht werden.

Wenn in diesem Bereich genügend Freiheit entwickelt wurde, kann die Kraft aus Ihrem Bauch zu Ihrem Herzen weiterströmen. Dort werden die direkten Impulse und Emotionen ›gezähmt‹ durch die Gefühle, die Sie anderen entgegenbringen. Ihr Herz ist, genau wie Ihr Atem, eine Verbindung zwischen innen und außen. Dadurch bekommt die Wut, die Sie einem anderen Menschen gegenüber erleben, in Ihrem Herzen eine Stelle zwischen den anderen Gefühlen zugewiesen, die Sie für diese Person hegen. Und aus Ihrem Herzen erfahren Sie den anderen in einer weiteren Perspektive als nur der einer momentan aufflammenden Emotion. Ihr Herz mildert und weitet also, es bezieht den anderen ein, es kennt Liebe und Mitleid. Das bedeutet nicht, dass die raue, emotionale Energie hier unterdrückt werden soll, doch es findet immer eine gewisse Transformation statt.

Dann kann diese transformierte Energie ihren Weg nach außen finden, zu Ihren Armen und Händen, die berühren und kämpfen können. Hier wird die Energie sehr konkret. Sagen Sie Ja und stellen Sie Kontakt zu dem anderen her, oder sagen Sie Nein und ziehen eine Grenze. Mit anderen Worten: Wagen Sie es, Liebe zu geben und um Liebe zu bitten, oder wagen Sie es, den anderen abzuweisen. Sich-Öffnen und Grenzen-Setzen ergänzen und bedingen einander. Sie können nur dann mit einem Menschen intim sein, wenn Sie fähig sind, in jedem Moment auch Grenzen zu ziehen, an die der andere sich hält, und Sie können erst dann wirklich autonom sein und Ihren eigenen Raum abgrenzen, wenn Sie auch intim sein und einen anderen annehmen können.

Diese Energie wird auch sehr konkret, wenn sie auf dem Weg über Ihre Kehle zum Mund strömt und Sie aussprechen, was in Ihrem Herzen lebt. Das Aussprechen ermöglicht dem anderen, darauf zu reagieren. Doch manchmal können Sie bemerken, dass Sie nicht nach dem handeln, was Sie fühlen, und nicht einmal fähig sind auszusprechen, was Ihr Herz bewegt. Ihre Energie ist dort blockiert und kann nicht frei strömen.

Dann strömt die Energie in Ihre Augen und in Ihre Ohren. Sie schauen und lauschen aus einem bestimmten Energiestrom heraus. Wenn Sie ruhig und gelassen sind, blicken und hören Sie aus einer Stille und Weite heraus; wenn Sie jedoch sehr aktiv sind, hören und blicken Sie sehr zielgerichtet. Die Art, wie Sie blicken, bestimmt, was Sie wahrnehmen. Wenn Sie, wie geschildert, aus Verlangen und innerer Kraft blicken, so sehen Sie eine ganz neue Welt, die auch völlig anders auf Sie reagieren wird. Wenn Sie mehr Energie ausstrahlen, bekommen Sie auch mehr Energie zurück. Und schließlich strömt diese Energie weiter in Ihren Geist. Ihr Geist registriert und kann alles überblicken, wodurch er imstande ist, die Folgen Ihres Handelns im Voraus zu überschauen. Diese quasi hellsichtige Funktion Ihres Geistes ist in energetischer Hinsicht in Ihrer Stirn konzentriert. Auf der Basis dieser Erkenntnisse kann der Geist Ihr Handeln steuern und sich gleichzeitig dessen bewusst sein, was sich in Ihnen abspielt, was Sie zum Ausdruck bringen wollen und was für Reaktionen dies in der Außenwelt hervorruft. So kann ein Feedback entstehen, das Ihnen z.B. zeigt, dass Sie in Spannung geraten, und Ihnen dadurch ermöglicht, bewusst zu entspannen.

In Ihrem Kopf kommen all diese Faktoren über eine Art Kontrollraum in Kontakt mit dem ›Lager‹, in dem Sie frühere Erfahrungen deponiert haben. In energetischer Hinsicht kann dadurch sehr viel Verwirrung entstehen. Statt auf das zu reagieren, was jetzt und heute geschieht, entstehen allerlei Emotionen und Spannungen, die überhaupt nichts mit der Gegenwart zu tun haben. Doch bei zunehmender Bewusstwerdung können Sie den Unterschied zwischen diesen beiden Energien spüren und sie, wenn nötig, unterscheiden.

Als Höhepunkt dieses ganzen Prozesses kann der Geist Kontakt zu dem unendlichen Kosmos halten, dessen Teil Sie unwiderruflich sind. Es ist eine Sensibilität, die meistens mit dem Scheitelgebiet identifiziert wird, der Stelle, die Sie mit dem Höheren verbindet. Damit ist der Kreislauf geschlossen. Ihre Energie strömt auf natürliche Weise nach außen und über Ihre Sinne, den Atem und die Nahrung auf eine natürliche Weise wieder nach innen, und das war es. Das Denken, das die Erfahrung formuliert und notwendig ist, um bestimmte Aufgaben auszuführen, erfüllt ausschließlich die Funktionen, die notwendig sind, und kostet nur wenig Energie.

Wenn wir das Denken von dieser inneren Energiebewegung her betrachten, zeigt sich, dass ein großer Teil unseres Gedankenlebens in gewisser Weise überflüssig ist. Die meisten Gedanken verhindern nämlich nur, dass wir Energie von außen in uns aufnehmen. Wir sehen das Licht nicht, hören die Vögel nicht, spüren unseren Körper nicht, weil wir so viel denken. Doch wir können das auch umkehren.

Wir denken hauptsächlich deswegen so viel, weil unsere Energieströmung gestört ist. Weil die Energie aus unserem Becken nicht in unsere Hände und Sinnesorgane weiterströmt, wird sie gewissermaßen verstopft. Emotionen, Gefühle und körperliche Spannungen finden keinen Ausweg und sammeln sich in unserem Körper und in unserem Kopf wie in einem Dampfkochtopf. Der einzige Ausweg, den sie finden, sind körperliche Spannungen und ein kaum zu stoppender Strom von Gedanken, die wie zischender Dampf nichts zustande bringen und immer um sich selbst kreisen, Geschichten, die sich mit Emotionen verbinden und schnell zu Problemen werden, weil sie im Hier und Jetzt nicht aufzulösen sind, eben weil es Geschichten sind. *An Probleme denken ist ein Problem des Denkens!* Es ist zu einem großen Teil eine Störung unserer Energie, die, sobald sie wieder besser strömen kann, immer mehr ins Gleichgewicht kommt. Wenn Sie die Verbindung mit Ihrem Atem und Ihren Sinneswahrnehmungen spüren, wird das Denken von selbst durchsichtiger und tritt immer mehr in den Hintergrund, dorthin wo es eigentlich hingehört: auf den Hintergrund des Lebens selbst.

Zeit, die befreit

Viel Energie strömt weg zu bestimmten Erinnerungen an die Vergangenheit; und obwohl es wichtig sein kann, bestimmte alte

Ereignisse später noch zu verarbeiten, muss man auch fragen: Wieso geht unsere Energie überhaupt in Richtung Vergangenheit? Dasselbe gilt auch für die Zukunft. Denn wenn wir uns nicht mit der Vergangenheit beschäftigen, fantasieren wir meistens über die Zukunft. Warum strömt unsere Energie dauernd in die Zukunft?

Das In-die-Zukunft-Träumen hat mit dem Verweilen in der Vergangenheit gemeinsam, dass wir das Jetzt verlassen. Wir verlassen das Heute auf der Suche nach ›etwas‹. Aber dieses Etwas schafft nur dann wirkliche Befriedigung, wenn es im Jetzt Wirklichkeit wird. Wir können also sicher sein, dass das, was wir suchen, weder in der Vergangenheit noch in der Zukunft jemals Wirklichkeit werden wird.

Diesem Verlassen des jetzigen Moments liegt Verwirrung, ein Gefühl der Unzufriedenheit und des Unbefriedigtseins zugrunde. Wir sind unzufrieden mit dem Jetzt, darum gehen wir auf die Suche. Wären wir wirklich zufrieden im Jetzt, bräuchten wir das nicht zu tun. Doch das Heute gibt uns nicht, was wir uns wünschen. Daraus entsteht eine entscheidende Spaltung. Rasend schnell vergleichen wir das Jetzt mit etwas, das nicht da ist. Und in diesem Moment verlassen wir unser eigenes Energiefeld.

Das vollzieht sich so schnell, dass es schon längst geschehen ist, bevor unser Denken es registrieren kann. Es vollzieht sich sozusagen mit Lichtgeschwindigkeit, und wir haben keine Möglichkeit einzugreifen. Sofort stellt sich ein Gefühl der Frustration ein, weil jetzt eigentlich zwei Gefühle miteinander in Widerstreit liegen: das Gefühl des Jetzt-hier-Seins und jenes des Jetzt-nicht-hier-Seins. Das verursacht ein frustrierendes körperliches Unbefriedigtsein, in welches unsere Energie sich verliert.

Aus dem Unfrieden über das Jetzt gehen wir auf die Suche nach etwas anderem. Doch sobald sich etwas in uns aufteilt, wird auch die Richtung undeutlich, wie bei einer Atomspaltung. Ein Elektron löst sich, doch es bleibt ungewiss, womit es sich verbinden wird. Wir können von einem Unsicherheitsprinzip sprechen. Wir fühlen uns nicht gut, etwas spaltet sich ab. Vielleicht landen wir in einem Zukunftstraum, aber wir können genauso gut in ein Jugendtrauma geraten.

Wo wir letztlich landen, spielt in diesem Zusammenhang keine Rolle. Unsere Energie strömt bei unangenehmen Erinnerungen fast genauso schnell weg wie bei angenehmen Fantasien. Das ist zunächst schwer zu verstehen. Wir wollen uns damit lieber nicht auseinandersetzen, denn wir hoffen natürlich auf den Hauptpreis. Wir haben nämlich das Gefühl, dass es uns etwas einbringen wird, wenn wir an etwas Angenehmes denken und die dazugehörigen Empfindungen von Aufregung und Genuss erfahren. Selbst wenn wir bei der Rückkehr in die Wirklichkeit bemerken, dass wir uns leer und frustriert fühlen, bleibt diese Überzeugung doch immer vorhanden. Es ist, als würden wir einen Film betrachten. Während wir ihn anschauen, gibt es einerseits eine gewisse Aufregung über das, was wir sehen, und auf der anderen Seite eine gewisse Frustration, weil das alles nicht echt ist, nicht von uns selbst gelebt werden kann. Wenn der Film vorbei ist, sitzen wir immer noch allein auf dem Sessel. Es bleibt uns dann nur übrig, das nächste Video abzuspielen. Und das tun wir im Grunde den ganzen Tag über.

Dieser Strom aus der Vergangenheit und der Zukunft hält unsere Welt intakt. Er schafft die Wirklichkeit, so wie wir sie kennen, und wandelt sich von einem offenen Angebot an Erfahrungen zu einem Fangnetz von Mustern, in denen wir uns verstricken. Gedankenmuster, Gefühlsmuster und körperliche Muster gehen nahtlos ineinander über und schaffen Verbindungskanäle zur Vergangenheit und zur Zukunft, durch welche unsere Energie wegfließt. Wie viele der Gedanken, Bilder und Emotionen über die Vergangenheit und die Zukunft geben Ihnen ein befriedigendes oder aufregendes Gefühl? Die meisten lassen Sie eher leer zurück.

Natürlich ist es unglaublich schwierig, sich nicht von den Erinnerungen aus der Vergangenheit mitziehen zu lassen. Wir müssen erst eine Art Raum schaffen, einen Raum, um erfahren zu können, wie wir uns selbst schwächen, wie wir denken, fühlen, erfahren, handeln, uns bewegen, leben, Kontakte herstellen. Durch Wahrnehmen entsteht Raum. Je bewusster wir werden, umso weiter wird dieser Raum.

Wenn das Bewusstsein größer oder weiter wird, entsteht mehr Raum zwischen all den Mustern, die uns festzuhalten scheinen. Dann können wir die Vergangenheit der Vergangenheit zurückgeben und die Zukunft der Zukunft, sodass das Heute auf einmal eine viel wichtigere Stelle einnimmt. Was würde geschehen, wenn Sie die Verbindung mit dem Vergangenen und zugleich die Verbindung mit dem Zukünftigen durchschneiden? In der konkreten Wirklichkeit ist das unmöglich – wir würden verrückt werden ohne Vergangenheit, doch in Form einer Übung kann es sehr fruchtbar sein und uns ein enormes Freiheitsgefühl vermitteln.

Übung: Das abgeschnittene Jetzt

Atmen Sie so tief wie möglich ein, und während Sie so durch die Lippen ausatmen, dass sie ein wenig zittern, stellen Sie sich vor, dass Sie alles, was Vergangenheit ist – Erinnerungen, Gefühle, Bilder, Gedanken –, loslassen. Während Sie ein zweites Mal tief ein- und ausatmen, stellen Sie sich vor, dass Sie alle Sorgen und Hoffnungen in Bezug auf die Zukunft loslassen. Beim dritten Mal lassen Sie alle Reserven in Bezug auf das Jetzt los.

Atmen Sie dann entspannt, machen Sie sich jede Atembewegung bewusst, Ihren Körper, Ihre Sinneseindrücke. Wenn dann eine neue Erinnerung, ein Dialog oder eine Sorge in Ihnen hochkommt, atmen Sie von neuem dreimal auf dieselbe Art ein und aus.

Die Energie des Jetzt

Das Erleben des Jetzt durchbricht die übliche Wirklichkeit, die durch unseren inneren Dialog und die Verbindung mit der Vergangenheit und der Zukunft instand gehalten wird. Meistens verursacht das Angst – Wo bin ich? Wer bin ich? Was muss ich tun? –, und dann sind wir wieder im üblichen Schema von Vergangenheit – Jetzt – Zukunft gefangen. Doch wenn wir diese Jetzt-Wirklichkeit betreten, entdecken wir eine andere Wirklichkeit. Es ist, als ob zwei dicke Bühnenvorhänge plötzlich auseinandergezogen werden, als ob eine Kruste von Beklemmung wegfällt. Die Welten, die sich dann zeigen, sind sehr farbenreich, voller Klänge, ständig in Bewegung, intensiv dramatisch oder von einer spielerischen Sorglosigkeit. Doch es kann auch eine enorme Schärfe herrschen oder eine absolut objektive Klarheit, denn das Jetzt hat eine ganz eigene Energie.

Meistens sind das aber nur kurze Lichtblitze. Sobald sich ein solcher Lichtblitz ereignet und wir uns dessen bewusst werden, ist schon wieder die Vergangenheit-Gegenwart-Zukunft-Struktur eingesetzt. Es erfordert eine enorme Disziplin, sich daraus zu lösen. Man muss ständig geistesgegenwärtig sein und die Bereitschaft haben, wirklich etwas zu verändern, sich aus der klebrigen Trägheit der Wiederholung herauszuziehen und selbst Initiative zu ergreifen. Das bedeutet, dass wir unsere eigenen Impulse hervorbringen, statt von den Impulsen abhängig zu sein, die von außen oder aus unserem Inneren kommen und automatisch darauf zu reagieren. Das sagt sich auf Papier so leicht dahin, doch in der täglichen Wirklichkeit ist es unglaublich schwierig. Es bedeutet, dass wir unsere Energie bewusst und zielgerichtet anwenden müssen, statt sie durch die Muster aus der Vergangenheit bestimmen zu lassen.

Was notwendig ist, ist eine kleine Veränderung, die jedoch abweicht von unseren gebräuchlichen, üblichen Strategien, durch die wir unsere Gewohnheitsmuster durchbrechen. Und in dem Moment, da wir die gewöhnliche Zeit durchschneiden, öffnet sich eine völlig andere Art von Zeit, die nicht horizontal, sondern vertikal verläuft und die sich in Richtung der Energie des Jetzt öffnet.

Es ist wichtig, dass wir solche bewussten Impulse selbst hervorbringen. Nur unsere eigene kreative Aktion kann etwas bewirken. Hier folgen einige allgemeine Hinweise, die jeder in die ihm gemäße Form gießen muss.

Übung: Das Durchschneiden der Zeit

Sobald Sie merken, dass Sie sich in etwas festfahren, negativ werden, immer dieselben Gedanken wiederholen oder Ihre Energie wegfließen spüren, tun Sie Folgendes:

- Wie ist Ihre Körperhaltung? Jede Haltung ist verbunden mit charakteristischen Gedanken und Gefühlen. Ändern Sie diese Haltung, setzen Sie sich gerade hin, halten Sie Ihren Kopf anders, schauen Sie eine Weile durch ein Auge, drücken Sie ein Ohr zu, spreizen Sie die Beine, strecken Sie Ihre Finger, drücken Sie Ihre Schultern nach hinten oder was immer Ihnen sonst einfällt.
- Achten Sie auf Ihren Atem. Meistens ist Ihr Atem oberflächlich und unregelmäßig oder Sie haben aufgehört richtig zu atmen. Öffnen Sie Ihren Mund einmal weit, ganz weit, atmen Sie ganz tief ein und aus, halten Sie Ihren Atem eine Minute an, atmen Sie viel schneller oder viel langsamer als gewöhnlich.
- Treten Sie aus Ihrem Gefühlsstrom heraus. Pfeifen Sie einmal, singen Sie, summen Sie, trommeln Sie, schreien Sie, winseln Sie wie ein Hund, wiehern Sie wie ein Pferd, fangen Sie ein Gespräch an mit Ihren Nachbarn oder dem Nachbarn Ihres Nachbarn.
- Bringen Sie den inneren Dialog zum Stillstand. Das gehört zum Schwierigsten. Achten Sie auf all Ihre Sinnes-

eindrücke, spannen und entspannen Sie verschiedene Muskeln, bewegen Sie Ihre Augen von links nach rechts sowie auf und ab.

- Verändern Sie Ihr Bewusstsein. Betrachten Sie einmal alles von oben herab oder von einem Kilometer Abstand aus. Geben Sie Ihrem Bewusstsein eine bestimmte Farbe. Stellen Sie sich einen Regenbogen bildlich vor. Versuchen Sie, sich gleichzeitig auf verschiedenen Stellen der Erde zu befinden.

An sich ist dieses Experiment nur eine Art und Weise, Ihre Aufmerksamkeit in einer bewussten Form zu Ihnen zurückzuführen. Indem Sie von Ihrem Willen aus die Führung übernehmen, durchbrechen Sie das Wegströmen Ihrer Energie und kommen aufs Neue mit Ihrer eigenen Kraft in Kontakt. Sie nehmen das Leben selbst in die Hände, als bewusste Erfahrung, bewusstes Handeln, bewusstes Atmen, bewusstes Bewegen. Doch indem Sie sich Ihrer immer mehr bewusst werden und stärker mit Ihrer eigenen Kraft in Verbindung treten, stoßen Sie auch auf eine dahinter liegende Frage: Aus welcher Kraft leben Sie? Was ist Ihre Triebkraft, Ihre Stoßkraft, Ihr Ziel und Ihr Streben? Was wollen Sie in diesem Leben mit Ihrer Energie anfangen? Und: Wie geben Sie Ihrer Kraft Form?

VI. Zwei Spiralen

Alles, was lebt, hat einen unstillbaren Drang nach Wachstum in sich. Ein Samenkorn, das ein wenig Erde um sich herum hat und genügend Wasser bekommt, ringt sich zwischen zwei Felsblöcken in die Höhe, der Sonne entgegen, während seine Wurzeln in der Lage sind, einen Felsen zu spalten.

Auch jeder Mensch will wachsen. Als Kind wollen wir größer werden, als Teenager wichtiger, als junger Mann oder junge Frau erfolgreicher, danach reicher und immer glücklicher.

Doch leider läuft es in der Praxis oft anders. Wir verlieren unsere Anstellung, geraten mit unserem Partner in Streit, werden depressiv oder krank und wir sterben. Das sind die beiden Bewegungen unserer Lebensspirale: eine Spirale des Wachstums und der Entwicklung und eine der Krankheit und des Verfalls. Beide Bewegungen sind so universell, dass ihnen alles unterworfen ist. Es ist die Art, in der sich Zeit materiell und geistig manifestiert. Es gibt niemals völligen Stillstand, es herrscht immer Wachstum und es herrscht immer Verfall. Wir können dem nicht entrinnen, und gleichzeitig haben wir doch unglaublich viel Mühe damit, es zu akzeptieren.

Es fängt schon damit an, dass wir eine gewisse Vorliebe für das Wachstum haben und eine gewisse Abneigung, ja sogar Angst vor dem Verfall. Hier liegt also ein Boden aus Sorge, von dem aus wir das Leben ängstlich beobachten. In welche Richtung gehe ich? Was geschieht jetzt schon wieder? Kann ich den Lauf der Dinge noch umkehren?

Übung: Zwei Spiralen

Nehmen Sie ein großes Blatt Papier und zwei Stifte, einen schwarzen und einen roten. Zeichnen Sie zunächst mit dem schwarzen Stift eine abwärts gehende Spirale und schreiben Sie dazu alles, was Sie herunterzieht, verhärtet oder einengt: Aktivitäten, Gefühle, Arbeit, Beziehungen, Tätigkeiten, Gedanken und derlei mehr. Wenn Sie den Verlauf der Spirale nach unten verfolgen, welches sind dann Ihre Ängste? Was ist Ihre größte Angst, der Boden Ihrer Verzweiflung? Dass Sie mit all Ihren Besitztümern mit einem Handwägelchen am Straßenrand entlangziehen? Oder dass Sie dement sind und im Rollstuhl sitzen?

Nehmen Sie dann den roten Stift und zeichnen Sie durch die schwarze Spirale hindurch eine aufwärts gehende Spirale; schreiben Sie dazu, was Ihnen hilft, was Ihnen mehr Raum gibt, ein Gefühl der Freiheit, Befriedigung, Glück oder Kreativität. Auf was hoffen Sie? Was ist der Gipfel des Glücks für Sie?

Wenn Sie jetzt beide Spiralen betrachten – wo befinden Sie sich jetzt, in diesem Augenblick auf ihnen?

Besorgnis

Weil Sie sich dieser zwei Spiralen ständig bewusst bleiben, herrscht immer eine gewisse untergründige Besorgnis. In welche Richtung bewege ich mich gerade? Bewege ich mich in die Richtung des Misslingens, der Abgeschlossenheit, der Verhärtung, der Depression, oder bewege ich mich in die Richtung von mehr Offenheit, Glück, Intimität, Erfolg?

Diese Sorge herrscht auf materiellem Gebiet und in Beziehungen mit Menschen, doch auch auf der geistigen Ebene. Und deswegen sind da auch fortwährend Angst und Hoffnung. Die Angst, dass es schlechter gehen könnte, und die Hoffnung, dass es besser gehen möge. Doch darunter liegt eine tiefere, intensivere Art von Hoffnung: die Hoffnung, dass das Leben uns irgendwann einmal irgendwo hinbringen wird, wo alles nur noch in Ordnung ist. Es ist, als ob wir unser ganzes Leben lang hin- und hergeworfen werden, als ob wir auf der Reise sind in einer Kanalisation aus Emotionen, Gedanken, Beziehungen, und wir hoffen immerzu, dass diese Kanalisation irgendwann einmal in einem Lotosmeer münden wird, wo wir dann wie eine strahlende Gottheit, auf einer Lotosblume sitzend, unsere Tage in Glückseligkeit beschließen werden.

Die meisten spirituellen Bewegungen und Religionen spiegeln tatsächlich einen solchen Zustand vor. Das Christentum hält den Himmel für die Endstation, spirituelle Bewegungen suchen die Beziehung mit dem Höheren oder der höchsten Stufe der Erkenntnis. Sogar der Buddhismus mit seiner Betonung der Realität des Leidens und der Unausweichlichkeit der Veränderung ruft gleichzeitig das Idealbild der ›Erleuchtung‹ als Endstation hervor, wo alle Probleme, jeder Schmerz und alles Leiden ausgemerzt sein werden.

Tief in uns schließt das an ein schlummerndes Bedürfnis, unserer eigenen Wirklichkeit und vor allem jenem Teil der Wirklichkeit, der aus Frustrationen, Leiden und Schmerz besteht, zu entfliehen. Zugleich ist es gerade dieses fanatische Bedürfnis, zu flüchten, welches so viele Probleme verursacht. Betrachten Sie einmal all die Dinge, die Sie ärgern, die Sie nicht wollen oder die Sie als negativ erfahren. Im Umkreis all dieser ärgerlichen Situationen können Sie eine Kruste des Widerstandes entdecken. Sie sollen Ihre Familie besuchen, Ihre Arbeit wächst Ihnen über den Kopf, Sie werden im Stich gelassen oder Sie fühlen sich körperlich nicht in Ordnung und haben überall Schmerzen. All diese Dinge sind an sich nicht angenehm. Doch um Sie herum hat sich eine dicke Kruste aus Widerstand gebildet. *Sie wollen nicht, dass dies geschieht.* Sie verhärten sich, Sie werden wütend auf die Umstände und auf sich selbst. Und das setzt sich in Ihrem Körper fest, in Ihrem Gefühl, in Ihrem Denken. Es setzt Sie fürchterlich unter Druck. Und schließlich fühlen Sie sich total verzweifelt. Doch wie viel Prozent dieses Leidens stammen aus der Situation selbst, und wie viel entstehen durch die Widerstände, die Sie selbst ihr hinzufügen?

An der Wurzel Ihres Widerstandes liegt das Gefühl, dass es ›Sie überkommt‹ und dass Sie nichts daran ändern können. Das ist ein ›altes‹ Gefühl. Bei einem kleinen Kind ist dieses Gefühl völlig berechtigt. Damals waren Sie hilflos und abhängig von der Liebe und Fürsorge der Erwachsenen. Alles überkam Sie. Aber diese Zeit ist vorbei. Eigentlich können Sie sich jetzt nicht mehr darauf berufen! Dennoch ist in Ihrem Inneren nach wie vor ein abhängiges Kind vorhanden, welches hofft, sich sehnt und manchmal fordert, dass der andere, die Außenwelt oder Gott für die Lösung sorgen soll, die idealen Umstände schaffen oder das Leiden beseitigen muss. Therapeuten, Gurus und Lehrer, die diese Retterrolle auf sich nehmen wollen, sind dann im Allgemeinen auch sehr erfolgreich. Denn darum geht es, jeder möchte das. Eine helfende Hand. Papa holt uns schon aus der Bredouille... Doch leider funktioniert das meistens nicht wirklich. Auch Papa hat nämlich seine eigenen Frustrationen und Interessen. Es kann auch sein, dass wir, kurz nachdem wir gerade aus der Bredouille geholt wurden, doch wieder im Sumpf festsitzen. Was ist jetzt schon wieder schief gegangen?

Die Hoffnungen des Kindes loslassen

Können Sie die Hoffnungen des Kindes loslassen? Wenn Sie das schaffen wollen, ist es sehr wichtig, das bedürftige Kind selbst nicht zur Seite zu schieben! Das Verlangen des Kindes nach Geborgenheit, Wärme und Zärtlichkeit ist noch immer eine ganz berechtigte Sehnsucht. Es ist eine tiefe, vitale Sehnsucht nach intensivem, echtem Leben. Die Verwirrung, die Sie fühlen, besteht darin, dass Sie noch immer die Hoffnung hegen, all dies *von außen* bekommen zu können. Und wenn Sie es nicht bekommen, sind Sie enttäuscht oder fühlen sich frustriert. Schlimmer noch, Sie denken, dass Sie es nicht bekommen, weil Sie nicht gut genug sind: »Der andere liebt mich nicht, weil ich nicht gut genug bin«, »Diese Krankheit, dieses Missgeschick stößt mir zu, weil ich nicht rein genug bin ...« Gefährliche Gedanken, die zu einer Art Treibsand werden können: Je stärker Sie sich nach oben zu strampeln versuchen, desto tiefer sinken Sie ein. Sie strengen sich immer mehr an, tun Ihr Möglichstes, doch es hilft nichts. In Beziehungen sicher nicht. Es kann sogar sein, dass der andere sich umso mehr vor Ihnen zurückzieht, als Sie Ihr Bestes geben, dafür zu sorgen, dass der andere Sie liebt. Und schon rasch entsteht eine Spirale aus Abhängigkeit und Schuldgefühlen, die lediglich die Hoffnung verstärkt, dass der andere Sie schließlich lieben wird, wenn Sie sich nur genügend anstrengen.

Dieses Muster ist schwer zu durchbrechen, weil ›Abhängigkeit‹ so ein altes Thema ist. Abhängigkeit versetzt Sie zurück in Ihre ersten Lebensjahre, und sofort kommen alle anderen Gefühle aus dieser Periode an die Oberfläche: Machtlosigkeit, Angst, Unruhe, Verzweiflung, Kummer, Verlassensängste usw. Ein Kind ist von Natur aus voller Sehnsucht, und wenn diese Regung nicht befriedigt wird, wird es bedürftig. Wenn Sie dieses bedürftige Kind in sich jetzt wieder zur Seite schieben, wiederholen Sie im Grunde die Vergangenheit.

Könnten Sie dieses Kind auch auf den Schoß nehmen, es zart umarmen und ihm dennoch eine gewisse Disziplin beibringen? Es ist ein *kleines* Kind. Es hat ein Recht auf Aufmerksamkeit, doch es hat nicht das Recht, Sie jetzt, da Sie erwachsen sind, zu beherrschen. Das ist ein wesentlicher Unterschied. Manchmal bemerken Sie, dass Sie das noch nicht können. Dann gibt es auf dieser Ebene noch einiges an Arbeit zu tun.

Wenn Sie das bedürftige Kind auf den Schoß nehmen und stärker die Rolle des Erwachsenen einnehmen, wird die Spirale in Richtung Glück und Liebe und die Spirale in Richtung Depression und Abgeschlossenheit zu einer Bewegung, in die Sie selbst einbezogen sind. Statt auf zwei Spiralen herauf- oder herunterzurutschen wie ein Kind, das, einmal auf die Rutschbahn gesetzt, einfach rutscht, sind Sie in einen Prozess eingebunden, innerhalb dessen Sie Ihre eigenen Entscheidungen treffen können.

Es ist, als ob das Leben als vitaler Strom zu Ihnen zurückkehrt. Zuerst war es ein Strom, in dem Sie schwammen und strampelten, jetzt ist es ein Strom, der nicht nur durch Sie hindurchgeht, sondern der Sie selbst *sind*. Dann ändert sich etwas auf drei Ebenen: Alles kommt viel näher, gleichsam hautnah, an Sie heran, Sie sind, was im jeweiligen Moment geschieht, und Sie akzeptieren Ihre eigene Verantwortung.

1. Näher an unserer Haut

Indem wir immerzu hoffen, das Leben möge irgendwann einmal so werden, wie wir es gerne hätten, halten wir es in einem gewissen Abstand von uns. Am deutlichsten wird das, wenn wir unsere Beziehung zu anderen Menschen betrachten: Sie hoffen, dass der andere (ein Partner, ein Freund oder Ihre Eltern) Ihnen die Liebe geben wird, die Sie gerne bekommen möchten, und zwar in der Form, die Sie wirklich angenehm finden. Und Sie hoffen, dass diese Liebe ab diesem Moment für alle Zeiten perfekt bleiben möge. Beides wird niemals stattfinden, und beide Formen der Hoffnung sind eine Art, den anderen wegzuschieben.

Indem Sie hoffen, dass der andere Ihnen gibt, was Sie haben wollen, schieben Sie ihn weg, denn Sie akzeptieren den anderen nicht wirklich so, wie er bzw. sie ist. Sie wollen etwas, das der andere nicht von sich aus gibt. Sie könnten ihn darum bitten, doch auch das tun Sie nicht – Sie hoffen immer weiter. Sie hoffen, und unter dieser Hoffnung liegt ein Gefühl des Unmuts, des Grolls verborgen. Sie bekommen nicht das, was Sie haben möchten, und Sie machen den anderen dafür verantwortlich. Ihre Hoffnung ist keine reine Hoffnung, sondern sie hat einen vielfach nuancierten Unterton der Frustration, des Grolls, der Wut. Damit schieben Sie den anderen immer weiter weg. Und dann können Sie ihm schließlich vorwerfen, dass er so unerreichbar ist!

Auf eine subtilere Weise spielt sich dasselbe in Bezug auf das ganze Leben ab, alle Umstände, die Sie ›überkommen‹. Sie hoffen, dass es gut geht, und gleichzeitig schieben Sie das Leben – wie es sich ereignet – weg. Leben ist seinem Wesen nach immer beide Spiralen zugleich. Nichts kann immer nur ›gut‹ gehen. Jegliche Form von Hoffnung setzt sich also zwischen Sie und die Wirklichkeit, wie sie ist. Und so schaffen Sie eine subtile Frustration, die all Ihre Erfahrungen durchzieht.

Das ist nur schwer zu akzeptieren, vor allem dann, wenn die Umstände tatsächlich viel Schmerz verursachen. Krankheit, Schmerzen, Sterben, unangenehme Dinge, die Ihnen oder Ihrer Familie zustoßen, große Rückschläge, Entlassungen im Berufsleben – all diese Umstände durchkreuzen Ihre Hoffnung auf das Gute. Doch wenn Sie diese Hoffnung loslassen, ist es vielleicht möglich, das, was geschieht, als etwas zu erfahren, das im wahrsten Sinne eine ›Gegebenheit‹, eine Tatsache ist. Eine Gegebenheit in dem Sinn, dass niemand Ihnen etwas Böses will. Es ist keine Strafe, und Sie brauchen sich also auch nicht schuldig zu fühlen. Es ist einfach eine Gegebenheit, eine Tatsache, die aus unbegreiflichen kosmischen Gesetzen und Zufällen entstanden ist. Es wird Ihnen gegeben, einfach so, wie es ist: als Gegebenheit. Können Sie diese an sich herankommen lassen? Sie einfach so erfahren, wie sie ist?

2. Es geschieht jetzt

Hoffnung ist immer auf die Zukunft orientiert, niemals auf das Hier und Jetzt. Es ist die Erwartung, dass es in Zukunft besser gehen wird. Doch unser Leben spielt sich ausschließlich im Hier und Jetzt ab. Nur jetzt können Sie erfahren, was auf Sie zukommt. Die Hoffnung steht dazwischen. Eigentlich weisen Sie ab, was das Leben Ihnen jetzt bietet. Dieses ist nicht gut genug und auch jenes taugt nicht. Eigentlich sind Sie einfach zu stolz! Aber es ist kein kreativer Stolz. Denn kreativer Stolz hat immer etwas in der Art eines »Ich werde selbst bestimmen, wie alles aussehen soll«. Hier handelt es sich mehr um einen machtlosen Stolz. Sie weisen das Leben zurück: »Dies ist nicht gut genug für mich. Ich warte lieber, bis es besser geht.« So können Sie Ihr ganzes Leben lang weitermachen ...

Wenn Sie diese Form der Hoffnung loslassen, gibt es nur noch ein Jetzt. Es ist Ihnen gegeben, und es ist jetzt. Und Sie sind selbst verantwortlich für den folgenden Moment. Nicht für dasjenige, was im nächsten Moment geschieht, denn auch das ist eine Gegebenheit, jedoch dafür, wie Sie damit umgehen. Ob Sie beispielsweise die Konfrontation eingehen, den Moment ergreifen, erfahren, schmecken, berühren, einfach leben. Oder ob Sie sich in Hoffnung auf etwas wegträumen und das Jetzt abweisen, klagen, dass Ihnen dieses jetzt wieder passieren muss, Geschichten fabrizieren über das, was Sie alles entbehren müssen usw. Wenn Sie also die Hoffnung des Kindes loslassen, kommt das Leben näher an Sie heran, und es spielt sich buchstäblich hautnah ab im Jetzt.

3. Sie sind selbst verantwortlich

Damit ergreifen Sie Verantwortung für sich selbst. Natürlich haben Sie das im Lauf Ihres Lebens auch schon getan. Sie wohnen selbstständig, haben eine Stelle, sind verheiratet, haben Kinder oder einen Hund. Sie streben schon viele Jahre nach Autonomie, und zum Teil haben Sie sie auch verwirklicht. Aber dennoch sind Sie sehr abhängig geblieben, ja sogar bedürftig. Sie sind noch immer abhängig von anderen, von Umständen, von einem freundlichen Schulterklopfen oder wovon auch immer. In Ihrem Inneren bleiben Sie abhängig von ganz bestimmten Gefühlen, und wenn diese nicht vorhanden sind, geraten Sie in Panik.

Können Sie das alles loslassen? Können Sie wirklich autonom werden in dem Sinn, dass Sie alles, was geschieht, als Ihr Leben, als Ihre Konfrontation mit der Wirklichkeit erfahren? Sie erleben das Leben ohne Selbstmitleid, ohne Klagen, ohne Geschichten, ohne Hoffnung im oben beschriebenen Sinne. Das bedeutet jedoch nicht, dass Sie alles einfach akzeptieren müssen. Es gibt auch einen Punkt in Ihnen, von dem aus Sie in Aktion kommen. Ein Ort ohne Hoffnung, von dem aus Sie Ihre Verantwortlichkeit dem Leben gegenüber selbst gestalten können.

Hoffnungslosigkeit und Angst

Warum ist es so schwierig, das zu tun? Sobald Sie die Hoffnung des Kindes loslassen, fallen Sie oft in ein Loch aus Hoffnungslosigkeit und Angst. Diese Hoffnungslosigkeit ist ebenfalls ein altes Gefühl. Sie hat sich in Ihren Knochen und Muskeln festgesetzt, in Ihrer Seele, in Ihrem Gehirn. Es ist die Hoffnungslosigkeit des Rufens, ohne dass jemand käme, die Hoffnungslosigkeit, dass Sie gestraft, ja sogar geschlagen werden, ohne zu wissen wofür. Es ist die grundlegende Hoffnungslosigkeit, dass Sie nicht in Ordnung sind, weil man Sie nicht liebt oder sich weigert einfach zu sagen, dass Sie okay sind, oder aber tatsächlich sagt, Sie seien okay, jedoch Sie spüren aus der Art, wie man Sie anblickt, dass es nicht stimmt. Und sogar wenn Sie in großer Harmonie aufgewachsen sind, kann immer noch Panik vorhanden sein, dass Sie es ›nicht schaffen‹, eine schlummernde Todesangst, die die Kehrseite des Lebens ist.

Manchmal können Sie richtig zusehen, wie Sie in so etwas hineinrutschen. Es geschieht etwas – jemand macht z.B. eine dumme Bemerkung oder Sie haben eine falsche Entscheidung getroffen –, und schon fallen Sie in dieses Loch von Hoffnungslosigkeit. Sie bekommen Gänsehaut, Ihr Herzschlag fängt an zu galoppieren, in Ihren Gedanken kommt es zu Pattsituationen. Manchmal steigert sich das zu einem fast sexuellen Gefühl des Unwohlseins. Negative Botschaften kommen an die Oberfläche: »Ich kann das doch nicht. Ich entscheide mich immer falsch. Ich bin wertlos. Niemand liebt mich...« Der Strom des Lebens scheint stillzustehen. Wir machen die Schotten dicht, können nicht mehr reagieren und werden deshalb wütend auf uns selbst. Oder wir empfinden Machtlosigkeit, das andere Gesicht der Hoffnungslosigkeit. Es ist, als würden wir in ein mit Kaugummi gefülltes Loch fallen. Alles ist zäh und klebrig und behindert uns. Und wir werden todmüde davon.

Dennoch drängt diese Hoffnungslosigkeit uns auch an die Grenze des Seins, an das Selbst-Sein. Wir stehen auf einer Art Wasserscheide, einem schmalen Grat zwischen zwei tiefen Tälern. In dem einen Tal würden wir zerschmettern, wenn wir aber in das andere Tal springen würden, bekämen wir Flügel. Wir wissen jedoch nicht, welches Tal es ist, das uns die Freiheit schenkt, denn über beiden liegt ein dicker Nebel. Welches ist das Tal der Hoffnungslosigkeit und welches das der erwachsenen Freiheit? So bleiben Sie zunächst auf diesem Grat stehen. Sie lassen die Hoffnungen des Kindes los, doch auch die Hoffnungslosigkeit des Kindes. Trauen Sie sich jetzt zu springen?

Das Gefühl des Zerschmettertwerdens ist nicht nur ein Vorstellungsbild. Hinter der Hoffnungslosigkeit des Kindes steckt die existenzielle Angst vor einem Loch, in dem wir verschwinden, dessen Wände so glatt sind wie die geraden, nassen Wandungen einer Höhle. Es gibt nichts, an dem wir uns festhalten können. Und so schlägt tatsächlich die Panik zu, die Angst, sterben zu müssen.

Diese Angst ist immer existent. Wir atmen ein, wir atmen aus. Doch werden wir auch unmittelbar darauf noch einmal einatmen, oder war dies unser letzter Atemzug? Das Leben kann sich nur vor dem Hintergrund des Todes abspielen, so wie eine Zeichnung nur auf dem Hintergrund eines weißen Stücks Papier sichtbar ist oder eine Wolke nur vor der Unendlichkeit des blauen Himmels erscheinen kann. An sich ist es das, was unserem Leben seine Lebendigkeit verleiht. Nur vor dem Hintergrund des Nicht-Seins wird das Sein lebendig, veränderlich, farbig, beweglich. So entstehen Kontakte, Gefühle, Bewegung, Genuss, doch auch Kummer, Schmerz, Krankheit und Tod. Das ist das Leben, wie es ist.

Und das ist auch die Bodenlosigkeit, die wir manchmal in der Meditation erfahren können oder in Momenten, die uns mit Krankheit, Unfällen oder anderen einschneidenden Ereignissen konfrontieren. Wenn es uns gelingt, dort loszulassen und die Erfahrung zuzulassen, dass das Leben bodenlos ist, kann auch eine enorme Befreiung entstehen. Es ist, als ob wir auf einmal – Auge in Auge mit der Wirklichkeit – in Lachen ausbrechen. Was haben wir doch die ganze Zeit über so festgehalten? Wie hat das Leben uns festgehalten? Plötzlich sind wir frei, ungebunden, nicht mehr durch irgendwelche Umstände bestimmt.

Diese existenzielle Bodenlosigkeit, die jeder erfährt, kann jedoch auch mit einer seelischen Bodenlosigkeit verbunden sein, die wirklich gefährlich ist. Wenn es in Ihrem Leben, vor allem in der frühesten Kindheit, lebensbedrohliche Situationen gab, hat sich dieses Loch tatsächlich geöffnet. Es ist, als seien Sie ein wenig durch die Todespforte getreten, doch nicht weil es Ihre Zeit war, sondern aus einer völligen Panik heraus. Diese Todesangst können Sie während einer schwierigen Geburt erfahren haben, als Opfer von (sexueller) Gewalt, durch extreme emotionale Vernachlässigung oder andere einschneidende Ereignisse. Sie müssen sich nicht unbedingt daran erinnern können und es muss sich auch gar nicht exakt so abgespielt haben. Doch die Panik war so groß, dass Sie sie damals nicht ertragen konnten, und darum haben Sie sie tief in Ihr Unterbewusstsein verdrängt. Dies können gefährliche ›Löcher‹ bleiben, weil sie sich so unerwartet und unbeeinflussbar öffnen. Außerdem sind solche Löcher auch sehr ›einladend‹, weil sie Sie dazu auffordern, die Panik, die Sie damals spürten, jetzt noch einmal durchzumachen, um sie endlich verarbeiten zu können. Doch häufig gelingt das nicht, und die entstehende Verwirrung und Panik droht einen zu ersticken.

Das ist eine andere Art der Hoffnungslosigkeit als das gewöhnliche Loslassen der falschen Hoffnungen. Können Sie Ihre Hoffnung loslassen, die Hoffnungslosigkeit zulassen, die Angst zulassen, ohne in jenes bodenlose Loch hineinzugeraten? Wenn Sie merken, dass Sie das nicht können, ist es wichtig, dass Sie größere Deutlichkeit in Bezug auf dieses bodenlose Loch bekommen. Dann ist es vielleicht gut, zusammen mit einem Therapeuten zu erkunden, was das für ein Loch ist, und zusammen mit ihm auf den Boden dieses Loches hinabzutauchen. Jedes Loch, wie tief es auch sein mag, hat irgendwo einen Boden. Wenn Sie lernen, dass Sie zu diesem Boden vordringen können, begleitet von einem Menschen, der Sie nicht im Stich lässt, und dass Sie auch wieder aus diesem Loch herauskommen können ohne zu sterben, dann haben Sie den Boden erkundet. Das kann Ihnen viel von Ihrer Angst nehmen, doch es ist ein zeitraubender Prozess, den Sie sehr vorsichtig angehen müssen. Denn das Loch ist manchmal so tief und widerwärtig, dass Sie sich fragen müssen, ob Sie es nicht lieber so lassen sollten, wie es ist, und stattdessen dafür sorgen, dass Sie nicht hineinfallen ...

Ohne Hoffnung

Hoffnung ist eine Entbehrung aus der Vergangenheit, die Sie in die Zukunft projizieren. Im Kindesalter kann dies Ihre Methode gewesen sein zu überleben. Man hofft, dass alle Sehnsüchte, die nicht Wirklichkeit werden, in der Zukunft irgendwann einmal erfüllt werden. Doch meistens bedeutet das auch, dass man sie im Hier und Jetzt aufgibt!

Ein Kind, das nicht genügend berührt, gehegt, gepflegt und gefüttert wird, weiß instinktiv, dass sein Leben in Gefahr ist. Und aus einem tiefen Überlebensdrang heraus spaltet es sich innerlich auf. Der Schmerz des Jetzt wird weggeschoben, und das Kind richtet seine ganze Energie auf den Faktor ›Hoffnung auf die Zukunft‹ wie ein Spielsüchtiger beim Roulette, in der verzweifelten Erwartung, dass die Kugel irgendwann günstig fällt. Doch die Kugel rollt und rollt immer weiter, das Roulette kommt niemals zum Stillstand.

Wenn Sie die Hoffnung loslassen, gibt es kein Bald und kein Morgen mehr, auf welches Sie setzen können. Das Leben ist so, wie es jetzt ist. Was Sie jetzt tun, wie Sie sich jetzt öffnen oder verschließen, die Gefühle, die Sie jetzt zulassen oder verdrängen – darin bestehen die Taten, die Sie jetzt tun. Alles, was Sie jetzt versäumen, bleibt ungetan. Sie brauchen sich deswegen nicht schuldig zu fühlen, das wäre völlig sinnlos. Aber es ist die Wirklichkeit. Alles kommt dann sehr nahe an Sie heran. Erst wenn Sie die Hoffnung loslassen, treten Sie ins Leben ein.

Dann werden Sie plötzlich auch verantwortlich: Es ist Ihr Leben, es liegt in Ihrer Hand, was Sie damit tun. Sie tragen die Konsequenzen selber. Dies ist die Wirkungsweise des Karma. Ursachen haben Folgen, aus denen Sie lernen können. Wenn Sie sehen, welches die Folge einer Ihrer Taten ist, können Sie natürlich auch darauf hoffen, dass sich irgendwann etwas von selbst ändert, doch Sie können auch den Schluss ziehen, dass Sie jetzt anders handeln müssen. Wenn Sie keine Energie mehr in Hoffnungen investieren, kommen Sie im Jetzt an. Und dieses Jetzt hat immer ein offenes Ende, Sie können sich in alle Richtungen bewegen.

Sie können sich in jede Richtung bewegen, weil jeder Schritt eine Öffnung ist. Jeder Moment ist gegen die Zukunft hin völlig offen. Sie können einige Kleidungsstücke in Ihren Rucksack stecken, einen Stift und Papier, ein Buch, ein wenig Geld von Ihrem Konto abheben, Ihre Wohnungstür hinter sich zumachen und zur nächstliegenden Autobahnauffahrt laufen und dort den Daumen in die Höhe strecken. Jeder Schritt hat Konsequenzen, doch was die Konsequenzen eines völlig neuen Schrittes sind, wissen Sie nicht. Sie schreiten ins Unbekannte. Das bedeutet: ein offenes Ende. Sie wissen nicht, wie die Geschichte weitergeht.

Das erzeugt sehr viel Angst. Darum blicken Sie zurück auf die Vergangenheit: Wie verlief es früher? Was Sie taten, führte nicht zu einem Gefühl der Freiheit, doch es gab Ihnen Sicherheit. Wenn ich dies tue, wird jenes geschehen. Das ist also die sichere Route. Sie lassen sich von Ihren eigenen Mustern leiten, Ihrer selbstbestimmten Route von Ursachen und Folgen, so als ob Sie immer wieder aufs Neue eine Partie Mensch-ärgere-dich-nicht spielen in der Hoffnung, irgendeinmal außerhalb des Spielfeldes zu landen. Doch wenn Sie am Ende angekommen sind, stehen Sie wieder am Anfang. Sie müssen aufs Neue würfeln. Das macht Sie wütend, doch es ändert nichts. Sie hegen Groll. Sie klagen, beschweren sich, leben Ihren Frust an denen aus, die sich nicht verteidigen können, oder Sie empfinden sich als Opfer der Umstände.

Die Frage ist nicht, ob es richtig wäre, den Rucksack zu packen oder nicht, denn das löst gar nichts. Die Frage ist, warum wir eine Situation mit einem eher offenen Ende nicht aushalten, warum wir die Konfrontation mit ihr nicht wagen. Warum wir uns für die Hoffnung entscheiden, dass es – auf irgendeine magische Weise – in der Zukunft von selbst gut gehen wird.

Im Grunde hat das Leben immer ein offenes Ende. Zeit, Leben, Veränderung ist an sich ein Prozess mit einem offenen Ende. Darum brauchen wir nicht unbedingt unser Leben lang ausgearbeitete Muster wiederzukäuen. Kinder verstehen das. Wenn es darauf hinausläuft, dass sie dieses Mensch-ärgere-dich-nicht-Spiel wieder verlieren werden, schmeißen sie das ganze Spielbrett durchs Zimmer samt Figuren und Würfel. Dann ist es vorbei.

Dieses offene Ende fühlt sich bedrohlich an. Wenn Sie sich als Kind vernachlässigt gefühlt haben, hoffen Sie weiterhin auf das definitive Glück. Wenn Sie sich als Kind sehr geliebt und unterstützt gefühlt haben, haben Sie Angst, das zu verlieren. An dieser Stelle herrscht viel Verwirrung.

Die Verwirrung liegt in der Tatsache, dass das Leben ein offenes Ende hat, während unser Dasein gleichzeitig – weil wir einen Körper haben – bedeutet, dass das ›Sein‹ nicht mehr offen ist. Denn sobald Sein zu Dasein wird, fällt es unter die Gesetzmäßigkeiten von Ursache und Wirkung und die Diktatur einer linearen Zeit. Es hat einen Anfang bekommen und kennt dadurch auch ein Ende. Alles, was beginnt, hat ein Ende. Das ist so, und ist wiederum doch nicht so. Darin liegt die Verwirrung.

Das Gefühl des offenen Endes ist das Gefühl, dass Sie keine Lebensversicherung abgeschlossen haben, dass jede Handlung Ihre eigene Entscheidung ist. Dass Sie sich in jedem Moment entscheiden können, der Wirklichkeit gerade ins Auge zu blicken, oder aber eine rosarote Brille aufzusetzen um dann hinterher Angst zu haben, dass diese Brille von Ihrer Nase fallen könnte. Es ist ganz allein Ihre Entscheidung.

Die Konfrontation mit der Angst

Eigentlich ist Angst die Pforte zur Freiheit. Wenn Sie Ihre Hoffnung loslassen können und sich der Konfrontation mit Ihren Ängsten stellen, können Sie frei von allen inneren Hemmnissen werden. Das ist das ›Sterben-um-geboren-zu-werden‹, das in allen Weltreligionen als die Auferstehung des Phönix aus der Asche oder die Auferstehung aus dem Tod beschrieben wird. Durch die Konfrontation mit der Todesangst, mit Schmerz und Leiden, sterben Sie, doch Sie werden auch wiedergeboren. Dann ist Ihr Geist so frei, dass er zum ›Himmel‹ aufsteigen, mit einem höheren Bewusstseinsniveau verschmelzen und dadurch sogar andere Menschen inspirieren kann.

Diesem Sterben, bevor wir sterben, würden wir natürlich gerne eine angenehme und handhabbare psychologische Bedeutung geben. Das Sterben unseres ›schlechten‹ Ego zum Beispiel und die Geburt des ›neuen Menschen‹, denn so klingt es viel hoffnungsvoller. Doch das ist Selbstbetrug. Sterben ist Sterben, und zu sterben, während wir leben, ist noch schmerzlicher als dabei wirklich den Tod zu erfahren. Denn wenn wir tot sind, können wir nicht mehr anders, sterben wir aber, während wir leben, so zerrt alles, sowohl im Inneren wie im Äußeren, weiterhin an uns. Und wir können uns jeden Moment selbst wieder für dumm verkaufen.

Niemand will sein Ego sterben lassen. Wir wollen natürlich gerne, dass andere unsere uneigennützigen Qualitäten erkennen, und kehren hervor, wie gut, mitfühlend, freundlich, wie liebevoll und wie toll wir sind. Doch wir wollen all diese Gefühle eigentlich gerne unserem Ego zugute kommen lassen. Denn welchen Sinn hätte es, wenn wir das nicht könnten? Welchen Sinn hat es, dass Menschen uns loben, wenn wir kein Ego haben, das sich dadurch besser fühlt?

Im Grunde geht es aber nicht um das Sterben des Ego, sondern um Angst. Und jede Angst ist im Kern Todesangst. Denn was bedeutet der Tod? Der Tod bedeutet, dass alles auseinanderfällt. Alles, was materiell, greifbar, feststehend, denkbar, fühlbar, wahrnehmbar, berührbar ist, fällt auseinander. Es gibt keinen Zusammenhang mehr, es gibt keine Kontinuität und keine Kontrolle. Es ist, als ob wir monatelang ein Modell der Titanic aus Tausenden von Plastikteilen zusammengebaut hätten und plötzlich ginge es aus dem Leim. Damit ist es vergleichbar: Alles geht aus dem Leim!

Nicht dass es je einen Leim gegeben hätte. Das war nur das, was wir krampfhaft versuchten: leimen, leimen und wieder leimen. Eigentlich waren immer schon alle Einzelteile lose, unverbunden. Eigentlich sind sie immerzu in Bewegung, und es gibt keine Kontinuität. Eigentlich legt alles, was wir zu wissen vermeinen, überhaupt nichts fest. Und die Angst, die große Angst besteht – wenn wir es uns wirklich eingestehen – darin, dass alles aus dem Leim geht und zusammenstürzt.

Wir leben so, dass wir feste Punkte erfinden, wo keine sind. Daraufhin kreieren wir eine Kontinuität, die nicht vorhanden ist, und zum Schluss denken wir uns einen Denkrahmen aus, der alles erklärt, der aber nirgendwo konkret vorhanden ist. Und weil diese festen Punkte, die scheinbare Kontinuität und unser Wissen so erstaunlich gut aufeinander abgestimmt sind, dass sie fortwährend aufeinander verweisen, gelingt es uns, uns immer wieder an einem Traum festzuhalten. Alles scheint zu existieren, weil es unaufhörlich aufeinander verweist, und die Momente des Zweifels, die Löcher, die entstehen, machen wir so schnell wie möglich wieder dicht. So gründet sich unser Leben auf das Vermeiden von Angst und das krampfhafte Festhalten an der Hoffnung. Während wir uns durch ein Tau an dem Rettungsballon ›Hoffnung‹ festklammern, sehen wir unter uns einen immensen Abgrund. Und während wir vor Angst fast in die Hose machen, versuchen wir, uns das Wie und Warum von all dem durch philosophische, psychologische oder religiöse Erklärungen zu erklären. Aber die Flügel auf unserem Rücken spüren wir nicht, geschweige denn, dass wir sie ausbreiten und unserer eigenen Freiheit entgegenfliegen.

Den festen Bezugspunkt loslassen

Durch eine untergründige Panik darüber, wer wir sind und was alles geschieht, ziehen wir uns auf einen bestimmten Punkt zurück und versuchen von dort aus die Welt zu überschauen. Statt teilzunehmen an dem, was wir wahrnehmen, schaffen wir ein Gefühl des ›Ich-bin-hier‹. Von diesem Gefühl aus erfahren wir alles mit einem gewissen Abstand als ›Das-ist-dort‹, und um diesen Abstand konkret zu machen, entwickeln wir ein bestimmtes Gefühl von Raum und Zeit. Die Triebfeder dahinter ist die Suche nach Sicherheit und Schutz. Denn wenn wir einmal das feste Punktgefühl entwickelt haben und dem Rest einen bestimmten Ort außerhalb davon zugewiesen haben, können wir alles sehr gut beobachten und überschauen. Und wenn uns etwas zu nahe kommt oder zu weit weg rückt, können wir unsere Maßnahmen treffen.

Indem wir so scheinbar die Kontrolle aufrechterhalten, platzieren wir uns gerne etwas oberhalb alles anderen und finden uns selbst sehr wichtig. Alle Sinneseindrücke bekommen dadurch auch eine bestimmte Richtung: Ich blicke auf etwas. Und dieses Ich-blicke-auf-etwas-Gefühl scheint unsere Herrschaft zu bestätigen. Ich blicke auf ein Buch, ich bestimme damit das Buch, ich bestimme damit auch, dass es mein Buch ist, ich übe damit eine Art Kontrolle aus. Aber außerdem bestätigt das Gefühl, dass es ›mein‹ Buch ist, mein Ich-Gefühl. Und weil wir im Laufe der Zeit die gesamte Welt auf diese Art um uns herum gruppieren, ist schließlich alles unser, und unser ›Ich‹ erstarkt. Das ist eine sehr wichtige Entwicklung für das Ich-Gefühl des Kindes. Doch leider wird der nächste Schritt im Allgemeinen nicht mehr vollzogen.

Wenn unser Ich-Gefühl einmal einen Ort bekommen hat, wäre der nächste logische Schritt, dieses wieder loszulassen oder jedenfalls damit zu experimentieren. Auf der materiellen Ebene taten wir das. Wir entwickelten ein Gefühl in Bezug auf unser Elternhaus und fingen daraufhin an, seine Umgebung näher zu erkunden. Wir konnten das nur tun, weil wir zuvor einen festen Punkt geschaffen hatten. Anders hätten wir nie gewusst, wohin wir zurückkehren könnten. Das heißt, das Schaffen eines festen Punktes ist von lebenswichtiger Bedeutung. Wenn es gestört ist, herrscht eine ständige untergründige Panik. Wenn dieses Gefühl aber da ist, können wir es auch loslassen, wieder zu ihm zurückkehren und so fort in immer weiteren Kreisen, bis der feste Punkt von nichts mehr abhängig ist. Auf diese Weise gehen wir unserer Freiheit entgegen.

Auf der geistigen Ebene tun wir das jedoch nicht. Zum Teil deswegen, weil nicht genügend Vertrauen in den Bezugspunkt entwickelt worden ist (das Herstellen dieses Punktes ist gestört), teilweise auch, weil das Loslassen dieses Punktes wieder die alte Panik und Angst erzeugt. Letzteres kann sehr stark sein. Wenn an *Ihrem* Gefühl, *Ihrer* Meinung, *Ihrer* Ansicht, *Ihrer* Moral, *Ihren* Plänen gerüttelt wird, steigt die alte Panik aufs Neue hoch. Dennoch ist es wichtig, diesen festen Punkt loslassen zu können.

Übung: Eine weitere Perspektive einnehmen

Stellen Sie sich einmal vor, dass Sie sich selbst und einen anderen (Ihren Partner, Ihren Chef oder einen Freund bzw. eine Freundin) aus einer gewissen Entfernung betrachten. Statt sich mit sich selbst zu identifizieren, schauen Sie aber auf beide, auf die Unterschiedlichkeit der Erlebnisse, Verlangen, Meinungen oder Strategien und auf die Interaktion zwischen diesen, den Kontakt, die Intimität, doch auch die Uneinigkeiten, Konflikte, gegensätzlichen Verlangen und Meinungen.

Machen Sie dann noch einen Schritt weiter zurück und betrachten Sie all Ihre Beziehungen zu Eltern, Kindern, Freunden und Bekannten. Mit dem einen erfahren Sie dieses, mit dem anderen jenes. Natürlich können Sie dem anderen vorwerfen, dass Sie etwas vermissen, doch vielleicht gelingt es

Ihnen auch, einen weiteren Blickwinkel einzunehmen und ins Auge zu fassen, was Sie selbst geben können (oder was Sie zurückhalten). Was mit dem einen nicht so gelingt, müssen sie vielleicht bei einem anderen suchen.

Stellen Sie sich dann irgendwohin, an eine Stelle, wo viele Menschen vorbeikommen (in die Fußgängerzone oder auf den Bahnhof) und schauen Sie all diese Menschen mit ihren Verlangen, Frustrationen, Problemen, Glücksmomenten, Sorgen und so weiter an. Machen Sie sich einmal klar, dass die Welt durch jedes Augenpaar betrachtet anders aussieht. Versuchen Sie einmal, durch die Augen der anderen zu blicken.

Stellen Sie sich dann vor, dass Ihre Augen die Augen der Sonne oder des Mondes seien und dass Sie sich selbst dort stehen oder sitzen oder laufen sehen, auf dieser riesigen Erde zwischen Milliarden von Menschen, die alle versuchen, ihr Leben zu führen und glücklich zu werden. Und wie vielen gelingt es? Wie viele von ihnen erleiden nur Schmerz oder Hunger? Wie viele von ihnen sind fortwährend auf der Flucht? Wie viele sind wohlhabend und dennoch total fixiert auf ihre eigenen Probleme? Können Sie das alles voller Mitleid und Mitgefühl betrachten?

Wenn Sie Ihren eigenen Standpunkt, Gesichts- oder Gefühlspunkt loslassen, so entsteht plötzlich Raum für etwas anderes. Wenn Sie die Angst, Ihr Ich zu verlieren, loslassen, entsteht Raum, in dem Sie dem anderen echt begegnen können. Dann merken Sie, dass sich jede Bewegung aus diesen zwei Bewegungen, aus diesen zwei Spiralen heraus vollzieht: Aufeinander zu und voneinander weg, eine Spirale, die zu mehr Intimität und Nähe führt, und eine, die zu mehr Autonomie und Selbstständigkeit führt. In dem Maße, wie Angst in diesem Prozess eine geringere Rolle spielt, wird es immer mehr ein Spiel, das Sie genießen können.

Die Kontinuität loslassen

Nicht nur in dieser Welt, in der sich ständig alles ändert, haben wir das Bedürfnis, diesen einen Punkt festzuhalten, sondern wir müssen darüber hinaus einer ständigen, kontinuierlichen Veränderlichkeit die Stirn bieten. In dem einen Moment geschieht dieses, dann wieder jenes, und wir können niemals voraussagen, was als Nächstes geschehen wird. Noch schlimmer ist die Tatsache, dass wir uns selbst auch ständig ändern – glücklich, unglücklich, wütend, traurig, eifersüchtig, kräftig, verzweifelt, vernünftig, unsicher, energisch –, die Aufzählung ließe sich mühelos fortsetzen. Diese fortwährende Veränderung ist fast unerträglich. Daher sind wir auch immer verzweifelt auf der Suche nach einem Gefühl der Kontinuität, dass das ›Ich‹ existiert und weiterhin existieren wird. Ab dem Moment, da das Ich-Gefühl entsteht, gibt es auch ein Gefühl eines bleibenden Ich, ein Gefühl der Kontinuität. Es ist mein Leben, innerhalb dessen ich alles Mögliche erlebe, wobei ich mich zwar verändere, aber doch derselbe bleibe.

Die Kontinuität des Ich-Gefühls ist von existenzieller Bedeutung. Wenn wir uns stets als ein anderer fühlen würden, würden wir völlig verrückt werden. Doch gleichzeitig sperrt diese Kontinuität uns ein, denn wir wiederholen dadurch immer weiter alte Ängste oder Muster, die ein Teil von uns sind und die wir nicht zur Seite schieben können. Unsere Vergangenheit folgt uns wie ein Buckel auf dem Rücken, wir können sie nicht von uns abschütteln.

Letzteres entspricht oft unserem Lebensgefühl. Wir fühlen uns bestimmt von der Vergangenheit, die sich nicht abschütteln lässt und uns wie eine zähe Masse daran hindert, wirklich frei zu sein. Und dieses Gefühl stimmt tatsächlich. Es ist ein Aspekt der Zeit: Ein Moment geht weiter mit dem Geschmack des vorigen Momentes, und auf diese Art sind alle Momente aus unserem gesamten Leben miteinander verbunden. Das ist der Grund dafür, dass eine Erfahrung blitzschnell eine Verbindung mit einer bestimmten Emotion oder einem Reaktionsmuster aus der Vergangenheit eingehen kann. Ein einziger Moment kann uns in eine Regression fallen lassen, die mit einer bereits vor Jahrzehnten erlebten Episode zusammenhängt. Das lässt sich nie ausschalten. Die Neigung zu blitzschnellen Kurzschlüssen bleibt immer vorhanden.

Doch Zeit hat auch noch eine ganz andere Qualität. Kein einziger Moment ist bleibend. Kein einziger Moment dauert länger als den Bruchteil einer Sekunde. Jeder neue Moment ist völlig offen, jeder neue Moment verfügt über die gesamte Potenz, alle Fähigkeiten anzusprechen, die wir in uns tragen. Das ist die andere Seite der Zeit: Jeder Moment ist völlig diskontinuierlich.

Meistens bemerken wir das nicht, weil wir gewissermaßen nicht in diese Richtung blicken. Es ist, als würden wir stets auf unsere Füße blicken, um nicht zu stolpern, und dadurch die Landschaft überhaupt nicht sehen. Wie kommt es dazu? Zum einen sind wir zu großen Teilen so ›programmiert‹. Zweitens hat die Vergangenheit auch eine enorme Saugkraft. Und drittens spielt sich unser ›Leben‹ hauptsächlich in der Region des Denkens und des Kommentierens ab, was an sich schon ein kontinuitätsgebundener Prozess ist. Lassen Sie mich dies näher erläutern.

Erstens werden wir unser gesamtes Leben hindurch von dem her beurteilt und eingestuft, was wir getan haben und was in Zukunft von uns erwartet werden kann. Dadurch hat sich unser Ich-Gefühl immer stärker mit dem verwoben, was wir leisten oder nicht leisten, welche Abschlüsse wir haben oder nicht haben usw.

Zum Zweiten ist es so, dass negative Ereignisse uns viel mehr zu bestimmen scheinen als positive und dass sie uns auch länger im Gedächtnis bleiben. Negative Emotionen, Angst, Trauer, Wut, Lügen – vor allem wenn sie nicht geäußert werden dürfen – werden an gut zugänglichen Orten in unserem körperlichen/emotionalen Bewusstsein abgelagert. Sie liegen dort und warten gewissermaßen auf ein Zeichen von außen, um aufs Neue in Bewegung zu kommen.

Zum Dritten befindet sich das Zentrum unserer Aufmerksamkeit oft in jenem Teil von uns, der stärker mit der Kontinuität der Zeit verbunden ist. Denken ist nur möglich, weil die Worte, die gesprochen wurden, noch nachklingen und in der Vergangenheit eine Bedeutung bekommen haben. Worte rufen kontinuierlich die Vergangenheit hervor, alte Assoziationen und Emotionen, oder sie schaffen Geschichten in Bezug auf die Zukunft. Wir sind nur selten mit den Empfindungen in unserem Körper, Farben, Gerüchen, Geräuschen verbunden, die weitgehend losgelöst von der emotionsgesättigten Vergangenheit erfahren werden können.

Diese drei Aspekte lassen die Kontinuität der Zeit viel schwerer wiegen als die befreiende Diskontinuität. Es bedarf also langwieriger Übung, um diese beiden Zeitaspekte in ein Gleichgewicht zu bringen. In den alten Traditionen führte der Weg dorthin über die Meditation. Dabei geht es um mehr, als auf einem speziellen Meditationskissen zu sitzen. Es geht um die Verbindung mit den Sinnen, der Atmung und dem Körper, ohne dass Gedanken und Geschichten diese fortwährend verschleiern oder trüben.

Wie gelingt es uns, mit der Diskontinuität der Zeit besser in Kontakt zu bleiben? Gehen Sie selbst einmal auf die Suche danach, im ganz normalen alltäglichen Leben.

Oft tun wir das tatsächlich, aber unbewusst, wenn wir einfach durch einen Wald wandern, in die Ferien fahren oder uns einen Film im Kino anschauen. Doch meistens bewirkt das nicht viel, weil wir uns auf einer tiefen Ebene einfach abkapseln und in Tagträumen und Problemgeschichten leben. Was ich meine, liegt eigentlich viel näher: Ein Vogel, der über uns hinwegfliegt, ein plötzliches Geräusch, das klingelnde Telefon, ein Mensch, den wir im Bus treffen, ein Schluck Kaffee, der Blick fällt auf etwas, das an der Mauer hängt, wir atmen tief ein und seufzen aus. Die Diskontinuität, die die Verbindung mit dem vorigen Moment unterbricht, drängt sich fortwährend, in jedem Moment, auf. Und wenn wir jene Möwe nicht wirklich sehen oder das Geräusch des bremsenden Zuges nicht wirklich hören, unsere Atmung nicht wirklich fühlen, sehen wir auch den Borubudur nicht und hören auch Mozart nicht und spüren eine Berührung nicht wirklich.

Die Suche nach der Diskontinuität der Zeit erfordert keine besondere Übung, sie ist selbst eine Übung, eine Übung in Geistesgegenwart, Offenheit, Loslassen, Bewusstwerden. Wenn wir ihr einmal auf den Geschmack gekommen sind, geschieht etwas sehr Merkwürdiges. Die diskontinuierliche Zeit hat nämlich einen ganz bestimmten Geschmack und Nährwert, sie entwickelt bestimmte Fähigkeiten, schafft eine gewisse Kreativität und Freiheit, die wir niemals in jenem linearen Zeitstrom finden, der von der Vergangenheit über das Heute in die Zukunft verläuft. Das ist etwas ganz Besonderes. Eine Art Nektar, der nichts kostet und von nichts abhängig ist und der doch unser Leben allmählich zu wandeln vermag.

Wissen loslassen

Weil Sie sich eigentlich immer unsicher fühlen – auch wenn Sie nach außen hin eine große Klappe haben –, müssen Sie sich selber ständig rapportieren, dass alles gut läuft. Es läuft alles gut, Sie haben Recht, früher war es auch schon so, es ist wirklich in Ordnung (oder nicht in Ordnung). Aber weil das Denken, das diese Geschichte erzählt, keine Nachhaltigkeit kennt und nach dem Punkt am Ende des Satzes, den Sie gerade lesen, sich schon wieder aufgelöst hat, müssen Sie Ihre Geschichte immer wieder aufs Neue erzählen. Sie überzeugen sich selbst davon, dass ›Ihre‹ Geschichte über die Wirklichkeit ›richtig‹ ist, wie ein letzter, eitler Versuch, sich an irgendetwas festzuhalten. Und es scheint tatsächlich zu funktionieren!

Auf der persönlichen Ebene ist Wissen nicht gleich Macht, sondern die fortwährende Manifestation unserer Ohnmacht. Die Angst davor, einfach zu ›sein‹, zwingt Sie, die Welt um Sie herum zu ›bedenken‹. Sie werden zu einem perfekten ›Denkomat‹, der den lieben langen Tag die immer gleichen Formulare ausspuckt, sie selbst ausfüllt, wieder eingibt, verarbeitet und aufs Neue ausdruckt. Und meistens muss erst etwas schief gehen, bevor wir das überhaupt bemerken.

So schaffen wir selbst einen festen Wahrnehmungspunkt und das Gefühl: ich hier, der andere dort. Daraufhin geben wir uns ein Gefühl der Kontinuität, von Vergangenheit-Heute-Zukunft. Und dann benennen wir schließlich das, was wir wahrnehmen, und legen dadurch die Art unserer Beziehung zur Welt (und zu uns selbst) fest. Herzlichen Glückwunsch! Jetzt gibt es keine Offenheit mehr, es gibt keine Bewegung und Veränderung und auch kein Staunen und keinen Entdeckungsdrang mehr. Wir haben endlich ein *sicheres* Gefühl!

Natürlich hat dies alles einmal seine Funktion gehabt. Es ist aber so, wie Buddha einst sagte: »Wir brauchen ein Floß, um über den Fluss zu kommen, doch es ist nicht notwendig, das Floß danach auf unseren Schultern mitzutragen.« Sie brauchen Wissen, um die Welt erkennen zu lernen, doch in unseren Versuchen, die Welt zu beherrschen, werden wir letztendlich von unserem Wissen beherrscht. Was wir wissen, fängt an, ein Eigenleben zu führen und uns in eine abgelegene Ecke zu drängen, es drückt uns gegen die Wand und ruft dann, dass es noch immer absolut ungenügend ist. Können Sie noch atmen?

Jeder feste Punkt in der Unendlichkeit des Raumes ist sowohl fester Punkt wie auch Illusion. Jede Struktur im Sinne einer Vergangenheit-Gegenwart-Zukunft-Struktur ist etwas, was existiert und doch nicht existiert, denn jeder Moment ist hundertprozentig neu. All unser Wissen ist darum nicht mehr als eine Benennung, eine Beschreibung der Wirklichkeit, eine Struktur, die auf sich selbst verweist und sich regelmäßig angleichen muss. Dieses Wissen ist brauchbar, doch wir dürfen es nicht mit der Wirklichkeit selber verwechseln. Die Wirklichkeit ist offen, und in dem Maße, in dem wir weniger zu wissen brauchen, können wir sie auch immer stärker offen lassen.

Wenn wir nichts über Vögel wissen, sehen sie sich alle sehr ähnlich. Sie haben alle zwei Beine und zwei Flügel. Wenn wir alles über sie wissen, gibt es plötzlich Tausende verschiedene und wir können sie der Reihe nach benennen: Dies ist eine Möwe, dies ist eine Elster und dies ist eine Kohlmeise ... Es besteht jedoch die Gefahr, dass wir sie zwar benennen, doch nicht mehr wirklich sehen. Also ist es wichtig, dieses Wissen auch wieder loszulassen, jenseits des Wissens weiterzugehen, uns erneut zu öffnen für das, was wir *nicht* wissen, zu staunen.

Staunen ist eine andere Art des Wissens. Wir sehen, erfahren, sind hellwach-bewusst, und gleichzeitig ist da Offenheit. Sie lagern Ihre Erfahrungen nicht in Ihrem Vorrat von Wissen ab, sondern Sie hören nicht auf zu schauen, zuzuhören, Beziehungen herzustellen aus einem Staunen heraus. Wenn es Ihnen gelingt, wirklich zu staunen, ist das Leben offen. Sie sind ganz und gar Erfahrung und können sich in alle Richtungen bewegen. Was auf Sie zukommt, ist neu und vertraut zugleich.

Doppelte Spiralen

Wenn Angst und Hoffnung weniger bestimmend sind und nicht mehr ständig eine Art Krampf verursachen, wird das Leben immer stärker zu einer Ganzheit verschiedener durcheinanderspielender Prozesse. Wenn die Erfahrung all dieser Prozesse stärker in den Vordergrund rückt, wird es immer weniger wichtig, etwas zu erreichen oder auszuweichen. Alles bleibt in Bewegung. Es herrscht immer Wachstum und immer Abbau, manche Erfahrungen sind positiv, andere negativ, und dieser Vorgang spielt sich auf allen Ebenen ab. Spiralen erstrecken sich immer nach zwei Seiten, es sind immer doppelte Spiralen.

Wenn Sie dies alles geschehen lassen und erfahren, ohne das eine zu sich heranzuholen und das andere zurückzuweisen, werden die Prozesse spannender als das Resultat. Dies verschafft eine enorme Befreiung. Es macht nicht mehr so viel aus, wo Sie sitzen und wohin Sie gehen, sondern es ist viel wichtiger, ob Sie das, was geschieht, wirklich erfahren, sich dessen wirklich bewusst sind, ob Sie es zulassen können als das Leben selbst. Der Prozess ist nicht nur um vieles fesselnder als das Resultat, sondern durch das Loslassen des Resultates öffnet sich das Leben selbst.

Statt sich in der engen Röhre gefangen zu fühlen, in welcher die Zeit Sie aus der Vergangenheit in die Zukunft mitreißt, und in welcher Sie ständig hoffen, dass es besser gehen wird, und Angst haben, dass es schlechter geht, ist jeder Moment ein Kreuzungspunkt, in dem alle Bewegungen zusammenkommen und von dem aus Sie sich in alle Richtungen bewegen können. Es ist, als würde die enge Röhre zerbrechen und die schnell strömende Zeit wie eine Fontäne viele Tropfen in alle Richtungen hinausschleudern, wobei jeder individuelle Tropfen alle Farben des Regenbogens besitzt. Zeit befreit sich zu einer Vielfalt von Bewegungen und Dimensionen hin, die die Bedingung für wirkliche Freiheit und Kreativität sind.

Doch damit berühren wir auch eine ganz tief verborgene Panik. Wenn die Röhre jener Vergangenheit-Gegenwart-Zukunft-Struktur zerbricht, dann haben wir auch unsere eigene Lebensgeschichte verloren, die uns den Halt gab, an dem wir unser Leben gleichsam aufhängten. Der Zeitstrom zerbricht, Zeit wird diskontinuierlich – wo bleibt nun unser Ich-Gefühl? Das kann viele neue Ängste hervorrufen.

Dennoch haben wir den normalen Zeitstrom, unsere eigene persönliche Vergangenheit und unser Ich-Gefühl nicht verloren. Denn auch wenn die Röhre zerbrochen ist und die Zeit sich in alle Richtungen versprüht, ist die Zeit trotzdem auch in ihrer normalen Form intakt und strömt weiterhin von der Vergangenheit in die Zukunft. Das lineare Strömen und das unbegrenzte Versprühen sind zwei Facetten der Zeit, die gleichzeitig bestehen können. Genau wie sich das Licht einerseits als Teilchen und andererseits als Wellenbewegung manifestieren kann, ist Zeit sowohl linear wie explosiv, sie passt in die Gesetze von Ursache und Wirkung und ist zugleich total wild, unvorhersagbar, willkürlich. Diese Vorstellung mag uns zunächst verwirren, doch auf einer tiefen Ebene gibt sie uns eine sublime Freiheit. Wir können an beide Erscheinungsformen anknüpfen und von den starken Seiten sowohl eines stabilen Vergangenheit-Zukunft-Ichs wie eines völlig freien Nicht-Ichs profitieren. Es ist keine definitive Entscheidung notwendig!

Aus der einen Perspektive rutschen Sie unaufhaltsam auf der Rutschbahn hinab, von der Geburt zum Tod. Aus einem anderen Blickwinkel ist das Leben ein Baum, der sich entfaltet vom Samenkorn bis zu seinem ausgewachsenen Zustand, der Frucht trägt und sich wiederum aussät. Aus einem dritten Blickwinkel ist in jedem Moment alles anwesend, Sie können um sich herumblicken, Kontakte herstellen, Intimität herstellen, Grenzen setzen, trauern und zugleich genießen. Aus einem noch weiter gefassten Blickwinkel ist alles nur kosmischer Raum, in dem Sie wie ein Tautropfen erscheinen, der das Sonnenlicht spiegelt und sich auflöst, ohne irgendeine Spur zu hinterlassen. Ist das nicht ein Höchstmaß an Freiheit?

Bibliografie

Beck, Charlotte Joko: Zen im Alltag. München: Droemer Knaur 1990.

Beck, Charlotte Joko: Einfach Zen. München: Droemer Knaur 1995.

Bradshaw John: Das Kind in uns. München: Droemer Knaur 1992.

Erickson, Milton H.: Meine Stimme begleitet Sie überallhin. Stuttgart: Klett-Cotta 1985.

Haley, Jay: Die Psychotherapie Milton H. Ericksons. München: Pfeiffer 1978.

Hatcher, Chris and Philip Himelstein: The handbook of Gestalt therapy. New York: Aronson 1983.

Janov, Arthur: Der neue Urschrei. Fortschritte in der Primärtherapie. Frankfurt/M.: Fischer-Taschenbuch-Verlag 1993.

Johnson, Stephen M.: Charakter Styles. New York: W. W. Norton & Company 1994.

Kramer, Joel: Die Guru-Papers. Masken der Macht. Frankfurt/M.: Zweitausendeins 1995.

Kübler-Ross, Elisabeth: Erfülltes Leben – würdiges Sterben. Gütersloh: Gütersloher Verl.-Haus 1998.

Lama, Shabkar: The flight of the Garuda. Boston: Wisdom 1994.

Levine, Stephen: Sich öffnen ins Leben. Begegnungen und Gespräche mit Schwerkranken, Sterbenden und Trauernden. Wie wir behutsam begleiten können. Freiburg i. B.: Herder 1996.

Totton, Nick and Em Edmondson: Reichian growth work. Melting the blocks to life and love. Bridport: Prism Press 1988.

Trungpa, Chögyam: Der Mythos Freiheit und der Weg der Meditation. Küsnacht: Theseus-Verlag ²1994.

Trungpa, Chögyam: Spirituellen Materialismus durchschneiden. Zürich: Theseus-Verlag 1993.

Trungpa, Chögyam: Orderly Chaos. The Mandala Principle. Boston: Shambhala 1991.

Tulku, Tarthang: Wege zum Gleichgewicht. Höhere Bewußtheit, Selbstheilen und Meditation. Münster: Dharma Publ. 1997.

Tulku, Tarthang: Offene Bewusstheit. Selbsterkenntnis und innerer Friede durch Meditation. Münster: Dharma Publ. 1992.

Tulku, Tarthang: Raum, Zeit und Erkenntnis. Aufbruch zur neuen Erfahrung von Welt und Wirklichkeit. Reinbek bei Hamburg: Rowohlt 1986.

Wilber, Ken: Mut und Gnade. In einer Krankheit zum Tode bewährt sich eine große Liebe – das Leben und Sterben der Treya Wilber. Bern: Scherz 1992.

Wilber, Ken: Wege zum Selbst. Östliche und westliche Ansätze zu persönlichem Wachstum. München: Kösel 1984.

Zois, Christ: Wenn die Seele schlappmacht. Selbsthilfe mit Methoden der Kurzzeittherapie. Hamburg: Kabel 1994.

Der Autor

Robert Hartzema ist Therapeut und Dozent an einer psychosozialen Ausbildungsstätte und Leiter eines Verlages in den Niederlanden. Lange Jahre war er Direktor eines tibetanischen buddhistischen Studienzentrums. Er veröffentlichte bereits fünf Bücher zum Thema Lebenshilfe sowie ein Jugendbuch.

Jaap van de Weg
Vom Sinn
der Hindernisse
Einweihungsmotive im täglichen Leben
Urachhaus

Mathias Wais

Biographiearbeit
Lebensberatung

387 Seiten, gebunden

Biographearbeit als Grundlage einer zeitgemäßen Lebensberatung erweist sich zunehmend als entscheidende Hilfe in zahllosen Krisensituationen: bei bevorstehenden Trennungen, Schwierigkeiten mit dem Partner, in der Ehe, mit den heranwachsenden Kindern, im Berufsleben bis hin zur Konfrontation mit schweren Schicksalsschlägen, Krankheit und Tod.
Ausgehend von der gegenwärtigen Situation sucht die Biographiearbeit die positiven, konstruktiven Kräfte im Menschen herauszuarbeiten und ihn anzuregen, Aktivität gegenüber dem eigenen Leben zu entwickeln. Auch das Negative und Problematische kommt dabei zur Sprache, allerdings nicht als Hauptgegenstand der Arbeit, sondern als Hinweis auf Entwicklungsnotwendigkeiten.

URACHHAUS

Manfred van Doorn

Chakren und Tierkreiskräfte

Innere Entwicklung im Spannungsfeld der Archetypen

162 Seiten, kartoniert

In diesem Buch führt der Psychotherapeut Manfred van Doorn den Leser zu den Archetypen, die im Leben eines jeden Menschen anzutreffen sind. Setzt man sie in Beziehung zu den Chakren und den Bildern des Tierkreises, ergibt sich eine »Checkliste« für die persönliche Biographie, mit der sich Fragen beantworten lassen wie: Wo stehe ich in diesem Moment in meinem Leben? Welche Entwicklungsschritte sind gerade »dran«? Welches sind meine persönlichen »Lebensthemen«?

URACHHAUS